中国社会科学院创新工程学术出版资助项目

欧亚经济联盟
成因、现状及前景

EURASIAN
ECONOMIC UNION
CAUSES OF FORMATION, CURRENT STATUS
AND PROSPECT

王晨星 著

社会科学文献出版社
SOCIAL SCIENCES ACADEMIC PRESS (CHINA)

中国社会科学院创新工程学术出版资助项目

目　录

序　言

　　冷战结束以来，经济全球化的同时区域一体化并行发展。在原苏联地区，在亚欧中心地带，先后出现了独立国家联合体（独联体）、俄白联盟、俄白哈关税同盟、欧亚经济联合体等一体化机制。2011 年普京竞选俄罗斯第三任总统期间，发表一系列文章，提出了建立欧亚经济联盟的构想，主张以独联体国家优先，成立欧亚联盟，仿效欧洲联盟，系独联体范围内更高层次的一体化。其路径是关税同盟、欧亚经济共同体、欧亚经济联盟，最终目标是实现一体化水平更高的欧亚联盟。普京的提议得到了哈萨克斯坦、白俄罗斯等国的响应。2015 年元旦正式启动。欧亚经济联盟的出现体现了冷战后亚欧区域一体化的新特点、新形式，由于恰逢因乌克兰危机而导致西方七国集团对俄实行经济制裁，俄经济环境恶化，欧亚经济联盟没有风生水起大发展，也没有销声匿迹，而是基本在按部就班地艰难前行，对外联系在逐渐扩大，特别是在亚欧大陆。欧亚经济联盟是俄罗斯主导，白俄罗斯、哈萨克斯坦为主力，亚美尼亚、吉尔吉斯斯坦参与的，在原苏联地区形成的新型区域经济一体化机制。欧亚经济联盟体现了俄罗斯为欧亚一体化所做的努力，同时也体现了普京的欧亚战略和独联体方略。由于俄、哈、吉都是中国的周边国家，该组织所有成员都在 "丝绸之路经济带" 上，因此，研究欧亚经济联盟，对于中国的周边外交和 "一带一盟" 对接合作具有重要的现实意义。

　　王晨星在俄罗斯圣彼得堡大学国际关系学系获得本科和硕士学位后，于 2012 年进入北京师范大学攻读国际关系博士学位。考虑到他的留学背景、知识结构和语言优势，经过多次商讨，最后敲定他以普京刚刚提出来的欧亚经济联盟为博士学位论文选题。至他 2016 年博士毕业时，欧亚经济联盟正式启动才一年半。本书就是在他的博士学位论文的基础上补充、修改、完善而成。专著最后定名为《欧亚经济联盟：成因、现状及前景》。从时间来看当然是比较早的，是一部新人新作，也可以说是一部力作。作者下了很大的功夫，做了有益的尝试。这是一部研究作为一个新兴国际组织的欧亚经济联盟的形成逻辑、运行机理、成效与进展、问题与前景，探讨新时期欧亚地区国家间经济政治关系的学术专著。作为王晨星博士学位论文的指导教师，我想借机对本书谈一点自己的看法，并予以推荐。

本书的第一个特点，是新视角、新材料、多学科研究方法相结合。本书以冷战后新生的欧亚经济联盟为新视角出发，注重地缘经济与地缘政治相结合，历史与现实相结合，务虚与务实相结合，力争做到点面兼顾，既有宏观、综合、整体的"高大上"分析，又有微观、具体、精准的"接地气"剖析。在欧亚经济联盟发展的实践过程中出现了众多的新议程、新议题，为完成博士学位论文，作者深入实地，行走俄罗斯及中亚国家，进行田野调研，收集和运用了大量的俄文和英文等第一手资料，并对俄罗斯、中亚、美国学者及有关职能部门人员进行了大量访谈，运用了国际关系、世界经济、历史、文献解读、比较分析等多学科的研究方法。

本书的第二个特点，是基础研究与应用研究相结合。本书注重欧亚经济联盟研究的基础性和应用性。2015 年 1 月 1 日，欧亚经济联盟在复杂的地缘政治经济环境中如期成立。本书重点回答为什么欧亚经济联盟能在逆境中迅速成长？欧亚一体化的理论内涵是什么？欧亚经济联盟的运行模式、动力与阻力是什么？能否成为俄罗斯再次崛起的支点？能否满足成员国地缘政治经济利益诉求？我国"丝绸之路经济带"如何与它实现合作对接？等等。该书回答了以上一些深层次问题，可以对进一步把握我国西北周边新动向，加强亚欧区域与国别研究，促进"一带一盟"的对接合作提供有益的参考和借鉴。

第三，对欧亚主义区域一体化理论思想的再辨析是本书的一大亮点。英国国际关系理论学家布尔（Hedley Bull）曾问道："如果我们所使用的理论都源自西方并以西方为标准，这些理论能使我们充分理解非西方的国际政治体系吗？"在区域一体化理论方面也存在类似问题。本书考察西方国际关系理论中的欧洲一体化理论并讨论其适用性，同时挖掘具有非西方特质的、原苏联地区本土的区域一体化理论思想——欧亚一体化理论，以丰富区域一体化理论思想，得出了许多具有新意的、作者独到的观点，可以说在一定程度上丰富了亚欧区域和金砖国家理论研究。

王晨星在俄罗斯圣彼得堡大学留学七年，在北京师范大学攻读博士学位期间又获得国家留学基金委员会的资助，赴莫斯科国际关系学院联合培养一年，赴美国哥伦比亚大学进修大半年。他为人周到、低调，学风认真、勤勉，好学、上进，攻读博士学位期间就在国内外核心期刊上发表学术论文数篇，曾获博士研究生国家奖学金，并作为主要成员至今一直参与本人主持的国家社科基金重大招标项目《丝绸之路经济带框架下的中俄全面合作研究》（项目号 16ZDA040）。由于业务优秀，王晨星博士毕业后进入中国社会科学院俄罗斯东欧中亚研究所工作，各方面进步颇多。王晨星精通俄语，专业基础好，又有欧亚问题研究的国家级机构作为平台，加之本人聪明、勤奋，因此，他的学术潜力很大，前景看好。

当然，由于欧亚经济联盟成立的时间不长，还处在发展的过程当中，并且受区域内外形势的影响很大，作为一个历史很短的国际组织和机制，还很不成熟，很不完善，也很不规范，并带有很浓重的普京个人色彩。如果现在评价欧亚经济联盟，还为时太早，还远未到尘埃落定、盖棺论定的时候，所以，本书的研究不是最终的结果，只是阶段性的成果，远没有结束，还有待继续观察、跟进，仍需继续加大努力。

在博士研究生的学位论文获得资助出版之际，作为导师，甚喜，甚慰。

是为序。

李　兴

2019 年 5 月于北京

绪　论

一　问题的提出

2015 年 1 月成立的欧亚经济联盟是由俄罗斯主导，白俄罗斯、哈萨克斯坦为主力，亚美尼亚、吉尔吉斯斯坦参与的，在原苏联地区形成的新型区域经济一体化机制。成为当代多极世界中的一极，帮助成员国步入发达经济体行列，是欧亚经济联盟的目标。值得注意的是，伴随着欧亚经济联盟的兴起，原苏联地区一体化进程被赋予了新的术语，即"欧亚一体化"（евразийская интеграция）或"欧亚经济一体化"（евразийская экономическая интеграция）。[①] 欧亚一体化是与欧洲一体化相对应的，这体

[①] 另一种说法是，1994 年哈萨克斯坦总统纳扎尔巴耶夫提出"欧亚联盟"构想是"欧亚一体化"的起点。还有一种说法是，2000 年欧亚经济共同体的成立是欧亚一体化的起点。关于欧亚一体化起点的争论一直存在。本书看来，作为专业术语，"欧亚一体化"一词是 2011 年 10 月普京（В. В. Путин）在《消息报》上发表署名文章《欧亚新一体化方案：未来诞生于今天》，同年 11 月俄、白、哈三国领导人发表《欧亚经济一体化宣言》后才被国内外政界学界所广为接受，并开始大范围使用。在本书中，"欧亚一体化"或"欧亚经济一体化"与原苏联地区一体化是同义词，可以相互指代。我国学界，一般以"独联体一体化""独联体框架下一体化"来指代原苏联地区一体化。而在俄罗斯学界则一般直接用"原苏联空间一体化"（интеграция на постсоветском пространстве）为术语来进行研究。俄罗斯学界中的原苏联地区一般指除波罗的海三国外的剩余原苏联地区国家组成的地区。俄罗斯学界往往把独联体看作是国际组织，而不是一个地理概念、一个地区。事实上，独联体并不能覆盖所有原苏联地区国家，土库曼斯坦、格鲁吉亚均不在其中，乌克兰虽然名义上是独联体成员国，参与独联体工作，但是就法理上看，由于乌克兰国内议会并没最终通过加入独联体的法律条约，因此乌克兰也不是独联体成员国。所以，用"独联体一体化"来指代原苏联地区一体化并不合适。为了避开术语指向不明，本书决定用"欧亚一体化"或"欧亚经济一体化"术语，具体解释如下：（1）"欧亚一体化"或"欧亚经济一体化"的地区范围不是简单地"欧洲"加"亚洲"，而是指处在欧洲、亚洲之间的，除波罗的海三国外的原苏联地区。本书承认成员国历史上同属一个国家的客观事实，强调该地区国家间的政治、经济、社会、文化联系。（2）"欧亚一体化"或"欧亚经济一体化"符合原苏联地区国家，特别是俄罗斯社会当前的心理状态。目前，原苏联地区国家社会都在极力 （转下页注）

现出成员国对欧亚经济联盟的高期望和高标准。历史地看，欧亚经济联盟是俄罗斯在原苏联地区主导的，继独联体经济联盟、欧亚经济共同体、俄白哈乌（克兰）四国统一经济空间失败后的第四个区域多边经济一体化机制。

欧亚经济联盟诞生之时，国际政治经济格局处在冷战结束以来最深刻的变革之中。① "变革"之实质在于：全球化与地区化日渐深入，两者时而相互借重，时而相互冲突；"一超多强"的国际政治经济格局逐步被"多强一超"的多极化世界格局所取代；在"后金融危机"时代，为在经济复苏和未来国际政治格局中占据有利地形，传统大国、新兴大国及再崛起大国之间综合国力竞争愈演愈烈，经济影响力、军事威慑力、制度吸引力成为大国竞争中不可或缺的内容；地区多边一体化机制或倡议层出不穷，地区间政治经济合作的规则之争在所难免。

欧亚经济联盟所处的原苏联地区亦不太平，主要体现在以下方面：其一，乌克兰危机悬而不决。2014 年 2 月爆发的乌克兰危机表面上是亚努科维奇（В. Ф. Янукович）在欧盟"联系国协定"和俄罗斯主导的欧亚经济联盟之间选择困难的结果，本质上却是乌克兰多年来在俄欧外部拉锯背景下，国内各派政治势力、寡头力量、政府与社会、东部与西部地区矛盾集中迸发的结果。对俄罗斯而言，没有乌克兰参与的欧亚经济联盟不是一个完整的区域一体化机制，俄、白、乌三个东斯拉夫国家大联合的梦想破灭；对欧盟来说，乌克兰是"东部伙伴关系计划"重要支点，是欧盟影响力进一步东扩，构建"类欧盟"周边地区的战略前沿。应该说，乌克兰是俄欧为争夺地区政治经济发展规则主导权的"牺牲品"。其二，在乌克兰危机中，

（接上页注①）摆脱"后共产主义时代""后苏联空间""后苏联时期"等"后某某"术语，更多强调时代的"新"，而非"旧"；强调"未来"，而非"过去"，寻找描述当前自己所处地区的新名称。在此背景下，"欧亚"一词进入人们视线，把苏联解体后形成的新地区称之为"欧亚地区"，并广为用之。在本书中，欧亚地区等同于原苏联地区，欧亚（经济）一体化就是指原苏联地区上的区域经济一体化进程。就时间跨度而言，欧亚一体化或欧亚经济一体化指的是苏联解体后的原苏联地区一体化的整个发展过程。因此，欧亚经济联盟是原苏联地区一体化，即欧亚（经济）一体化的组成部分，是其发展的新阶段、新成果。

① 对当前国际形势的宏观判断可以参见：崔立如：《世界大变局》，时事出版社，2010；秦亚青：《大国关系与中国外交》，世界知识出版社，2011；中国现代国际关系研究院：《国际战略与安全形势评估（2013/2014）》，时事出版社，2014；张洁：《中国周边安全形势评估："一带一路"与周边战略（2015）》，社会科学文献出版社，2015，等等。

俄罗斯"强取"克里米亚遭到西方经济制裁，俄与西方关系跌至冰点。其三，国际油价暴跌，美元汇率走强导致欧亚经济联盟两大经济体——俄罗斯、哈萨克斯坦货币贬值、财政收入锐减、国内生产总值出现负增长，经济陷入困境。俄哈两国经济颓势还影响到其他成员国，欧亚经济联盟面临发展后劲不足的窘境。其四，欧亚经济联盟成员国在许多问题上缺乏统一立场。比如，纳戈尔诺—卡拉巴赫问题（简称"纳卡问题"）、乌克兰危机、对外贸易政策、宏观经济政策协调等。

综上所述，欧亚经济联盟初创阶段的地缘政治经济环境可谓困难重重，然而欧亚济联盟并未半路夭折、胎死腹中，而是激流勇进、如期成立。为什么欧亚经济联盟能在逆境中迅速成长？欧亚一体化的理论内涵是什么？欧亚经济联盟的运行模式、动力与阻力是什么？能否成为俄罗斯再次崛起的支点？能否满足成员国地缘政治经济利益诉求？这些问题是当下国内外学界关注的焦点，也是深化欧亚经济联盟研究亟待解决的学理问题。

2013 年 9 月，习近平主席在哈萨克斯坦访问期间提出建立"丝绸之路经济带"的倡议，与之后提出的"21 世纪海上丝绸之路"两翼齐飞，构成了我国新时期的"一带一路"倡议。亚欧中心地带是我国"丝绸之路经济带"的重要支撑与核心区域，也是俄欧亚经济联盟的重点发展区域，两者一为东西延伸、一为南北扩展，相互交汇，必须加以协调沟通，趋利避害。2015 年 5 月，中国倡导"丝绸之路经济带"与欧亚经济联盟启动对接合作。双方经过五轮谈判、三次工作组会和两次部长级磋商，范围包括海关程序与贸易便利化、知识产权、部门合作、政府采购等 10 个方面，于 2017 年 10 月实质性结束经贸合作协议谈判。2018 年 5 月，中国与欧亚经济联盟正式签署经贸协定，这是双方对接合作的首个制度性安排，这也意味着双方互动关系将具有稳定性、长期性、战略性特点。基于此，需要对欧亚经济联盟的理论基础、形成原因、发展动力、内外因素、发展现状、前景趋势，以及与其对接合作的方式、注意事项等积极跟进、深入研究。本书研究的现实意义就在于此。

二　国内外研究现状

（一）国内研究现状

对我国学界来说，原苏联地区一体化是个老话题，却又常谈常新，学术成果汗牛充栋。苏联解体以来，我国学界一直关注原苏联地区一体化走向，记录下了各个历史时刻。在研究过程中，往往以"独联体一体化""俄罗斯的独联体政策"为切入点。代表成果有：郑羽主编的《独联体十年——现状·问题·前景（上、下卷）》（2002 年）、柳丰华的《俄罗斯与中亚——独联体次地区一体化研究》（2010 年）、潘广云的《独联体框架内次区域经济一体化问题研究》（2011 年）等著作；胡延新的《论独联体一体化》（1996 年）、林丽华的《独联体演进态势的交易成本视角分析》（2007 年）、谭德峰的《俄罗斯独联体政策研究》（2009 年）等博士论文。根据 CNKI 统计，截至 2016 年 3 月 1 日，以"独联体一体化"为题的学术论文有 66 篇，以"欧亚经济共同体"为题的论文有 8 篇。这些成果对原苏联地区一体化进程的发展历程、总体特点进行了系统的分析梳理，为欧亚经济联盟研究奠定了基础。

自 2011 年，俄、白、哈三国领导人相继发文高调支持欧亚经济联盟后，[①] 我国学界反应迅速，紧跟事态发展，取得了不少富有真知灼见的成果。通过分析现有成果，我国学界对欧亚经济联盟研究主要有以下特点。

第一，对欧亚经济联盟的关注度较高，取得了阶段性成果，但学术成果以论文为主，缺乏系统性、理论性的研究成果。根据 CNKI 统计，从 2012 年至 2016 年的短短几年里，涉及欧亚经济联盟的论文已达 32 篇。在《国家社科基金 2016 年度课题指南》中首次把"欧亚经济联盟"列为重要课题，设立"No. 55 丝绸之路经济带建设同欧亚经济联盟对接合作研究"方向。这说明，学界对欧亚经济联盟的关注度一直是有增无减。近来，学界对欧亚经济联盟的研究取得了阶段性成果。2015 年北京师范大学亚欧研究中心主任李兴教授牵头，与俄罗斯高等经济大学国际政治研究所所长博拉得尔斯基（М. В. Братерский）教授、俄罗斯总统国民经济与国家行政研究院欧亚研究中心执行副主任萨夫金（Д. А. Савкин）副教授合作出版俄文著作

---

① Путин В. В., "Новый интеграционный проект для Евразии-будущее, которое рождается сегодня", *Известия*, 3 октября 2011 года; Лукашенко А. Г., "О судьбах нашей интеграции", *Известия*, 17 октября 2011 года; Назарбаев Н. А., "Евразийский союз: от идеи к истории будущего", *Известия*, 25 октября 2011 года.

《欧亚一体化进程中的俄罗斯与中国：合作还是竞争？》。① 该书是中俄学者
对欧亚一体化、欧亚经济联盟、"丝绸之路经济带"等前沿问题开展联合研
究所取得的第一部学术著作。该书的学术价值得到了俄罗斯国际事务委员
会（РСМД）的肯定。② 2016 年，李兴教授联合莫斯科国际关系学院沃斯克
列先斯基（А. Д. Воскресенский）教授出版《亚欧中心跨区域发展体制机制
研究》。该书由中、俄、美三国学者共同完成，重点分析欧亚金砖国家、欧
亚经济联盟、"一带一路"、上海合作组织（简称"上合组织"）等欧亚中
心地带多边体制机制在地区治理体系中的作用与角色。③ 此外，2015 年，中
国社会科学院俄罗斯东欧中亚研究所主办的《欧亚经济》杂志组织专家笔
谈，对欧亚经济联盟进行了全方位透视。④ 但是，到目前为止，我国学界针
对欧亚经济联盟的专著不多。⑤

　　第二，较多关注宏观问题。我国学界关注的问题大致分以下几类。

　　（1）关税同盟的历史演进及对我国的影响。基于对关税同盟历史演进
及特点的分析，学者普遍认为，关税同盟将对我国及上海合作组织构成竞
合关系，不可掉以轻心，强调利大于弊，主张加强与关税同盟合作。⑥ 为了
更好地说明这点，有学者以新疆为例，分析关税同盟对新疆外贸的利弊
得失。⑦

　　（2）解读普京"欧亚联盟"构想。我国学者一般从大战略角度来看待
普京的"欧亚联盟"构想。王郦久、李新和左凤荣认为，普京"欧亚联盟"

①　Ли Син, Братерский М. В., Савкин Д. А., Ван Чэньсин, *Россия и Китай в евразийской интеграции: сотрудничество или соперничество?* Москва, Санкт-Петербург: Нестор-История, 2015.

②　牛义臣：《欧亚一体化进程中的俄罗斯与中国：合作还是竞争？——评李兴教授俄文同名新著》，《俄罗斯学刊》2015 年第 6 期。

③　李兴、〔俄〕阿·沃斯克列先斯基：《亚欧中心跨区域发展体制机制研究》，九州出版社，2016.

④　李建民等《欧亚经济联盟：理想与现实》，《欧亚经济》2015 年第 3 期。

⑤　徐向梅：《欧亚经济联盟贸易经济体系研究》，时事出版社，2017。

⑥　杨恕、王术森：《俄白哈关税同盟的发展及其影响》，《国际问题研究》2014 年第 4 期；富景筠：《俄、白、哈关税同盟的历史演进、动因及前景——基于区域内贸易特点的视角》，《俄罗斯东欧中亚研究》2014 年第 2 期；任华：《俄、白、哈关税同盟对我国对外经贸带来的机遇和挑战》，《经济问题探索》2012 年第 8 期。

⑦　程云洁：《俄、白、哈关税同盟对新疆外贸的影响分析》，《俄罗斯东欧中亚市场》2012 年第 1 期。

构想是俄罗斯恢复传统影响力、维护周边地区安全、重塑强国地位的重要依托。① 陆柏春指出，普京"欧亚联盟"构想是"三步走"战略，即先重新整合原苏联地区，再向亚太地区进发，最终重振俄罗斯的大国地位，成为多极化世界中的一极。② 通过与美国欧亚战略的比较，李兴指出，欧亚经济联盟是俄罗斯的新版欧亚大战略，意在重新整合欧亚中心地带，而美国的《跨太平洋伙伴关系协定》（TPP）是伴随着"重返亚太"而来，意在布局欧亚周边区域，制衡中国崛起。③ 欧阳向英、王树春重点分析了"欧亚联盟"构想的前景。他们认为，普京的"欧亚联盟"并不局限于经济领域，待条件成熟时，俄罗斯定会推动政治、安全、军事全面一体化，建立安全与战略联盟，形成中、美、欧、欧亚联盟四分天下的格局。④

（3）分析欧亚经济联盟的影响与前景。郭晓琼重点分析了欧亚经济联盟对上合组织可能产生的影响。她认为，欧亚经济联盟与上合组织在成员国组成、功能范围等方面有一定的重合，这决定了两者之间存在竞合关系。她进一步指出，两组织间的合作大于竞争，而中俄关系就是两者间关系的基石。⑤ 王维然指出，俄罗斯与其余成员国的相互需求是欧亚经济联盟成立的现实动因，但是欧亚经济联盟不具备向更高层次一体化水平——货币联盟发展的条件。⑥ 王海滨对欧亚经济联盟前景持比较乐观的态度。在他看来，欧亚经济联盟是具有世界影响力的国际组织，它将改变欧亚地区经济格局，提升俄罗斯的国际地位。⑦ 顾炜的观点鉴于乐观和悲观之间。她认为，欧亚经济联盟成立后对不同国家和地区采取不同的合作模式将会对地区和国际产生积极和消极两方面影响。⑧

① 王郦久：《俄"欧亚联盟"战略及其对中俄关系的影响》，《现代国际关系》2012年第4期；李新：《普京欧亚联盟设想：背景、目标及其可能性》，《现代国际关系》2011年第11期；左凤荣：《欧亚联盟：普京地缘政治谋划的核心》，《当代世界》2015年第4期。
② 李凤林：《欧亚发展研究》，中国发展出版社，2013。
③ 李兴：《普京欧亚联盟评析》，《俄罗斯研究》2012年第6期。
④ 欧阳向英：《欧亚联盟——后苏联空间俄罗斯发展前景》，《俄罗斯东欧中亚研究》2012年第4期；王树春，万青松：《试论欧亚联盟的未来前景》，《俄罗斯研究》2012年第2期。
⑤ 郭晓琼：《竞争与合作对欧亚联盟与上海合作组织关系的思考》，《俄罗斯东欧中亚研究》2013年第3期。
⑥ 王维然、王京梁：《试析欧亚经济联盟的发展前景》，《现代国际关系》2015年第8期。
⑦ 王海滨：《欧亚经济联盟及其世界影响》，《现代国际关系》2015年第8期。
⑧ 顾炜：《欧亚经济联盟的新动向及前景》，《国际问题研究》2015年第6期。

（4）探讨"丝绸之路经济带"与欧亚经济联盟对接（简称"一带一盟"对接）合作问题。推动"一带一盟"对接合作是习近平主席与俄、白、哈三国领导人亲自定下的合作方向，也是我国学界当前研究的热点、重点和难点。[①] 李永全和李兴认为，"丝绸之路经济带"与欧亚经济联盟两者不是一码事，前者是倡议，是追求多边互利合作的"软机制"，后者是国际组织，是推动区域经济一体化的"硬机制"，但两者之间有诸多利益共通点，存在互补互利、多赢共赢的基础。[②] 这一观点构成我国学界对两者关系的基本判断。李建民提出了"一带一盟"对接合作的四大重点领域，即互联互通、电力、农业，以及金融。[③] 秦放鸣认为，互联互通、能源、贸易、产能是"一带一盟"对接的重点方向。[④] 陆南泉进一步缩小了重点合作范围并指出，交通基础设施和能源两大领域是"一带一盟"对接合作的核心领域。[⑤] 吴大辉和祝辉认为，能源合作就是"一带一盟"对接合作的基石。[⑥] 张宁、张琳提出了"一带一盟"对接合作的基本路径，即发展工业园区、加强基础设施合作、加强产能合作、加强金融合作、加强"走出去"与"引进来"力度。[⑦]

总体来看，我国学者对欧亚经济联盟的成立是表示理解的，看到了机遇大于挑战。但是，我国学界对欧亚经济联盟研究的不足之处也是显而易见的，那就是对欧亚经济联盟的理论基础、运行模式、形成原因、影响因素等具体问题的研究还不够充分，仍有提升空间。因此，欧亚经济联盟研究亟须从宏观走向微观，从综合概括走向具体剖析，由表及里，去粗取精。

---

① 唐朱昌：《中国与未来欧亚联盟国家的经济合作定位》，《社会科学》2014 年第 5 期。
② 李永全：《和而不同：丝绸之路经济带与欧亚经济联盟》，《俄罗斯东欧中亚研究》2015 年第 4 期；李兴：《"丝绸之路经济带"与欧亚经济联盟：比较分析与关系前景》，《中国高校社会科学》2015 年第 6 期。
③ 李建民：《丝绸之路经济带、欧亚经济联盟与中俄合作》，《俄罗斯学刊》2014 年第 5 期。
④ 秦放鸣、冀晓刚：《丝绸之路经济带建设与欧亚经济联盟对接合作研究》，《俄罗斯东欧中亚研究》2015 年第 5 期。
⑤ 陆南泉：《丝绸之路经济带与欧亚经济联盟关系问题》，《西伯利亚研究》2015 年第 5 期。
⑥ 吴大辉、祝辉：《丝路经济带与欧亚经济联盟的对接：以能源共同体的构建为基石》，《世界知识》2015 年第 6 期。
⑦ 张宁、张琳：《丝绸之路经济带与欧亚经济联盟对接分析》，《新疆师范大学学报》2016 年第 2 期。

第三，我国学界大多从欧亚经济联盟整体及俄罗斯视角进行研究，缺乏换位思考，对其余成员国及周边地缘政治经济力量的因素思考不足。目前，除了文丰的《"欧亚联盟"计划在中亚的前景》，[①] 赵青松的《吉尔吉斯斯坦加入俄白哈关税同盟的利弊及其影响》[②] 等个别论文，学界还没对其余成员国与欧亚经济联盟的关系展开深入研究。值得注意的是，欧盟、美国与欧亚经济联盟关系问题还没进入学界视野。

第四，我国学界研究欧亚一体化及欧亚经济联盟过程中依然存在理论薄弱问题。目前，我国的欧亚经济联盟研究多采取历史叙述、文献解读、横向比较等方法。在理论选择上，要么是以西方国际关系理论的相关观点为"药引"，缺乏对欧亚本土国际关系理论的挖掘；要么就是撇开理论、开门见山、就事论事。显然，这无法满足从理论上思考欧亚经济联盟的需求。因此，针对欧亚一体化与欧亚经济联盟的新理论观点的挖掘成为本书的一个研究重点。

（二）国外研究现状

国外研究现状的梳理主要由四部分构成，即俄罗斯、欧盟、美国，以及欧亚经济联盟其他成员国的研究动态。

第一，俄罗斯学界一直高度关注欧亚一体化、欧亚经济联盟。该领域的主要研究机构及科研分工如下：一是注重欧亚一体化经济效应和理论研究，关注欧亚经济联盟运行状况，如俄科学院经济研究所、欧亚开发银行一体化研究中心、俄经济发展部国际与对外贸易研究院等；二是从俄罗斯外交、对外战略角度来研究欧亚经济联盟，如莫斯科国际关系学院、圣彼得堡大学国际关系学院、俄高等经济大学世界经济与政治学院、俄科学院世界经济与国际关系研究所等。为了加强对欧亚一体化研究，跨国机构和科研单位还专门创立了学术期刊，如欧亚经济共同体议会大会的《欧亚一体化：经济、法律、政治》（《Евразийская интеграция: экономика, право, политика》）、欧亚开发银行的《欧亚经济一体化》（《Евразийская

---

① 文丰：《"欧亚联盟"计划在中亚的前景》，《新疆社会科学》2015 年第 6 期。
② 赵青松：《吉尔吉斯斯坦加入俄白哈关税同盟的利弊及其影响》，《国际经济合作》2014 年第 10 期。

экономическая интеграция》）、俄科学院世界经济与国际关系研究所的《俄罗斯与欧亚新独立国家》（《Россия и новые государства Евразии》），等等。

通过分析现有成果可以发现，俄学界对欧亚经济联盟研究主要集中在以下方面。

（1）欧亚一体化理论构建问题。俄罗斯区域一体化理论发展经历了三个阶段。第一阶段从 1992 年至 1999 年，是欧洲一体化经验在原苏联地区"嫁接"阶段。在该阶段，俄学界把欧洲一体化看作是原苏联地区一体化的范本和目标。1992 年 3 月，俄科学院欧洲研究所专门召开学术会议，首次讨论如何汲取欧洲一体化经验来推动原苏联地区一体化。[①] 在研究过程中，学者们通常把欧洲一体化作为标尺，来衡量俄罗斯主导的原苏联地区一体化，其中代表学者是斯特烈日涅娃（М. В. Стрежнева）。[②] 然而，欧洲一体化经验在原苏联地区一体化中的"嫁接"并不成功，独联体经济联盟并没真正建立起来。第二阶段从 2000 年至 2008 年，是"反思"阶段。俄学界经过反思得出，欧洲一体化经验难以复制到原苏联地区的原因有：历史背景不同，欧洲一体化是从国家间战争状态走向经济一体化的结果，而原苏联地区一体化是从统一国家解体而来；经济基础不同，欧洲一体化是以市场经济为基础，而原苏联地区一体化以计划经济向市场经济转型为基础；主观意识不同，欧洲一体化有"统一欧洲"思想做指导，而原苏联国家民族主义倾向严重。[③] 第三阶段从 2009 年至今，是欧亚一体化理论探索阶段。俄学者从 2009 年爆发的欧洲债务危机中发现，欧洲一体化本身也存在问题，[④] 不值得全盘照搬，应该借鉴欧洲一体化之长处，挖掘本地区一体化特点，构建欧亚一体化理论。2012 年，欧亚开发银行一体化研究中心主任维诺库洛夫（Е. Ю. Винокуров）等基于对欧亚一体化中国家与非国家行为体、动力与阻力的分析，提出"欧亚大陆一体化"（Евразийская континентальная

---

① Носов М. Г. , *ЕврАзЭС и интеграционный опыт ЕС.* , Москва：Институт Европы РАН，2009，ст. 7.

② Стрежнева М. В. , *ЕС и СНГ：сравнительный анализ институтов*，Москва：МОНФ，1999.

③ Шишков В. Ю. , *Интеграционные процессы на пороге XXI века：Почему не интегрируются страны СНГ*，Москва：III тысячелетие，2001；Носов М. Г. , *ЕврАзЭС и интеграционный опыт ЕС*，Москва：Институт Европы РАН，2009.

④ "Кризис европейской интеграции：уроки для постсоветского пространства" . https：// interaffairs. ru/jauthor/material/1009 интеграция）理论观点。① 他把该理论命名为"实用欧亚主义"（Прагматическое евразийство），也称"经济欧亚主义"（Экономическое евразийство）。② "实用欧亚主义"强调欧亚一体化的经济动力，而非政治动力，不主张俄罗斯单方面主导，倡导多中心齐头并进。杜金（А. Г. Дугин）以新欧亚主义为理论基础，强调欧亚一体化的地缘政治动力及俄罗斯的核心主导力。③ 其余学者观点主要鉴于以上两者之间。④ 在莫斯科国际关系学院政治系主任沃斯克列先斯基（А. Д. Воскресенский）教授看来，欧亚一体化理论是很难被建构的，俄罗斯的欧亚主义、西方国际关系理论中的地区主义等现有理论都难以给出满意的答案，理由是欧亚一体化进程是地区体系再构建过程，具有很强的不确定性。莫斯科国际关系学院欧洲一体化研究室主任卡维什尼科夫（Н. Ю. Кавешников）教授则认为，欧亚一体化理论是传统地区主义和新地区主义的结合体。由此可见，俄学界围绕欧亚一体化理论的论战还在继续，这为本书提供了参与讨论的机会。

（2）对欧亚经济联盟历史进程及问题的研究。2013 年，俄科学院世界经济与国际关系研究所研究员邱福林（Г. И. Чуфрин）出版专著《欧亚一体化概论》。⑤ 该书的成就在于系统梳理了 2006 年至 2013 年欧亚一体化发展路径、重点领域及难点问题，但短板是对提出的问题缺乏深入分析，也未

① Винокуров Е. Ю., Либман А. М., *Евразийская континентальная интеграция*. Санкт-Петербург：Евразийский банк развития, 2012.

② Винокуров Е. Ю., "Прагматическое евразийство", *Евразийская экономическая интеграция*, No. 21, 2013.

③ Дугин А. Г., *Геополитика*, Москва：Академический проект, 2015.

④ 参见：Либман А. М., Хейфец Б. А., *Модели региональнальной интеграции*, Москва：Экономика, 2011；Хейфец Б. А., Либман А. М., *Корпоративная интеграция. Альтернатива для постсоветского пространства*, Москва：ЛКИ, 2008；Быков А. Н., *Постсоветское пространство：стратегии интеграции и новые вызовы глобализации*, Москва：Алетейя, 2009；Быков А. Н., "Евразийская интеграция, её перспектива и возможности", *Российский экономический журнал*, No. 1, 2014；Глазьев С. Ю., Ткачук С. П., "Перспективы развития евразийской экономической интеграции：от ТС-ЕЭП к ЕЭС（концептуальный аспект）", *Российский экономический журнал*, No. 1, 2013；Бордачёв Т., Островская Е., Скриба А., "Выбор и вызов евразийской интеграции", *Россия в глобальной политике*, No. 5, 2013；Подберёзкин А. И., Боришполец К. П., Подберёзкина О. А., *Евразия и Россия*, Москва：МГИМО, 2013 等。

⑤ Чуфрин Г. И., *Очерки евразийской интеграции*, Москва：Весь мир, 2013.

提出解决办法。俄科学院经济学研究所研究员格林金娜（С. П. Гликина）提出，欧亚经济联盟要有所作为，富有生命力，就要解决以下问题：能否改变俄罗斯、哈萨克斯坦以能源为主的对外贸易结构，实现贸易结构多元化；能否改变成员国经济有增长无现代化的窘境；能否在争夺原苏联地区影响力中与周边地缘政治经济力量开展有效竞争等。[①]

（3）欧亚经济联盟运行模式研究。俄罗斯总统一体化事务顾问格拉济耶夫（С. Ю. Глазьев）在 2013 年出版专著《欧盟与欧亚经济共同体：一体化构建过程中的相似性与差异性》，专门从组织机制角度探讨欧盟与欧亚经济共同体之间的差别，兼论了关税同盟、统一经济空间组织机制的发展。在法律机制方面，俄联邦政府直属法律与比较法学研究所研究员卢基扬诺娃（В. Ю. Лукьянова）在 2012 年出版专著《国家间集团形成中的法律问题研究：以自由贸易区和欧亚经济共同体关税同盟为例》。该书以自贸区和欧亚经济共同体关税同盟为例，专门分析原苏联国家间整合的法律基础构建问题。[②] 实事求是地说，以上两个成果对把握欧亚经济联盟的运行模式是有帮助的，但毕竟是先期成果，欧亚经济联盟并没被纳入他们的研究视野。迄今为止，俄学界对欧亚经济联盟运行模式的综合性研究成果还没出现。这是本书亟待突破的地方。

（4）欧亚经济联盟的功能领域研究。这方面研究做得最出色的是欧亚开发银行一体化研究中心。该中心的研究人员以“70 后”“80 后”为主，年富力强，富有创新，而且知识结构都有经济学背景，擅长量化分析，数理推导。该中心以贸易、移民、能源、投资为指标，提出了“欧亚一体化指标体系”（Система индикаторов евразийской интеграции），专门用来评估原苏联地区国家参与区域经济一体化的程度。[③] 根据 2012 年的分析结果，

---

① Гликина С. П.，*Евразийский интеграционный проект：эффекты и проблемы реализации*，Москва：Институт экономики РАН，2013. ст. 46-62.

② Лукьянова В. Ю.，*Правовые проблемы формирования межгосударственных объединений（на примере Зоны свободной торговли и Таможенного союза ЕврАзЭС）*，Москва：Институт эконодательства и сравнительного правоведения при Правительстве Российской Федерации，Анкил，2012.

③ *Система индикаторов евразийской интеграции I*，Санкт-Петербург：Евразийский банк развития，No. 12，2009；*Система индикаторов евразийской интеграции II*，Санкт-Петербург：Евразийский банк развития，No. 22，2014.

在欧亚一体化中，小国的参与度最高，如吉尔吉斯斯坦、亚美尼亚，而大国的参与度较低，如俄罗斯。① 多年来，该中心对地区贸易、劳动移民、直接投资、科技合作等欧亚一体化各个领域进行跟踪研究，发布大量专题报告。② 这些成果对直观了解欧亚一体化各功能领域发展大有裨益。

（5）欧亚经济联盟的对外关系研究。欧亚经济联盟是向西发展，与欧盟共建经济空间；还是向东进发，强化在亚太地区影响力；还是东西并进，兼顾欧亚，这一问题是俄罗斯学界争论的焦点。自由派学者伊诺泽姆采夫（В. Л. Иноземцев）主张西进，即欧亚经济联盟应优先与欧盟建立共同经济空间；③ 保守派学者博得别廖斯金（А. И. Подберёзкин）、博利什波列茨（К. П. Боришполец）主张东进，即依托欧亚经济联盟，开发远东，稳定中亚，进军亚太。④ 虽然俄罗斯官方主张东西并进，欧亚兼顾，但是如何做到与欧盟共建经济空间和与中国"丝绸之路经济带"进行战略对接齐头并进，做到两者相互不矛盾、不掣肘，实现自身利益最大化，围绕这个问题，学界还没给出答案。

第二，欧盟国家对欧亚经济联盟的研究主要有以下特点。

（1）学术成果以智库报告为主，学术论文不多，缺乏专著。2011 年 10 月，普京发表的署名文章《欧亚新一体化方案：未来诞生于今天》引起了欧盟学界的关注。英国皇家国际事务研究所（Chatham House）、英国外交政

---

① *Система индикаторов евразийской интеграции II*，Санкт-Петербург：Евразийский банк развития，No. 22，2014.

② 相关报告如：*Единая торговая политика и решение модернизационных задач ЕЭП*，Санкт-Петербург：Евразийский банк развития，No. 8，2012；*Трудовая миграция ЕЭП：анализ экономического эффекта и институционально-правовых последствий ратификации соглашений в области трудовой миграции*，Санкт-Петербург：Евразийский банк развития，No. 3，2012；*Таможенный союз и соседние страны：модели и инструменты взаимовыгодного партнёрства*，Санкт-Петербург：Евразийский банк развития，No. 11，2013；*Экономическая и технологическая кооперация в разрезе секторов ЕЭП и Украины*，Санкт-Петербург：Евразийский банк развития，No. 18，2013；*Мобильность пенсий в рамках Евразийского экономического союза и СНГ*，Санкт-Петербург：Евразийский банк развития，No. 24，2014；*Оценка экономических эффектов отмены нетарифных барьеров в ЕАЭС*，Санкт-Петербург：Евразийский банк развития，No. 29，2015 等.

③ Иноземцев В. Л.，"Национальные интересы России на постсоветском пространстве：в чем они состоят и какими должны быть？"，*Россия и современный мир*，No. 3，2012.

④ Подберёзкин А. И.，Боришполец К. П.，Подберёзкина О. А.，*Евразия и Россия*，Москва：МГИМО，2013.

策研究中心（FPC）、欧洲政策研究中心（CEPS）、苏黎世安全研究中心（CSS）、欧盟安全研究所（EUISS）、芬兰国际事务研究所（FIIA）、波兰东方研究中心（OSW）等主流智库纷纷发布研究报告，分析普京"欧亚联盟"构想的意图，探讨欧盟的应对之策。智库报告的优点是"短、频、快"，能较准把握事件发展，但缺点是缺乏学理分析，结论观点太过主观，容易以偏概全。著作方面目前只有两部，而且都是编著。一部是英国伯明翰大学德拉格涅娃（Rilka Dragneva）教授主编的《欧亚经济一体化：法律、政策与政治》（2013 年）。① 该书由关税同盟历史进程与组织机制；俄、白、哈三国立场；对欧盟"东部伙伴关系计划"影响等三部分构成。另一部是英国肯特大学的萨克瓦（Richard Sakwa）和加拿大卡尔顿大学的波兰裔学者杜特科维茨（Piotr Dutkiewicz）主编的《欧亚一体化——来自内部的观点》（2014 年）。② 与俄罗斯学者邱福林的成果类似，这两部著作都打开了问题的"潘多拉盒子"，但缺乏对问题的深入探讨，没有提出具有可操作性的应对之策。

（2）对欧亚经济联盟的定性研究。欧盟学界普遍认为，欧亚经济联盟是俄罗斯恢复传统地区影响力，实现重新崛起的地缘政治经济平台。对俄罗斯而言，欧亚经济联盟的政治意义远远大于经济意义，原因是：首先，欧亚经济联盟是俄罗斯依靠政治力量来重塑地区领导力的举措；③ 其次，欧亚经济联盟是俄罗斯反制欧盟"东部伙伴关系计划"的手段。④ 换言之，欧亚经济联盟就是俄罗斯主导的集政治、经济、意识形态为一体的一体化项目，目的是制衡外部力量对俄罗斯传统势力范围的渗透，在周边地区推广"俄式"价值观来应对西方价值观的挑战，彰显自己"全球独立政治力量"

① Dragneva R., Wolczuk K., *Eurasian Economic Integration：Law，Policy and Politics*, Cheltemham：Edward Elgar, 2013.
② Dutkiewicz P., Sakwa R., *Eurasian integration-the view from Whtin*, London：Routledge, 2014.
③ Popescu N., *Eurasian Union：the real，the imaginary and the likely*, Paris：EU Institute for Security Studies, No.132, 2014.
④ 参见：Zahorka H., Sargcyan O., "The Eurasian Customs Union：an alternative to the EU's Association Agreements?", *European View*, No.13, 2014；Dragneva R., Wolczuk K., *Russia，the Eurasian Customs Union and the EU：Cooperation，Stagnation or Rivalry?*, London：Chatham House Briefing Paper-REP, No.1, 2012。

的地位。①

（3）评估欧亚经济联盟前景。欧盟学界普遍不看好欧亚经济联盟的前景。因为，其一，欧亚经济联盟不以平等、自愿为原则进行组建，而是俄罗斯"强拉"周边小国入伙而成，目的是制止它们"脱俄入欧"；② 其次，欧亚经济联盟本身存在机制缺陷。与欧盟以制度和法律来进行治理不同，欧亚经济联盟内部等级森严、政商关系复杂、寡头势力强大，是"强个人、弱机制"的"统治"模式；③ 再次，俄罗斯现有的经济实力不足以支撑起整个欧亚经济联盟。结合以上三点，欧盟学者对欧亚经济联盟前景持悲观态度。然而，欧亚经济联盟毕竟已经客观存在，欧盟学界还是会密切关注其动向。

（4）对欧盟与欧亚经济联盟关系及乌克兰危机因素的思考。2014年以来的乌克兰危机无论对俄欧关系，还是对欧盟与欧亚经济联盟关系来说都造成了很大影响。在乌克兰危机冲击下，俄欧在后冷战时期建立起来的对话机制基本失效。因此，有学者就提出，与欧亚经济联盟展开对话或许可以成为俄欧沟通的新机制，在俄欧之间建立"共同周边"（common neighbourhood）或"共享周边"（shared neighbourhood），避免"大欧洲"分裂。④ 但是，也有学者提出反对意见，他们认为，与欧亚经济联盟对话必须要放在乌克兰危机得到合理解决之后，理由是现在与欧亚经济联盟展开对话无疑是承认了俄罗斯在原苏联地区的"扩张"，是在为经济

---

① Zahorka H., Sargcyan O., "The Eurasian Customs Union: an alternative to the EU's Association Agreements?", *European View*, No. 13, 2014.

② Delcour L., Kostanyan H., *Towards a Fragmented Neighbourhood: Policies of the EU and Russia and their consequences for the area that lies in between*, Brussels: CEPS Essay, No. 17, 2014.

③ 参见：Zahorka H., Sargcyan O., "The Eurasian Customs Union: an alternative to the EU's Association Agreements?", *European View*, No. 13, 2014; Roberts S., Marin A., Moshes A., Pynnoniemi K., *The Eurasian Economic Union: Breaking the pattern of post-Soviet integration?*, Helsinki: FIIA Analysis, No. 9, 2014。

④ 参见：Dobbs J., *The Eurasian Economic Union: A Bridge to Nowhere?*, London: European Leadership Network-Policy Brief, No. 3, 2015; Delcour L., Kostanyan H., *Towards a Fragmented Neighbourhood: Policies of the EU and Russia and their consequences for the area that lies in between*, Brussels: CEPS Essay, No. 17, 2014; Kempe I., *The South Caucasus Between the EU and the Eurasian Union*, Zurich: Center for Security Studies, No. 51-52, 2013。

衰弱的俄罗斯"输血",这会助长俄的"嚣张"气焰。① 可见,在欧盟眼中,欧亚经济联盟既是对手,又是伙伴;既要制衡,又要对接。

第三,美国对欧亚经济联盟的研究具有以下特点。

(1) 与欧盟学界类似,美国对欧亚经济联盟研究的成果也以智库报告为主。在美国,智库所处的阵营决定了该智库的立场。自由主义阵营的智库对欧亚经济联盟的态度较为温和,如战略与国际问题研究中心(CSIS)、全球利益研究中心(CGI)、哥伦比亚大学哈里曼研究所等;保守主义阵营的智库对欧亚经济联盟的立场则比较强硬,如约翰·霍普金斯大学中亚高加索研究所、传统基金会(Heritage Foundation)等。

(2) 对欧亚经济联盟的定性。战略与国际问题研究中心研究员曼可夫(Jeffrey Mankoff)认为,欧亚经济联盟远不止经济一体化那么简单,它是俄罗斯旨在恢复传统势力范围的政治经济项目。② 约翰·霍普金斯大学中亚高加索研究所的斯塔尔(Frederick Starr)、康奈尔(Svante Cornell)和布兰克(Stephen Blank)指出,欧亚经济联盟是俄罗斯新帝国主义的化身,是俄罗斯在新帝国主义政策指导下对周边国家主权的侵害行为。③ 来自传统基金会的科恩(Ariel Cohen)等直截了当地指出,欧亚经济联盟将威胁到东欧、中亚地区国家的民主自由和国家主权,损害美国的欧亚地区利益,应当予以打压。④ 值得注意的是,在当前美国智库中,"反俄主义""反普京主义"思想仍有一定市场,就算是对俄罗斯持一定"宽容"态度的自由主义智库也提出要谨慎看待俄罗斯主导的欧亚一体化。

(3) 对欧亚经济联盟前途及应对之策的探讨。美国学界普遍认为,欧

① 参见：Krastev I., Leonard M., *The New European Disorder*, Brussels: European Council of Foreign Relations Essay, No. 117, 2014; Dragneva R., Wolczuk K., *Trade and Geopolitics: Should the EU engage with the Eurasian Economic Union*, Brussels: European Policy Centre Policy Brief, No. 4, 2015。

② Mankoff J., *Eurasian Integration: The Next Stage*, Washington D. C.: GWU-Elliot School of International Affairs, Central Asia Policy Brief, Central Asia Policy Brief, No. 13, 2013.

③ Starr S. F., Cornell S. E., *Putin's Grand Strategy: The Eurasian Union and Its Discontents*, Washington D. C.: SAIS, 2014.

④ Cohen A., *Russia's Eurasian Union Could Endanger the Neighborhood and U. S. Interests*, Washington D. C.: The Heritage Foundation-Backgounder, NO. 2804, 2013; Roberts J., Cohen A., Blaisdel J., *The Eurasian Union: Undermining Economic Freedom and Prosperity in the South Caucasus*, Washington D. C.: The Heritage Foundation-Special Report, No. 148, 2013.

亚经济联盟要想有所发展，还应该走开放地区主义的路子。曼可夫认为，欧亚经济联盟应参考"东盟"模式，与外部经济体建立自贸区。[①] 约翰·霍普金斯大学的奥尼尔（Molly O'Neal）提出，"北美自由贸易区"模式或许是另一种可行路径。[②] 就对策而言，美国国内出现两种声音：一种是主张合作、缓和，提出应把俄罗斯作为实现美国国家利益的工具；[③] 另一种是依旧把俄罗斯看成地缘政治敌手，主张防止俄罗斯"重新崛起"，阻止欧亚经济联盟成为反美政治集团。因此，在现阶段，美国不反对欧亚经济联盟在经济领域的一体化，因为这有利于维护欧亚地区稳定，促进落后国家经济发展，但极力反对欧亚经济联盟政治化、军事化，成为俄罗斯主导的、封闭的国家集团，进而挑战美国治下的世界政治经济秩序。

第四，欧亚经济联盟其余成员国的研究特点。梳理现有成果后发现，当前其他成员国对欧亚经济联盟研究的成果十分有限，学术话语权仍在俄罗斯手中。与俄学界重点研究如何整合、如何主导不同，其他成员国对欧亚经济联盟的研究更多地从本国现实利益出发，在保证政治独立、主权完整前提下，研究如何与俄罗斯处理一体化合作关系，推动本国现代化发展。这是共性。就特性而言，各成员国学者关注的重点不同：哈萨克斯坦侧重能源、商品贸易、基础设施建设方面研究；[④] 白俄罗斯重视工业合作、工业

---

① Mankoff J., *Eurasian Integration: The Next Stage*, Washington D. C.: GWU-Elliot School of International Affairs, Central Asia Policy Brief, Central Asia Policy Brief, No. 13, 2013.

② *Central Asia and the Eurasian Economic Union: The Global Picture and Country Perspectives*, Washington D. C.: GWU-Central Asia Policy Brief, No. 21, 2015.

③ 参见：Stent A., *The Limits of Partnership: U. S.-Russian Relations in the Twenty-First Century*, Princeton: Princeton University Press, 2014; Graham T., "America Needs a Real Russia Policy", http://nationalinterest. org/feature/america-needs--real-russia-policy-10953。

④ 参见：Султанов Б. К., *Современное экономическое развитие Казахстана: отраслевые, региональные, внешнеэкономические приоритеты*, Алматы: КИСИ при Президенте РК, 2011; Султанов Б. К., *Интеграционые процессы в евразийском пространстве и современный мир*, Алматы: КИСИ при Президенте РК, 2012; Кириниציянов Ю. И., *Евразийское партнёрство: идеи, мнения, предложения*, Алматы: КИСИ при Президенте РК, 2014; Мансуров Т., "ЕврАзЭС: от интеграционного сотрудничества к Евразийскому экономическому союзу", *Международная жизнь*, No. 10, 2014 等。

产品出口问题研究；① 吉尔吉斯斯坦重视商品贸易、劳动移民、吸引投资方面的研究；② 亚美尼亚关注商品贸易、能源安全、交通基础设施建设、劳动移民等问题。③

三　本书结构安排

绪论部分的任务是提出问题，重点回答为什么要对欧亚经济联盟的成因展开研究、如何研究，以及研究什么。在分析国内外研究状况的基础上，提炼本书研究的核心问题，并对本书的结构安排、创新与不足、研究方法等予以说明。

第一章是研究准备。本章从区域一体化概念辨析入手，梳理欧洲一体化理论的发展历程、代表观点，探讨欧洲一体化理论对原苏联地区的适用性。然后，分析原苏联地区本土的区域一体化理论，即欧亚一体化理论，并提出本书的研究视角。

第二、三、四、五、六章是本书的主体部分，核心任务是分析问题。

第二章的主要任务是梳理苏联解体以来，欧亚经济一体化历史进程，分析欧亚经济联盟形成的历史背景及现状。

第三章以条约（Договор）、协议（Соглашение）、决议（Решение）等一手法律文件为基础，通过与欧亚经济共同体的比较，从一体化路径、组织机制、决策机制、扩员机制、法律机制等五个方面分析欧亚经济联盟的运行模式。

---

① 参见：Бобков В. А., *Беларусь в интеграционных проектах*, Минск: Беларуская навука, 2011；Дайнеко А. Е., *Геоэкономические приоритеты Республики Беларусь*, Минск: Беларуская навука, 2011；Институт стран СНГ, *Будущее Союзного государства и потенциальные модели его развития*, Москва：Институт стран СНГ, 2013。

② 参见：Акаева Б. А., Коротаев А. В., Исаев Л. М., Шишкина А. Р., *Системный мониторинг глобальных и региональных рисков: Центральная Азия: Новые вызовы*, Москва：ЛЕНАНД, 2013。

③ 参见：Чобанян А., *Возвратная миграция и вопросы реинтеграции: Армения*, CARIM-East RR, No. 4, 2013；Тавадян А., "Интеграционные приоритеты Армении: взгляд из Еревана", *Россия и новые государства Евразии*, No. 2, 2014；Минасян С., "Армения и Евразийский союз: конец интриги?", http://globalaffairs.ru/ukraine_crysis/Armeniya-i-Evraziiskii-soyuz-konetc-intrigi-17027。

第四、五章重点分析欧亚经济联盟形成的内因。内因由地缘经济和地缘政治两方面构成。第四章考察俄罗斯与其余成员国的地缘经济关系，分析俄罗斯主导欧亚经济联盟的思想动力、历史及现实条件、利益诉求，以及其余成员国对俄罗斯经济主导力的反应及自身利益偏好。第五章分析俄罗斯主导欧亚经济联盟的主观意图、战略考量，以及探究其余成员国外交战略、国内政治中的俄罗斯因素。

第六章从国际和地区两个层面分析欧亚经济联盟形成的外因。从国际层面上看，欧亚经济联盟是成员国为了摆脱在国际经济格局中地位日渐边缘化而"抱团取暖"的结果。为证明之，将从国际贸易、货币、科技、投资等角度进行分析。从地区层面上看，欧亚经济联盟是成员国为了应对周边地区一体化机制或倡议竞争的重要举措。

第七章是深化问题。欧亚经济联盟成立不久，还是一个新组织，许多事态仍在发展之中。本章着重分析影响其发展的内外因素，并对其前景做出预判。

最后部分回归绪论中提出的问题，对本书研究做出结论。

四　研究创新与不足之处

本书的创新点有以下方面：

第一，理论创新。当前，区域一体化研究中国内外学界均把西方国际关系理论中的区域一体化理论（如欧洲一体化理论）作为标杆，常以欧盟标准衡量其他区域一体化进程与效果，结果是不自觉地推动了欧洲一体化理论的"普世化""全球化"，而忽视了其他区域一体化背后所隐含的"特殊性""地区性"。本书将综合运用西方的欧洲一体化理论及非西方的欧亚一体化理论，提出本书研究之视角，以便抛砖引玉，使区域一体化理论得到新发展。

第二，研究领域较新。迄今为止，国内外系统研究欧亚经济联盟的成果较少，专著凤毛麟角。更何况，现有的研究大多从"战略""关系""影响"等宏观角度出发，回答了"是什么"的问题，缺乏针对欧亚经济联盟形成原因、内外因素、动力与阻力等具体问题的研究。本书通过综合分析欧亚经济联盟，重点回答"为什么""怎么办"的问题。

第三，弥补了当前国内外研究欧亚经济联盟视角单一的薄弱环节。目前，国内外研究欧亚经济联盟问题多为单向研究，即或单从俄罗斯角度来研究，或把欧亚经济联盟作为整体来研究。本书侧重于欧亚经济联盟内部俄罗斯与其他成员国间双向地缘政治经济关系研究，以及欧亚经济联盟与外部世界的双向关系研究。以多元、立体视角全面剖析欧亚经济联盟的运行模式、形成原因、内外因素、现状及前景。关于这点，本书多个章节均有体现。

第四，研究资料比较前沿和全面。本书重视挖掘一手资料，包括国际条约、法律文件、外文成果等。作为对资料的有益补充，笔者在俄罗斯莫斯科国际关系学院联合培养、美国哥伦比亚大学访学及多次赴俄、哈进行学术交流期间，对俄罗斯、哈萨克斯坦、白俄罗斯、吉尔吉斯斯坦、亚美尼亚、美国、英国、瑞典、芬兰等国从事欧亚问题研究的学者进行访谈。这些对一手资料的掌握与"面对面"的访谈令本书研究更为准确、严谨和科学。

尽管本书对欧亚经济联盟进行了颇有意义的研究，但因个人能力及其他主客观条件的限制，研究仍有以下不足：首先是理论框架有待进一步完善。对欧亚一体化理论的建构工作还有较大提升空间，本书在欧洲一体化理论和欧亚一体化理论相关观点的基础上做了概括、归纳和总结，但要达到成体系的理论框架水平还需进一步思考和完善；其次，欧亚经济联盟毕竟是个新型区域一体化机制，成立时间不久，运行时间不长，很多事态仍在发展之中，需进一步跟进。以上不足只能通过日后进一步完善理论构架，提高理论分析能力，积极挖掘更具权威性的资料来加以弥补。

五　研究方法

本书主要运用以下研究方法。

第一，辩证唯物主义分析法。在辩证唯物主义中，内因与外因是个重要议题。内因与外因指的是"决定和影响事物发展的内部原因和外部原因。内因就是事物的内部各种矛盾的相互作用；外因就是影响某事物变化发展的外部矛盾。任何事物的存在和发展都是内因和外因共同作用的结果。对事物发展来说，内因是根据，外因是条件，外因通过内因而起作用"。① 本书从内因和外因两方面探讨欧亚经济联盟的成因问题。在内因方面，本书着重分析欧亚经济联盟成员国间地缘政治与经济关系；在外因方面，本书分析国际与地区环境对欧亚经济联盟的作用。

第二，跨学科综合分析法。"世界上的一切事物都不是孤立地存在的，都是同周围其他事物联系着的。"② 在学术研究中亦是如此，学科间界限模糊，且相互联系，跨学科研究无处不在。本书主要运用国际关系、区域一体化理论相关概念与方法的同时，还引入了地缘政治学、地缘经济学、历史学、社会学、政治学、民族学、国际法等相关研究方法。

第三，比较分析法。比较分析法有助于把握事物发展的规律和异同。本书对不同的对象采取了不同的比较方法。在探讨欧亚经济联盟运行模式特点时，本书采用纵向比较法。通过与欧亚经济共同体的纵向比较，可以把握欧亚经济联盟发展的基本路径和运行模式特点。在讨论欧亚经济联盟形成的内外因时，本书采用横向比较法。通过国别间、区域一体化机制间的横向比较，能厘清欧亚经济联盟的内部矛盾与外部条件，以及内外因之间的相互作用。

第四，定性与定量分析法。本书采取定性分析与定量分析相结合的方法。人文社会科学研究中，定性研究自身所带来的主观性和模糊性不利于客观地剖析分析对象。而定量分析可以在事物之间建立相对明确的数量关系，有助于了解事物的程度变化，避免因概念不一致而得出相反的结论。③ 因此，为了使研究更具科学性，本书注重定性与定量研究相结合。

第五，预测分析法。国际关系研究具有一定的预测目的，即通过对规律性和特殊性的研究预测国际形势、双边关系、国际事件的发展趋势。④ 基于对形成原因、影响因素的分析，本书对欧亚经济联盟的中短期、长期前景做出了预测。

---

① 赵德水：《马克思主义知识辞典》，江苏教育出版社，1991，第133页。
② 赵德水：《马克思主义知识辞典》，江苏教育出版社，1991，第911页。
③ 阎学通、孙学峰：《国际关系研究实用方法（第二版）》，人民出版社，2007，第118页。
④ 阎学通、孙学峰：《国际关系研究实用方法（第二版）》，人民出版社，2007，第13页。

六　研究内容

本书以欧亚经济联盟为研究对象，以区域一体化为视角，主要回答以下具体问题：（1）欧亚一体化理论构建有哪些特点；（2）欧亚经济联盟的历史背景和现状如何；（3）欧亚经济联盟的运行模式具有哪些特点；（4）欧亚经济联盟形成的内外因有哪些，内因间和内外因间有何种关系，如何相互作用；（5）欧亚经济联盟的前景如何。

第一章　欧亚一体化理论：构建与争论

英国国际关系理论学家布尔（Hedley Bull）曾说道："如果我们所使用的理论都源自西方并以西方为标准，这些理论能使我们充分理解非西方的国际政治体系吗？"① 在区域一体化理论方面也存在类似问题。本章带着这一疑问，考察西方国际关系理论中的欧洲一体化理论并讨论其适用性，同时挖掘具有非西方特质的、原苏联地区本土的区域一体化理论思想——欧亚一体化理论，以丰富区域一体化理论思想。

第一节　区域一体化的概念

就词源而言，英语中的"一体化"（integration）是个舶来词，源于拉丁语的"integrationem"，是 17 世纪初从法语的"intégration"引过来的。在英语中，"一体化"一般有三种解释：（1）成为某个集团或社会中一员的过程；（2）允许各种族的人使用同一地方、机构或组织的过程；（3）不同个体整合成一个单位或体系的过程。在俄语中，"一体化"（интеграция）被解释为"把各个部分或个体连成整体的发展过程"。在汉语中，"一体化"是动词，意为"使各自独立运作的个体组成一个紧密衔接、相互配合的整体"。可见，分散的不同个体整合或结合成一个整体的过程或行为是一体化概念的内核。在国际政治经济领域，一体化一般就是指区域一体化，或称地区一体化。具体而言，所谓区域一体化，就是地理上相邻相近的国家或地区为维护共同利益，通过签订某种政府间条约或协定，制定和规范共同的行为准则，协调一致的政策，乃至通过建立各国

---

① 〔俄〕А. П. 齐甘科夫、П. А. 齐甘科夫：《当代俄罗斯国际关系学》，冯玉军、徐向梅译，北京大学出版社，2008。

政府一定授权的共同机构，进行长期和稳定的超国家的政策调节达成和实现经济联盟乃至政治联盟，以促进地区稳定与繁荣。[1] 我们对区域一体化有以下基本认识。

第一，不同学科对区域一体化的概念界定、研究路径及核心问题的设定也不同。"经济学主要从最低费用的市场交换和最佳的生产要素配置出发，探讨一体化活动能给人们带来的最大限度的经济利益的实现。"[2] 如关税同盟理论、自由贸易区理论、大市场理论、共同市场理论、协议性分工理论、最优货币区理论等。区域一体化从低到高的表现形式有：优惠贸易安排（PTA）、自由贸易区（FTA）、关税同盟、共同市场、货币联盟、完全经济一体化。政治学则把区域一体化看作政治体系，关注政治体系内各单元的权力分配、机构设置、组织运作及其相互关系和政治影响，如联邦主义。联邦主义（federalism）"既是一种观点又是一种制度。作为一种观念，联邦主义主张建立统一的国家，强调一定程度的权力集中，实际上是一种特殊形态的民族主义，目的是建立统一的民族国家"。[3] "作为一种制度，联邦主义制度指的是政治上介于中央集权和松散的邦联之间的国家政治组织形式。"[4] 在区域一体化理论中，联邦主义源远流长，其来源主要有两个：第一个是17、18世纪的欧洲和平计划，目的是为了减少或消除欧洲国家之间的战争，形成某种具有泛欧意义的政治组织；第二个是美国革命的产物——美国宪法，认为制宪会议是实现联邦的理想方法。[5] 联邦主义的区域一体化理论把联邦国家的模式应用到了民族国家关系之中，目的是建立世界的或是地区的联邦国家。[6] 然而，联邦主义一体化进程的动力何在？[7] 国家为什么要同意联邦式的联盟？[8] 这类问题联邦主义却难以回答。在国际关系学中，一体化的核心问题是成因问题，重在解答主权独立的民族国家走

---

① 门洪华：《地区秩序建构的逻辑》，《世界经济与政治》2014年第7期。

② 陈玉刚：《国家与超国家——欧洲一体化理论比较研究》，上海人民出版社，2001，第2页。

③ 王丽萍：《联邦制与世界秩序》，北京大学出版社，2000，第3页。

④ 肖欢容：《地区主义：理论的历史演进》，北京广播学院出版社，2003，第28页。

⑤ 肖欢容：《地区主义：理论的历史演进》，北京广播学院出版社，2003，第35页。

⑥ 肖欢容：《地区主义：理论的历史演进》，北京广播学院出版社，2003，第35~36页。

⑦ Michelmann H. J., Soldatos P., *European Integration: Theories and Approaches*, Washington D. C.: University Press of American, 1993, pp.16~17.

⑧ 肖欢容：《地区主义：理论的历史演进》，北京广播学院出版社，2003，第38页。

上一体化道路的原因及发展动力，① 如功能动力、制度动力、民族国家动力、社会构建动力等。

第二，区域一体化既是一种过程，也是一种状态。围绕一体化是过程还是状态的争论由来已久。早在 1958 年，哈斯（Ernst Haas）就把一体化定义为一个新的权力中心形成的过程，目的是形成政治共同体。他指出："在这个进程（一体化）中，许多不同国家背景的政治行为体被劝说将其效忠、期望和政治活动转移到一个新的中心，由这个新的权力中心来行驶或拥有对原民族国家的管辖权。"② 林德伯格（Leon Lindberg）也把一体化看作过程。但是，在他看来，一体化不像哈斯所认为的那样存在某种具体目标，而是实现成员国集体决策的进程，是一种决策执行的工具。林德伯格认为，一体化过程主要有两部分构成："一是国家放弃独立地执行外交和关键的国内政策的愿望和能力，转向寻求联合决策，或向新的中心机制派出代表，由他们做出决策；二是各国内部政治行为体被说服向新的中心转移期望和政治活动的进程。"③ 与哈斯和林德伯格不同的是，多伊奇（Karl Deutsch）把一体化定义为一种关系状态，即一体化是"单位之间的一种关系，在这种关系中它们相互依存并共同产生出它们单独所不具备的系统性能"。④ 我们认为，把一体化单独地看作过程或是状态都有所偏颇。强调过程，则忽视了诸如历史、文化、传统政治经济及社会联系为一体化奠定的静态基础；强调状态，则遗漏了国家间为实现共同利益诉求，把国家权力让渡到共同的超国家一体化机制，并接受其监督与管理的动态过程。由此，把一体化同时看作一种过程和状态较为合理，前者侧重于一体化机制发展的进程，后者强调一体化机制形成的基础。正如瓦茨（Ronald Watts）所言："一体化是指制造整体或全部的状态和把部分带到一起的过程。"⑤

---

① 朱立群：《欧洲一体化理论：研究问题、路径与特点》，《国际政治研究》2008 年第 4 期；〔英〕安特耶·维纳，〔德〕托马斯·迪兹：《欧洲一体化理论》，朱立群等译，世界知识出版社，2008，第 3 页。

② Haas E. B., *The Uniting of Europe*, Stanford：Stanford University Press, 1958, p. 16.

③ Lindberg L. N., *The Political Dynamics of European Economic Integration*, Stanford：Stanford University Press, 1963, pp. 5-6.

④ 〔美〕卡尔·多伊奇：《国际关系分析》，世界知识出版社，1992，第 267 页。

⑤ Cameron D. M., *Regionalism and Supranationalism：Challenges and Alternatives to Nation-State in Canada and Europe*, Montreal：The Institute for Research on Public Policy Studies, 1981, p. 5.

　　第三，区域一体化还是国家为实现共同利益目标而建立的国际合作机制。这一认识的提出主要基于以下几点：（1）国家是主要行为体。尽管当今国际关系中行为体趋于多元化，但在区域一体化方面，国家仍然是主要行为体，发挥着中坚力量。因为国家是对内具有最高权威，对外具有独立地位的主权政治共同体，是国际关系存在的前提。① 参与区域一体化是国家做出的理性选择。（2）国际合作是实现国家间共同利益的有效途径。需要指出的是，共同国家利益不仅仅指国家间利益目标的相同性或相似性，还指国家间实现利益途径的相向性，以及具体领域利益的良性互补。一体化的任务就是"要尽可能地扩大利益的共同部分，使不同的利益向共同的方向转化，疏导相互冲突的利益以使之不妨碍共同利益的追求与实现"。② 而国际合作就是实现"多边合作的动力或收益超过单边行动的动力或收益"的最佳途径。③（3）国际机制是区域一体化的制度保障。一体化不等同于一般的国家间关系，而在国家之外另有一套超国家的国际机制来进行协调。国际机制具有四个基本要素：共同的国际行为模式，协调国家间关系的原则、准则、规则和决策程序，限制在某一特定的问题领域，以及需以共同利益观念为基础。④ 国际机制又有正式和非正式之分。正式的国际机制一般指制度化水平较高的国际组织；非正式的国际机制指的是制度化水平不太高的各级政府部门及国家领导人会晤机制。进一步来看，国际组织是具有权威性的，它的权威包括：国家所授予的授予性权威（delegated authority），代表国际社会利益或捍卫国际社会价值观的道义性权威（moral authority），以及具备专业知识的专家权威（expert authority）。⑤ 通过这种权威，国际组

---

① 〔英〕赫得利·布尔：《无政府社会：世界政治中的秩序研究》，上海世纪出版集团，2015，第 11 页。
② 陈玉刚：《国家与超国家——欧洲一体化理论比较研究》，上海人民出版社，2001，第 39 页。
③ 〔美〕詹姆斯·多尔蒂、小罗伯特·普法尔茨格拉夫：《争论中的国际关系理论》（第五版），阎学通、陈寒溪译，世界知识出版社，2013，第 536 页。
④ 倪世雄：《当代西方国际关系理论》，复旦大学出版社，2001，第 360 页；〔美〕詹姆斯·多尔蒂、小罗伯特·普法尔茨格拉夫：《争论中的国际关系理论》（第五版），阎学通、陈寒溪译，世界知识出版社，2013，第 559 页。
⑤ 〔美〕迈克尔·巴尼特、玛莎·芬尼莫尔：《为世界定规则：全球政治中的国际组织》，薄燕译，上海人民出版社，2009，第 29 页。

织可以"运用散布各处的和制度性的资源来使得其他行为体遵从它们"。①
可以说，国际组织起到成员国与一体化之间的桥梁作用，通过协调成员国
间关系，来推动区域一体化前进。

第二节　欧洲一体化理论：适用性探讨

在西方国际关系理论谱系中，区域一体化理论观点种类繁多、数不胜
数，而且观点间争论不断、难分伯仲。历史地看，学界开始集中探讨区域
一体化问题还是二战以后的事情。欧洲一体化是西方国际关系学研究区域
一体化的重要对象。分析欧洲一体化进程，解决欧洲一体化问题是学者研
究的重点。得益于一体化实践的成功，欧洲一体化理论是迄今最为系统的
区域一体化理论之一。在讨论由俄罗斯主导的、具有非西方特质的欧亚一
体化及欧亚经济联盟之前，我们有必要先梳理功能主义、政府间主义、新
制度主义等欧洲一体化的主流理论观点，并探讨其对欧亚一体化的适用性。

一　功能主义

功能主义属于国际关系自由主义理论范畴。功能主义又分米特朗尼
（D. Mitrany）的旧功能主义、哈斯的新功能主义，以及近年来以霍克
（L. Hooghe）和马科斯（G. Marks）为代表的后功能主义，三者之间是承继、
修正与发扬的关系。

（一）旧功能主义

旧功能主义的创始人米特朗尼把其理论称为"功能主义"。为了避免与
新功能主义、后功能主义混淆，我们加"旧"字以便分晓。米特朗尼的代
表作是 1943 年出版的《有效的和平机制》（A Working Peace System）。旧功
能主义是理解欧洲一体化的基础理论，主要观点有：（1）强调技术化和非
政治化。米特朗尼认为，20 世纪世界上技术问题日益增加，这是"事务之

---

① 〔美〕迈克尔·巴尼特、玛莎·芬尼莫尔：《为世界定规则：全球政治中的国际组织》，薄
　　燕译，上海人民出版社，2009，第 29 页。

间的关系"，而不是政治或社会关系。① 解决这些问题有两个基本途径：一是通过跨国合作，在全球范围内建立具体领域的国际组织来解决；二是这些问题的决策者最好是不涉及政治、军事等"高级政治"的技术专家。（2）提出"扩展"（ramification）概念。具体而言，就是指在某个领域的成功合作会带动其他领域的合作。在经济领域的合作最终将扩展到政治领域，"经济统一将为政治协议建构基础"。② （3）削弱民族国家作用，认为民族国家间的相互竞争是国际冲突的主要根源。对米特朗尼的旧功能主义，有学者评价道："功能性合作为以国际组织为形式的国际制度和以多边主义为基础的国际机制奠定了重要基础，它们最终将削弱民族国家的重要意义。"③

（二）新功能主义

在功能主义的三大理论中，新功能主义最为显要，一度被认为是欧洲一体化的官方理论，把一体化理论与新功能主义看作是一对近义词。④ 新功能主义产生于 20 世纪 50 年代至 60 年代。新功能主义是欧洲一体化启动后，在对旧功能主义修正的基础上发展而来，代表学者有哈斯、林德伯格等。新功能主义的基本观点有：（1）强调一体化的政治化。与旧功能主义的技术化和非政治化不同，新功能主义强调一体化的政治动因，认为一体化是"各种政治力量（利益集团、政党、政府、国际机构）因追求利益而施加压力所产生的作用"，⑤ 经济福利与政治权力是相互交融的。⑥ （2）"外溢"（spill-over）是新功能主义的核心概念，是对旧功能主义的"扩展"概念的发展。外溢是一体化的重要动力，指的是从一个部门及地区向另一个部门及地区扩散的过程。外溢又分为功能外溢和政治外溢。（3）重视非国家行

---

① Mitrany D. , *The Functional Theory of Politics*, London：London School of Economic and Political Sciences, 1975, p. 37.

② Mitrany D. , "The Functional Approach to World Organization", *International Affairs*, No. 3, 1948.

③ 〔美〕詹姆斯·多尔蒂、小罗伯特·普法尔茨格拉夫：《争论中的国际关系理论（第五版）》，阎学通、陈寒溪译，世界知识出版社，2013，第 542 页。

④ Rosamond B. , *Theories of European Integration*, London：Macmillan Press Ltd. , 2000, p. 50.

⑤ 宋新宁：《欧洲一体化理论：在实践中丰富与发展》，《中国人民大学学报》2014 年第 6 期。

⑥ Haas E. B. , *The Uniting of Europe：Political, Social and Economic Forces*（1950 – 1957）, Stanford：Stanford University Press, 1968, p. xx.

为体，特别是超国家机构的作用。新功能主义认为，超国家机构、地区层面的利益集团和社会运动也是一体化的动力。由于有时外溢并不完全是自发的，因此需要更高权威的超国家机构来协调。①

（三）后功能主义

20世纪90年代以来，随着欧盟的成立，欧洲一体化不仅仅停留在经济领域，而是逐渐向社会、政治、防务等领域扩展。与此同时，欧盟运行过程中也出现了新问题，那就是尽管欧洲一体化所产生的经济福利在不断上升，但是民众对一体化的认可度却在下降，其原因在于，"欧洲一体化在国内日益被大众意见和政党政治'政治化'是当前欧盟困境的根源"。② 在此背景下，2009年美国学者霍克和马科斯在修正新功能主义基础上，吸收建构主义的社会建构、社会认同等理论观点，提出后功能主义理论。后功能主义的主要观点有：（1）社会认同成为影响欧洲一体化前途的重要问题，那么如何把社会认同调动起来也就成了欧洲一体化进一步发展的关键。③ 社会认同成为研究欧洲一体化的重要变量之一。（2）欧洲一体化已经国内政治化。④ 除了经济利益因素外，成员国国内的政党竞争、利益集团、公众意识也能左右欧洲一体化的发展。欧洲一体化不单单是国家与超国家之间的事情，而是超国家、国家、政党、公众等多个层次综合作用下的产物。（3）与新旧功能主义强调"精英驱动"不同，社会力量、公众参与也成为一体化的驱动力量。

二 政府间主义

与自由主义相比，现实主义对一体化问题的研究略显得滞后。政府间主义是现实主义研究一体化问题的代表性理论。政府间主义分为传统政府

---

① Haas E. B., *The Uniting of Europe: Political, Social and Economic Forces* (1950 - 1957), Stanford: Stanford University Press, 1968, p. xix.

② 李明明：《后功能主义理论与欧洲一体化》，《欧洲研究》2009年第4期。

③ Hooghe L., Marks G., "A Postfunctionalist Theory of European Integration: From Permissive Consensus to Constraining Dissensus", *British Journal of Political Science*, No. 1, 2009.

④ 政治化是当前欧洲一体化的重要议题。在这方面的重要成果有2009年切克尔（J. Checkel）和卡赞斯坦（P. Katzenstein）编著的《欧洲认同》一书。参见：Checkel J., Katzenstein P., *European Identity*, Cambridge: Cambridge University Press, 2009。

间主义和自由政府间主义。

（一）传统政府间主义

每个理论观点的提出都有其特定的历史背景，传统政府间主义也不例外。1965 年欧共体出现"空椅子危机"导致一体化进程停滞是传统政府间主义产生的历史背景。传统政府间主义正好解释了"欧洲一体化进程中国家中心主义回流的现象"。[①] 霍夫曼（Stanley Hoffmann）是传统政府间主义的奠基人。传统政府间主义的主要观点有：（1）强调在一体化进程中，国家仍处在中心位置。霍夫曼认为，一体化停滞的主要原因在于成员国不愿意向欧共体让渡更多国家主权。[②]（2）在认可一体化进程中国家中心位置的前提下，国家利益成为一体化前进的动力。霍夫曼提出，新功能主义只强调一体化的过程，却忽视其背景（外部因素）的多样性。国家所处国际体系环境的差异性影响国家利益的多样性。当一体化与国家利益相向时，一体化就继续前进；当两者出现逆向时，一体化就停滞不前。（3）外溢效应是有限的。霍夫曼认为，外溢本身也有其技术性缺陷："整个外溢进程就是一种信用操作：'你和我今天都接受一项给我们的收益比我们预期的要少的协定，因为我们都期待我们今天的让步将换得明天其他问题上的回报。'现在，总算账的一天必然会来临，那时信用都已耗尽。"[③]（4）在谈到一体化领域方面，霍夫曼引入"低级政治"和"高级政治"概念并认为，一体化在涉及取消技术性阻碍的社会、经济等"低级政治"领域较容易实现，但在涉及国家利益、国家主权的"高级政治"领域却寸步难行。

（二）自由政府间主义

20 世纪 80 年代，在理性选择、集体行为理论和国际政治经济学的刺激

---

① 陈玉刚：《国家与超国家——欧洲一体化理论比较研究》，上海人民出版社，2001，第 58 页。

② Hoffmann S., "Obstinate or Obsolete? The Fate of the Nation-State and the Case of Western Europe", *Daedalus*, No. 3, 1966.

③ Hoffmann S., "The European Process at Atlantic Crosspurposes", *Jcms Journal of Common Market Studies*, No. 3, 1964; Rosamond B., *Theories of European Integration*, London: Macmillan Press Ltd., 2000, p. 78.

下，并同时吸收自由主义相关观点，现实主义的一体化理论实现了突破，形成了自由政府间主义。① 自由政府间主义是现实主义国家中心主义范式对一体化理论解释的新发展。代表学者是莫劳夫奇克（A. Moravcsik），代表作是《欧洲的抉择——社会目标和政府权力》。自由政府间主义的理论观点有：（1）坚持认为国家是一体化的中心行为体。（2）在一体化的动力方面，莫劳夫奇克不赞同传统政府间主义把政府外交战略、政策偏好看作是一体化的主要动力。② 他认为，一体化的动因主要包括"经济利益"和"地缘政治利益和观念"两方面，前者更为重要，起决定性作用。经济利益是国家参与一体化进程的核心利益诉求。"欧洲一体化是民族国家领导人为了追求经济利益，进行一系列理性选择的结果。"③ "用地缘政治解释经济合作中的国家偏好，关键在于将经济政策与深层的政治军事目标联系起来。"④ （3）提出"中观"（mid-range）的理性主义三重框架（a tripartite framework）理论方法。所谓理性主义三重框架指的是，一体化过程由国家偏好的形成、国家间谈判、制度选择三个阶段组成。⑤ 这种理想主义框架纠正了传统政府间主义偏重地缘政治的缺陷和新功能主义的理想主义倾向，也解决了一体化理论或过于宏观、或过于微观的困境。

三　新制度主义

与功能主义和政府间主义相比，新制度主义进入一体化问题研究视野的时间较晚，其历史背景主要是：其一，20世纪80年代，经济学的新制度

① 陈玉刚：《国家与超国家——欧洲一体化理论比较研究》，上海人民出版社，2001，第64页。
② Richardson J., *European Union: Power and Policy-Making*, London: Routledge, 2006, p. 82.
③ Moravcsik A., *The Choice for Europe: Social Purpose and State Power from Messina to Maastricht*, Ithaca: Cornell University Press, 1998, p. 3.
④ Moravcsik A., *The Choice for Europe: Social Purpose and State Power from Messina to Maastricht*, Ithaca: Cornell University Press, 1998, p. 27.
⑤ 关于莫劳夫奇克的理性主义三重框架在他本人的《欧洲的抉择——社会目标和政府权力》、陈玉刚的《国家与超国家——欧洲一体化理论比较研究》、肖欢容的《地区主义：理论的历史演进》等著作中有详尽阐述。参见：Moravcsik A., *The Choice for Europe: Social Purpose and State Power from Messina to Maastricht*, Ithaca: Cornell University Press, 1998；陈玉刚：《国家与超国家——欧洲一体化理论比较研究》，上海人民出版社，2001，第63~70页；肖欢容：《地区主义：理论的历史演进》，北京广播学院出版社，2003，第135~142页。

主义进入政治学领域，[①] 制度作为变量也被引入到欧洲一体化问题的研究中；其二，20 世纪 80 年代末到 90 年代，欧洲一体化正值深刻变化时期。欧共体逐步向欧盟转进，欧盟初建对制度选择和运作的讨论此起彼伏。20世纪 90 年代，思考欧盟发展的制度动力和影响成为欧洲一体化研究的热门方向。研究制度动力是新制度主义的主要议题。换言之，它要解释"什么样的制度化，制度化到什么程度，或具有什么效果的制度，能够排除冲突隐患，促进国际合作"。[②] 新制度主义分为理性选择制度主义、社会制度主义和历史制度主义。

（一）理性选择制度主义[③]

理性选择制度主义的代表学者有：沙普夫（Fritz W. Scharpf）、蔡伯利斯（George Tsebelis）、波拉克（Mark A. Pollack）等。理性选择制度主义中，制度指的是正式制度。它的核心问题是：关注一体化制度形成的动力。具体而言，就是研究欧盟制度的运作，行政、司法、立法之间的权力分配，及其政策效果。总体而言，理性选择制度主义重点研究欧盟层面三大主要政府功能的运作："（1）行政政治（executive politics），即授权给欧盟委员会和其他机构以行政权，并且由它们行使这些权力；（2）司法政治（judicial politics），即与欧盟成员国政府及法院相比，欧洲法院的作用；（3）立法政治（legislative politics），即部长理事会内的决策，以及欧洲议会

[①] 20 世纪 70 年代，新制度经济学对社会科学的发展产生了重要影响。80 年代，马奇（James March）和奥尔森（Johan P. Olsen）发表《新制度主义：政治生活中的组织因素》《重新解读制度：政治的组织基础》等成果，正式把新制度主义引入政治学。参见：March J. G., Olsen J. P., " The New Institutionalism： Organizational Factors in Political Life ", *American Political Science Review*, No. September, 1984; March J. G., Olsen J. P., *Rediscovering Institutions：The Organizational Basis of Politics*, New York：The Free Press, 1989; Bendor J., "Recycling the Garbage Can：An Assessment of the Research Program", *American Political Science Review*, No. 1, 2001。

[②] 陈玉刚：《国家与超国家——欧洲一体化理论比较研究》，上海人民出版社，2001，第57 页。

[③] 在考察理性选择制度主义时，有一点是值得我们注意的，那就是理性选择制度主义的文献最初是从美国政治学学者为研究美国国会制度起源和影响而发展起来的，故理性选择制度主义背后也能清晰看到比较政治学的身影。

不断变化的立法作用。"①

（二）社会制度主义

与理性选择制度主义不同，社会制度主义吸收了国际关系建构主义的养分。② 社会制度主义把制度定义得更为宽泛，除了正式的制度，还包括非正式的制度，如规范、传统等。在研究欧洲一体化时，社会制度主义强调行为体和制度之间的相互建构关系。具体而言，就是"社会现实先于行为，制度赋予行为存在的理由，而不是限制行为；制度通过提供认知脚本、标准和模式来塑造行为体的身份和利益认同"。③ 社会制度主义在研究欧盟集体认同、身份构建、规范传播、制度社会化等方面崭露头角，涌现出一批极具影响的成果，比如，卡波拉索（J. Caporaso）和里斯（T. Risse）的"欧洲化"研究，他们重点关注成员国和候选国如何接受欧盟规范和制度，并将自身偏好反馈给欧盟的双向过程。④

（三）历史制度主义

历史制度主义鉴于理性选择制度主义和社会制度主义之间，立场较为中立。有学者形象地说，历史制度主义就是理论的"大箩筐"，包含彼此对立的理性选择制度主义和社会制度主义的观点。⑤ 值得一提的是，历史制度主义也有自己的特色：其一，它重点关注随着历史发展，制度对政治的影

---

① 〔英〕安特耶·维纳、〔德〕托马斯·迪兹：《欧洲一体化理论》，朱立群等译，世界知识出版社，2008，第178页。

② 建构主义进入欧盟研究的标志性事件是：1999年《欧洲公共政策》杂志推出了"欧洲的社会建构"专辑。在专辑中，克里斯蒂安森（T. Christiansen）、约根森（K. E. Jorgensen）和维纳（A. Weiner）联合发表了《欧洲的社会建构》一文。2001年，三位学者联合出版了同名文集，系统讨论欧盟中的社会认同、国家身份等建构主义议题。此后，建构主义理论在欧洲一体化研究中迅速发展。参见：Christiansen T., Jorgensen K. E., Weiner A., "The Social Construction of Europe", *Journal of European Public Policy*, No. 4, 1999; Christiansen T., Jorgensen K. E., Weiner A., *The Social Construction of Europe*, London: SAGE Publications Ltd., 2001。

③ 宋新宁：《欧洲一体化理论：在实践中丰富与发展》，《中国人民大学学报》2014年第6期。

④ 参见：Cowles M. G., Caporaso J. A., Risse-Kappen T., *Transforming Europe: Europeanization and Domestic Change*, Ithaca: Cornell University Press, 2001。

⑤ 〔英〕安特耶·维纳、〔德〕托马斯·迪兹：《欧洲一体化理论》，朱立群等译，世界知识出版社，2008，第175页。

响，尤其"当一套既定的制度一旦建立后，影响或限制着建立制度者的行为方式"；① 其二，与理性选择制度主义和社会制度主义相比，历史制度主义"更多借助了政治学内部的学理资源"。② 具体而言，历史制度主义重视正式的制度，同时吸纳了为争夺稀缺资源而展开各集团间相互竞争的集体政治理论观点，以及把政治制度视为各部分构成的整体的结构功能主义观点。③ 在对欧洲一体化的解释上，历史制度主义引入了"路径依赖"概念。所谓"路径依赖"，广义上是指"时间顺序中原因与前一阶段的事件相关"；④ 狭义上是指一个国家的发展道路是难以扭转的，从另一方面看就是特定制度安排阻碍选择转换。⑤ 因此，欧洲一体化是随着时间推移而发展的过程，一体化进程中的决策是当时的历史背景所决定的。

　　毋庸置疑，欧洲一体化的相关理论是目前为止国际关系领域最成体系的区域一体化理论，一定程度上被奉为其余地区一体化实践的理论坐标。梳理欧洲一体化相关理论的目的是要讨论其适用性。欧洲一体化理论提供了以下三大借鉴性经验：首先，每个理论都是分析欧洲一体化的一个重要方面，而不是欧洲一体化理论的全部。换言之，欧洲一体化"不存在一个宏观的一体化理论体系，而是一种'马赛克式'的嵌入拼图，各种理论学派和学说交织在一起"。⑥ 理论之间既相互争论，又相互借鉴。其次，各个理论的一体化核心动力不同。功能主义强调功能动力，政府间主义认可民族国家动力，新制度主义倾向制度动力。最后，一体化理论与地区一体化的实践紧密相连，互为促进。那么，欧洲一体化理论能否成为放之天下而皆准的普世性理论，欧洲一体化模式能否成为其余地区一体化的范本，欧洲一体化能否为欧亚一体化提供理论依据和发展模式，在我们看来，这些

① Hall P. A., Taylor C. R., "Political Science and the Three New Institutionalisms", *Political Studies*, No. 5, 1996.
② 田野：《国际制度研究：从旧制度主义到新制度主义》，《教学与研究》2005年第3期。
③ 何俊志：《结构、历史与行为——历史制度主义的分析范式》，《国外社会科学》2002年第5期。
④ 何俊志、任军峰、朱德米编译《新制度主义政治学译文精选》，天津人民出版社，2007，第193页；房乐宪：《历史制度主义及其对欧洲一体化的解释》，《教学与研究》2010年第6期。
⑤ Lichbach M. I., Zuckerman A. S., *Comparative Politics：Rationality，Culture and Structure*，Cambridge：Cambridge University Press, 1997, p. 28.
⑥ 宋新宁：《欧洲一体化理论：在实践中丰富与发展》，《中国人民大学学报》2014年第6期。

问题都是值得商榷的。首先，从理论萌生和发展来看，欧洲一体化理论是根植于欧洲几百年来哲学、政治思想传统，以二战后兴起的欧洲一体化为实践平台，又以西方社会科学的诸多理论为依托而形成的解释欧洲一体化过去、现在及未来发展问题的一系列理论学说。其次，欧亚一体化是在原苏联地区，并不在欧洲地区，因此欧亚一体化与欧洲一体化的历史与现实基础是不同的。其一，历史基础不同。欧洲一体化从国家间战争状态走向经济一体化的结构，首先回应了"战争与和平"的问题；而原苏联地区一体化从统一国家解体而来，维护主权独立是各国的首要关切。其二，经济基础不同。欧洲一体化是以市场经济为基础；而原苏联地区一体化是以计划经济向市场经济转型为基础。其三，主观意识不同。欧洲一体化有"统一欧洲"思想做指导，而原苏联一体化内部民族主义情绪依然高涨。① 由此可见，欧亚一体化的历史文化根基、现实问题，以及发展目标与欧洲一体化均不相同，机械地复制欧洲一体化经验是没出路的（如独联体经济联盟、欧亚经济共同体的失败），所以对欧亚经济联盟而言，一方面需选择性吸取欧洲一体化建设的成功经验，取其精华，为我所用；另一方面，更重要的是，要根据欧亚地区自身特点选择合适的发展模式，因地制宜，实现自我，不能机械地用欧洲的过去来探讨欧亚的未来，而应该用欧亚的过去来探讨欧亚的未来。②

第三节　欧亚一体化理论：基本构架

欧亚一体化的理论基础是什么？学界围绕这一问题展开了一系列讨论：俄罗斯学者博尔达切夫（Т. В. Бордачёв）用新制度主义理论，强调超国家

---

① 参见：Шишков В. Ю., *Интеграционные процессы на пороге XXI века: Почему не интегрируются страны СНГ*, Москва: III тысячелетие, 2001；Носов М. Г., *ЕврАзЭС и интеграционный опыт ЕС*, Москва: Институт Европы РАН, 2009。

② 这一表述参考了韩裔学者康灿雄（David Kang）针对阿隆·弗莱贝格（Aron Freidberg）所提出的"欧洲的过去就是亚洲的未来"这一论断而抛出一个疑问，即"我不明白，我们为什么要用欧洲的过去来探讨亚洲的未来，而不用亚洲的过去探讨亚洲的未来呢？"。参见：Kang D., *China Rising: Peace, Power and Order in East Asia*, New York: Columbia University Press, 2007, p. xi；秦亚青：《关系与过程：中国国际关系理论的文化建构》，上海人民出版社，2012，第 7 页。

机制的推动作用；① 美国学者林（Johannes F. Linn）和迪奥姆金（David Tiomkin）提出"自由欧亚主义"观点，认为欧洲、原苏联地区及亚洲应该实现跨区域一体化；② 德国学者凯撒（Markus Kaiser）的观点偏建构主义，用社会联系与建构来解释欧亚一体化，③ 等等。迄今为止，在诸多理论观点中，杜金（А. Г. Дугин）为代表的新欧亚主义一体化思想、维诺库洛夫（Е. Ю. Винокуров）的"实用欧亚主义"思想，以及纳扎尔巴耶夫的"欧亚联盟"思想相对成系统。就国别划分来看，除了纳扎尔巴耶夫的"欧亚联盟"思想是哈萨克斯坦的欧亚一体化理论外，其余两个是俄罗斯的欧亚一体化理论。

一　杜金：新欧亚主义一体化思想

欧亚主义是20世纪以来俄罗斯重要思想之一。按发展阶段看，欧亚主义依次经历了古典欧亚主义、古米廖夫欧亚主义及新欧亚主义。

古典欧亚主义思潮兴起于20世纪20年代至30年代的俄罗斯侨民知识分子之间，代表人物有萨维茨基（П. Н. Савицкий）、特鲁别茨科伊（Н. С. Трубецкой）、维尔纳茨基（Г. В. Вернадский）等。1921年，萨维茨基、特鲁别茨科伊等在保加利亚出版《走向东方》文集，标志着欧亚主义思潮的诞生。欧亚主义者从地理和历史方面来界定俄罗斯，认为俄罗斯既不属于欧洲，也不属于亚洲，而是属于欧洲与亚洲两个大陆之间的"欧亚洲"，俄罗斯的文化也被定为是"欧亚文化"，是独一无二的文明。通俗地讲，就是"俄罗斯介于欧洲和亚洲、东方和西方之间，横跨欧亚两个大陆，这种'位置'决定它始终都必须意识到自己是在极端不同的两极中存在，随时与两极发生关系，受两种文化的影响"，④ 因此欧亚主义者主张俄罗斯应该走自己的发展道路，即非欧非亚的"欧亚道路"。

---

① Бордачёв Т., Островская Е., Скриба А., "Выбор и вызов евразийской интеграции", *Россия в глобальной политике*, No. 5, 2013.

② Linn J. F., Tiomkin D., "The New Impetus towards Economic Integration Between Europe and Asia", *Asia Europe Journal*, No. 1, 2006.

③ Kaiser M., *Eurasia in the Making-Revival of the Silk Road*, Bielefeld: Transcript Verlag, 2012.

④ 张建华：《俄国知识分子思想史导论》，商务印书馆，2008，第484页；张建华、唐艳：《近10年来我国学术界关于欧亚主义问题研究综述》，《俄罗斯东欧中亚研究》2005年第6期。

在苏联时期，欧亚主义被视为异端学说而遭到排斥。当时，欧亚主义的代表人物是古米廖夫（Л. Н. Гумилёв）。"古米廖夫欧亚主义"在古典欧亚主义和新欧亚主义之间起到了承前启后的作用。古米廖夫的"受难理论"（теория пассионарности）是欧亚主义世界观的重要组成部分。该理论的主旨是放弃物质利益是达到崇高思想的前提，不放弃物质利益的人，是不能成为欧亚主义者的。他认为，欧亚主义道德的基础是长期形成的牺牲精神、团结一致、互相帮助、共同性、理想主义和积极进取等精神要素。① 苏联解体后，古米廖夫反对以美国为首的单极世界，主张世界多极化。此外，他还提出要保持原苏联地区的完整性，否则该地区将变成西方的附庸。

新欧亚主义是 20 世纪 90 年代以来发展起来的新思潮。苏联解体以后，旧的意识形态迅速崩塌，激进式的"休克疗法"收效不佳，俄罗斯的社会经济陷入困境，国际地位一落千丈。因此，俄罗斯的前途问题是摆在国家面前的首要问题。在此背景下，欧亚主义出现回归，参与到关于国家未来的论战之中，形成了"犹太欧亚主义""伊斯兰欧亚主义""民主欧亚主义"及"新欧亚主义"等各种欧亚主义思潮。其中，以杜金为代表的"新欧亚主义"影响力最大，形成了一整套理论体系。新欧亚主义的理论体系把古典欧亚主义、现代地缘政治思想、传统主义、"保守的革命"新方法论、"第三条道路"经济模式等理论思想结合在了一起。② 在解释欧亚一体化方面，新欧亚主义主要有以下观点。

第一，新欧亚主义从世界多极化角度思考欧亚一体化。杜金认为，"欧亚俄罗斯"是与美国为首的海洋文明相对立的大陆文明的代表。在他看来，当下是海洋文明主导下的单极世界，实现世界多极化的主要途径是"建立统一的陆地文明来对抗海洋文明"。③ 杜金进一步指出："要承认以美国为中心的单极世界对俄罗斯而言是不可能的……反对单极下的全球化，维持多极化模式是当代俄罗斯对外政策的准则。"④ 也就是说，打破西方海洋文明的霸权地位，实现海洋文明与大陆文明的均势是未来世界多极化的基础。

---

① 李兴耕：《俄罗斯的新欧亚主义思潮与欧亚党》，《俄罗斯研究》2003 年第 2 期。
② 李兴耕：《俄罗斯的新欧亚主义思潮与欧亚党》，《俄罗斯研究》2003 年第 2 期。
③ Дугин А. Г., *Геополитика*, Москва：Академический проект，2015，ст. 422.
④ "Основные принципы евразийской политики"，http：// eurasia. com. ru/basicprin. html.

杜金又提出，欧亚大陆（俄罗斯与欧洲大陆）属于旧世界（Старый свет），而美国所在的北美大陆是新世界（Новый свет），新旧世界本来就是一对矛盾体。如果说美国和西欧是欧洲发展的大西洋方向，那么在德国与法国等欧洲大陆国家的参与下，欧洲发展就又有了欧亚方向。如果欧洲一体化可以加上俄罗斯和土耳其，那么属于旧世界的欧洲一体化无论从地理上还是内涵上都实现了欧亚化。进一步讲，新欧亚主义是作为欧洲历史发源地的欧亚北部地区中具有战略、地缘政治、经济意义的一体化方案。[①] 从这个角度看，在新欧亚主义视域下，欧亚一体化是旧世界、大陆文明的整合战略，目的是通过对抗新世界、海洋文明的霸权地位，实现世界多极化。

第二，强调"俄罗斯中心论"。新欧亚主义提出"俄罗斯中心论"主要是基于以下三个前提：一是独一无二的社会文化基础。俄罗斯是欧亚的中心，是欧亚之间的"中央国家"。本质上讲，欧亚是俄罗斯领导下的特殊的自成一体的社会文化世界。[②] 二是反对欧洲中心论。有学者称："为了认识到自己是俄罗斯人，那首先要认识到自己的欧亚人。"[③] 为了反对欧洲中心论，俄罗斯就要把目光转向东方，转向欧亚，挖掘俄罗斯文化中的东方文化基因。[④] 三是俄罗斯是大陆的"心脏地带"（Heartland）。[⑤] 俄罗斯的任务在于重新组织"心脏地带"，来维护自身主权。[⑥]

第三，欧亚一体化是新欧亚主义的重要组成部分。新欧亚主义不主张自由主义的经济发展道路，也不主张重走苏联计划经济的老路，而是提出"第三条道路"。具体内容有：开展对外经济合作的目的是为了解决俄罗斯本身经济发展问题；战略经济部门必须由国家掌控；给中小企业提供最大限度的经济自由度；依托本国资源和区位优势，主动与西欧、东亚发展经

① Дугин А. Г.，*Геополитика*，Москва：Академический проект，2015，ст. 431.

② Якунин В. И.，Зеленев Е. И.，Зеленева И. В.，*Российская школа геополитики*，Санкт-Петербург：СПбГУ，2008，ст. 264.

③ Новикова Л. И.，Сиземская И. Н.，*Мир России-Евразии*，Москва：Высшая Школа，1995，ст. 257.

④ Якунин В. И.，Зеленев Е. И.，Зеленева И. В.，*Российская школа геополитики*，Санкт-Петербург：СПбГУ，2008，ст. 264-265.

⑤ Дугин А. Г.，*Геополитика*，Москва：Академический проект，2015，ст. 469-470.

⑥ Дугин А. Г.，*Геополитика*，Москва：Академический проект，2015，ст. 472.

贸联系，引进先进技术和外资，走欧亚平衡的经济发展道路。① 杜金认为，推动独联体一体化，建立 "欧亚经济联合体"（Евразийское Экономическое Содружество）等都是新欧亚主义的重要组成部分。②

二 维诺库洛夫："实用欧亚主义"思想

维诺库洛夫是当代俄罗斯著名经济学家。多年来，他领导的欧亚开发银行一体化研究中心承担了关税同盟、统一经济空间，以及欧亚经济联盟研究的诸多课题。基于多年的研究成果，维诺库洛夫试图构建欧亚一体化的理论基础。为此，他提出 "实用欧亚主义"（прагматическое евразийство）思想，或称 "经济欧亚主义"（экономическое евразийство）。③ "实用欧亚主义"包括以下方面。

第一，对 "实用欧亚主义" 的界定。这是维诺库洛夫研究的起点。在维诺库洛夫看来，"欧亚" 除了地理概念，意为欧洲与亚洲之和以外，至少还存在其他两种界定：（1）"欧亚" 指的是后苏联地区，也称 "后苏联欧亚"（постсоветская Евразия）。这里的 "欧亚" 特指除波罗的海三国外的其余12个原苏联加盟共和国所组成的地区。这一界定的提出有两个主要原因：一是国际上普遍把原苏联地区国家看作是一个整体；二是除了 "欧亚" 一词外，还没有更好的术语来指代苏联解体后新独立国家组成的新地区。（2）"欧亚" 是一种反西方的意识形态，具体指俄罗斯的欧亚主义。与 "地理欧亚" 和 "后苏联欧亚" 把 "欧亚" 定义为一个地区，是中性概念不同，"欧亚主义" 是一种意识形态观念，主张俄应该走有别于西方的 "特殊道路"（особый путь）。维诺库洛夫认为，以上两种关于 "欧亚" 的界定都不能成为欧亚一体化的理论基础，理由是：（1）脱离现实。"后苏联欧亚" 是建立

---

① "Основные принципы евразийской политики"，http://eurasia.com.ru/basicprin.html.

② "Основные принципы евразийской политики"，http://eurasia.com.ru/basicprin.html.

③ 关于维诺库洛夫的 "实用欧亚主义" 可参见以下成果：Винокуров Е. Ю.，Либман А. М.，*Евразийская континентальная интеграция*，Санкт-Петербург：Евразийский банк развития，2012；Винокуров Е. Ю.，" Прагматическое евразийство "，*Евразийская экономическая интеграция*，No.4，2013；Винокуров Е. Ю.，Либман А. М.，" Две евразийские интеграции "，*Вопросы экономики*，No.2，2013；Ли Син，Братерский М. В.，Савкин Д. А.，Ван Чэньсин，*Россия и Китай в евразийской интеграции*：*сотрудничество или соперничество?*，Москва，Санкт-Петербург：Нестор-История，2015，ст.89–115。

在共同的苏联历史过去基础之上的；欧亚主义是以文化、历史及地缘政治为基础。（2）过于封闭。"后苏联欧亚"只限定在除波罗的海三国外的原苏联地区，完全排斥欧洲与亚洲地区；欧亚主义排斥欧洲，但不完全排斥亚洲。维诺库洛夫提出，"实用欧亚主义"是主张以客观经济、社会联系为基础，与欧洲、亚洲同时相连，是具有开放性的，去意识形态的对外政治与经济合作思想体系。① 他进一步指出，欧亚一体化有狭义和广义之分，狭义是指原苏联地区一体化，广义是指横跨欧亚大陆的欧亚大陆一体化，前者是后者的纽带，而后者同时又是前者赖以生存的外部环境。显然，欧亚经济联盟属于狭义上的原苏联地区一体化进程。一般来说，欧亚一体化就是指狭义的原苏联地区一体化，并非指整个欧亚大陆的一体化进程。

　　第二，"实用欧亚主义"的理论内核是开放地区主义。基本观点有：②（1）一体化并不是目标，而是实现目标的手段。对欧亚经济联盟而言，这里的目标主要是经济现代化，即要在国际经济体系中占据有利位置；摆脱能源型经济发展模式；恢复工业生产力等。（2）推动"自下而上"的一体化。维诺库洛夫认为，高油价时代已经不复存在，在低油价条件下推动经济一体化前进才是欧亚经济联盟成败的关键。为此，欧亚经济联盟框架内的一体化进程不能指望高油价来拉动，而应该挖掘互惠互利的商品贸易、服务、劳动力及资本流通的潜力，依靠这些"自下而上"的新动力因素来保障一体化进程的可持续性。（3）需制定出共同的工业和技术发展政策。加强新技术研发、恢复工业生产能力是提高欧亚经济联盟经济竞争力的必经之路。与此同时，在本地区扩大工业产品市场也是必不可少的。因此，维诺库洛夫提出，欧亚经济联盟内需建立"统一贸易政策+工业政策协调+技术政策协调"的"三合一"政策模式。（4）跨国公司是欧亚一体化的重要行为体。在欧亚经济联盟成员国优势技术领域，尤其是非能源领域，成立跨国公司有利于资源整合，提高产品的市场竞争力。（5）反对超国家机构官僚化和集权化，主张权力下放（принцип субсидиарности）。在一体化进程中，决策权力应该尽可能下放

① Винокуров Е. Ю. , Либман А. М. , *Евразийская континентальная интеграция*, Санкт-Петербург：Евразийский банк развития，2012，ст. 20.

② Винокуров Е. Ю. , "Прагматическое евразийство"，*Евразийская экономическая интеграция*，No. 4，2013.

到基层，最大限度接近社会。在超国家机构中只做一些原则性决策即可。
（6）社会文化联系是欧亚一体化的人文纽带。这里指的是从沙俄帝国到苏联，一直到今天保留下来的国家间传统社会文化联系。（7）反对"俄罗斯中心论"，主张多个驱动力量齐头并进。（8）欧亚一体化并不是要故步自封，或是恢复苏联，而是要以开放的姿态与整个欧亚大陆一体化相对接，成为欧亚大陆发展的纽带，而非"黑洞"。换言之，"实用欧亚主义"在处理与欧盟及亚太地区关系上，主张融合，而不是封闭甚至对立。

三　纳扎尔巴耶夫："欧亚联盟"构想

1994 年 3 月，哈萨克斯坦总统纳扎尔巴耶夫（Н. А. Назарбаев）在莫斯科大学的演讲中首次提出"欧亚联盟"构想。2011 年 10 月，普京在竞选期间发表署名文章《欧亚新一体化计划——未来诞生于今日》后，纳扎尔巴耶夫发表题为《欧亚联盟：从思想到未来的历史》的署名文章。在支持普京的同时，他提出了欧亚一体化的"哈萨克斯坦方案"。2014 年 4 月纳扎尔巴耶夫重返莫斯科大学，回顾了"欧亚联盟"构想及其实践。虽然纳扎尔巴耶夫把自己的思想统称为"欧亚联盟"构想，但此"欧亚联盟"非彼"欧亚联盟"。随着时间的推移，纳扎尔巴耶夫的"欧亚联盟"构想也在不断调整之中，形成新旧两种"欧亚联盟"构想。旧"欧亚联盟"思想对应的是 20 世纪 90 年代纳扎尔巴耶夫主张的"欧亚联盟"，新"欧亚联盟"思想针对的是今天正在发展中的欧亚经济联盟。

（一）旧"欧亚联盟"思想

第一，"欧亚联盟"的历史背景及目标。在纳扎尔巴耶夫看来，苏联解体后，新独立国家内政治局势动荡，经济形势恶化，意识形态出现真空，族际矛盾一触即发，社会陷入不稳定状态。在此背景下，独联体虽然在构建新独立国家间关系上发挥了积极作用，但它并没能把区域一体化的潜能充分挖掘出来，不能在成员国转型发展中起到保驾护航的作用，所以说"不能把独联体看作是（国家间）整合的唯一形式"。[①] 因此，"欧亚联盟"

---

① Назарбаев Н. А., *Избранные речи. Том II.* (1991–1995 гг.), Астана: Сарыарка, 2009, ст. 443.

的主要目标有三：一是促进新独立国家间政治关系发展，维护地区安全与
稳定，为经济发展创造良好的地区环境；二是依托苏联遗留下来的传统经
济联系，协调各国经济改革政策，在尽可能降低苏联解体而带来的阵痛的
同时，推动以市场经济为基础的区域经济一体化，以抱团形式参与世界经
济体系；三是并非要取代独联体，而是要弥补独联体在推动区域一体化进
程中的缺陷，与独联体形成相辅相成的关系。

第二，"欧亚联盟"中超国家机制和民族国家之间的关系。他主张，
"欧亚联盟"的超国家机制与成员国是一种并重关系。具体而言，一方面超
国家机制必须要拥有足够的权力，来协调国家间政治、经济、社会、生态
等各个领域的关系，强制性落实成员国共同制定的经济改革方案；另一方
面又强调成员国主权独立，并有权参与"欧亚经济"联盟外的其他地区一
体化机制。[①] 由此不难看出，纳扎尔巴耶夫有通过建立新的"欧亚联盟"来
推动经济改革与发展的决心，但又有对国家主权丧失的担心，有模棱两可、
举棋不定的心理。

第三，"欧亚联盟"是以经济与政治为主，兼顾其他各领域的综合性国
际组织。除了在"欧亚联盟"内建立统一经济空间及协调成员国间政治关
系，"欧亚联盟"还需在国防、教育、科技、文化、生态等领域发挥积极作
用。纳扎尔巴耶夫主张，在每个具体领域设立专业化的超国家机构来进行
协调和治理。纳扎尔巴耶夫主张建立"欧亚联盟议会"，专职协调成员国间
立法事宜，为统一经济空间构建统一的法律基础。因此，纳扎尔巴耶夫把
"欧亚联盟"定义为："欧亚联盟是拥有共同一体化潜力的，并为实现本国
利益而组成的国家联盟。欧亚联盟是主权国家为了维护后苏联空间稳定与
安全，推动经济社会现代化发展的一体化形式。"[②]

然而，纳扎尔巴耶夫的"欧亚联盟"构想并没有在独联体内产生共鸣。
时任乌克兰总统克拉夫丘克（Л. М. Кравчук）认为，纳扎尔巴耶夫提出的
"欧亚联盟"为时过早；乌兹别克斯坦总统卡里莫夫（И. А. Каримов）明

---

① Назарбаев Н. А., *Избранные речи. Том II.*（1991－1995 гг.），Астана：Сарыарка，2009，
ст. 446，449.

② Назарбаев Н. А., *Избранные речи. Том II.*（1991－1995 гг.），Астана：Сарыарка，2009，
ст. 448.

确反对在独联体内建立新的超国家机制；俄罗斯则认为，纳扎尔巴耶夫的
"欧亚联盟"将会弱化其主导的独联体经济联盟，因此也持消极态度。①

（二）新"欧亚联盟"（欧亚经济联盟）思想

第一，新"欧亚联盟"思想的时代背景和目标。与旧"欧亚联盟"思
想相比，纳扎尔巴耶夫的新"欧亚联盟"思想的时代背景有以下特点：②
（1）进入 21 世纪以来，区域一体化成为应对各种全球性威胁的有效手段。
特别是 2008 年至 2009 年，全球金融危机客观上推动了世界各地区一体化加
速发展。（2）在原苏联地区推动一体化不是为了重建苏联。独立 20 多年
后，原苏联国家内已经没有恢复苏联的制度、经济、社会及政治基础。
（3）共同的历史过去为原苏联地区一体化提供了便利。纳扎尔巴耶夫认为，
欧亚经济联盟的核心目标有两项：一是要挤进世界核心经济发展地区之一，
二是使成员国步入世界发达经济体行列。③

第二，新"欧亚联盟"思想更强调民族国家主权的独立性与完整性，
不主张政治主权让渡，在欧亚经济联盟中民族国家的权威性要高于超国家
机构。针对这点，纳扎尔巴耶夫提出："成员国需自愿参与一体化进程；平
等、互不干涉内政、尊重主权，以及不破坏国家边界是欧亚经济联盟的政
治基础；欧亚经济联盟超国家机构的决议均由成员国协商一致产生；超国
家机构拥有一定的权力，但是绝不主张让渡成员国政治主权。"④

第三，从功能领域上讲，新"欧亚联盟"思想优先关注经济一体化，
暂缓推进政治一体化。经济务实主义（экономический прагматизм）是新

---

① Фокин Ю. Е., *Дипломатический вестник*-2001, Москва：Научная книга，2002，ст. 143-
144.

② Назарбаев Н. А.，"Выступление Президента Республики Казахстан Н. А. Назарбаева в
Московском государственном университете имени М. В. Ломоносова"，http：//www. akorda. kz/
ru/speeches/external_ political_ affairs/ext_ speeches_ and_ addresses/page_ 216601_ vystuplenie-
prezidenta-respubliki-kazakhstan-n-a-nazarbaeva-v-moskovskom-gosudarstvennom-universit.

③ Назарбаев Н. А.，"Выступление Президента Республики Казахстан Н. А. Назарбаева в
Московском государственном университете имени М. В. Ломоносова"，http：//www. akorda. kz/
ru/speeches/external_ political_ affairs/ext_ speeches_ and_ addresses/page_ 216601_ vystuplenie-
prezidenta-respubliki-kazakhstan-n-a-nazarbaeva-v-moskovskom-gosudarstvennom-universit.

④ Назарбаев Н. А.，"Евразийский союз：от идеи к истории будущего"，*Известия*，25
октября 2011 года.

"欧亚联盟"的思想基础。[1] 在 2014 年 5 月 29 日俄、白、哈三国领导人签署《欧亚经济联盟条约》后，纳扎尔巴耶夫还一再强调："（欧亚经济）联盟是经济联盟，在一体化进程中不涉及成员国的独立与政治主权问题。"[2]哈萨克斯坦主张，"先经济，后政治""从经济改革，再到与国际伙伴构建务实关系"，实现经济高度一体化后，再考虑向政治层面过渡。[3]

综上所述，纳扎尔巴耶夫的新旧"欧亚联盟"思想之间存在明显的差异性，即新旧"欧亚联盟"思想的时代背景和目标不同，处理民族国家与超国家机制间关系不同，一体化的功能范围不同。值得注意的是，新旧"欧亚联盟"思想之间还存在着一脉相承的相似性。首先是对待俄罗斯的态度。纳扎尔巴耶夫反对俄罗斯在一体化进程中的中心地位。他在新旧"欧亚联盟"思想中都提出，不该把"欧亚联盟"首都设在莫斯科，而应该设立在欧亚地理交界区域，如萨马拉、叶卡捷琳堡、阿克纠宾，甚至是阿斯塔纳。其次，新旧"欧亚联盟"思想是纳扎尔巴耶夫欧亚主义的实践载体。与俄罗斯的欧亚主义是"一种哲学社会思想和政治运动"[4] 不同，纳扎尔巴耶夫为代表的哈萨克斯坦欧亚主义则具有务实性和制度性两个特点。就务实性而言，哈萨克斯坦欧亚主义侧重于对外经济和政治关系发展多元化，[5]充分利用外部资源，为本国现代化发展营造良好环境；就制度性而言，纳扎尔巴耶夫力主把欧亚主义思想通过制度化路径打造成"国家意识形态"。[6]比如，在国内，创立以古米廖夫命名的欧亚国立大学；在国际上，力推以"欧亚"冠名的国际组织，即"欧亚联盟"、欧亚经济共同体、欧亚经济联

① Назарбаев Н. А.，"Евразийский союз：от идеи к истории будущего"，*Известия*，25 октября 2011 года.

② "Заявление для прессы по итогам заседания Высшего Евразийского экономического совета"，http：//www. kremlin. ru/events/president/transcripts/45790

③ Назарбаев Н. А.，"Выступление Президента Республики Казахстан Н. А. Назарбаева в Московском государственном университете имени М. В. Ломоносова"，http：//www. akorda. kz/ru/speeches/external_ political_ affairs/ext_ speeches_ and_ addresses/page_ 216601_ vystuplenie-prezidenta-respubliki-kazakhstan-n-a-nazarbaeva-v-moskovskom-gosudarstvennom-universit.

④ Новикова Л.，Сиземская И.，*Россия между Европой и Азией：Евразийский соблазн*，Москва：Наука，1993，ст. 2.

⑤ 参见：Винокуров Е. Ю.，Либман А. М.，*Евразийская континентальная интеграция*，Санкт-Петербург：Евразийский банк развития，2012，ст. 19。

⑥ Laruelle M.，*Russian Eurasianism：An Ideology of Empire*，Washington D. C.：The John Hopkings University Press. 2012，pp. 176-182.

盟、欧亚开发银行等。① 难怪 19 世纪哈萨克斯坦著名历史学家瓦里汗诺夫
（Ч. Валиханов） 就言道："欧亚并不是俄罗斯的近义词。"②

通过对杜金的新欧亚主义一体化思想、维诺库洛夫的"实用欧亚主义"
思想，以及纳扎尔巴耶夫的"欧亚联盟"思想的梳理，可以看出，纳扎尔
巴耶夫与维诺库洛夫的思想观点比较接近。③ 相比之下，杜金的观点则明显
不同。纳扎尔巴耶夫和维诺库洛夫主张欧亚一体化是"去政治化"的经济
一体化进程，重视一体化发展的地缘经济动力，反对俄罗斯中心论，主张
融入西方主导下的世界经济体系。杜金则强调欧亚一体化的地缘政治性，
视其为实现世界多极化的重要手段，强调俄罗斯中心论，尽管主张与西欧、
东亚合作，但是反对加入西方海洋文明主导下的世界经济体系。

学界对欧亚一体化理论的探索远不止此。在我们看来，纳扎尔巴耶夫、
维诺库洛夫和杜金正好形成了欧亚一体化理论坐标上的两个极，其余理论
观点均在这两极之间，或接近于纳扎尔巴耶夫、维诺库洛夫，或接近于杜
金。比较接近纳扎尔巴耶夫与维诺库洛夫的思想观点有俄罗斯科学院经济
研究所研究员贝科夫（А. Н. Быков）。贝科夫针对欧亚一体化提出了以下观
点：（1）欧亚一体化是克服原苏联地区"分散化"（дезинтеграция），强化
俄罗斯在地区，乃至全球领导地位的手段。欧亚一体化战略及其规模均取

① 1994 年，纳扎尔巴耶夫提出"欧亚联盟"构想后，原苏联地区出现了一系列以"欧亚"
冠名的地区政府及非政府组织，如欧亚经济共同体（Евразийское экономическое
сообщество）、欧亚开发银行（Евразийский банк развития）、欧亚商务委员会
（Евразийский деловой совет）、欧亚传媒论坛（Евразийский Медиа-форум）、欧亚大学联
合会（Евразийская ассоциация университетов），以及今天的欧亚经济联盟（Евразийский
экономический союз），等等。纳扎尔巴耶夫指出，20 世纪 90 年代许多独联体国家的政治
家没有完全理解他的思想，而今天他的思想在商业及人文领域被广泛使用。从这个角度看，
一些官员和学者把 1994 年纳扎尔巴耶夫提出"欧亚联盟"构想定为欧亚一体化
（Евразийская интеграция）的起点是有道理的。参见：Назарбаев Н. А.，"Выступление
Президента Республики Казахстан Н. А. Назарбаева в Московском Государственном
Университете Имени М. В. Ломоносова"，http：//www. akorda. kz/ru/speeches/external_
political_ affairs/ext_ speeches_ and_ addresses/page_ 216601_ vystuplen。
② Султанов Б. К.，*Интеграционные процессы в евразийском пространстве и современный мир*，
Алматы：КИСИ. 2013. ст. 102.
③ 正是由于维诺库洛夫的理论观点与纳扎尔巴耶夫的欧亚一体化思想较为接近，维诺库洛夫
的"实用欧亚主义"观点在哈萨克斯坦备受欢迎。2012 年 11 月，在哈萨克斯坦战略研究
所举行的"欧亚一体化与当代世界"国际学术研讨会上，时任所长苏尔丹诺夫
（Б. К. Султанов）赞扬道："维诺库洛夫提出的理论是欧亚一体化的首个学术性理论。"

决于欧亚地区主导大国——俄罗斯。（2）功能领域主要集中在交通基础设施、能源、投资及贸易等经济领域。（3）欧亚一体化是充分利用俄罗斯连接欧亚的地理区位优势，同时与欧洲、东北亚，甚至整个亚太推进经济一体化的进程。基于俄罗斯经济重心在欧洲地区的现实，欧亚经济联盟首先要与欧盟建立共同经济空间。①

俄罗斯总统一体化事务顾问格拉济耶夫（С. Ю. Глазьев）和莫斯科国际关系学院副校长博得别廖斯金的观点跟杜金比较接近。格拉济耶夫的主要观点如下：（1）反对自由主义的经济发展模式，支持国家对经济发展的直接干预。② 国家是欧亚一体化进程中的最主要行为体，而不是企业、社会组织等其他非国家行为体。（2）欧亚一体化需要有统一的意识形态——欧亚主义来领导。"在现阶段，欧亚一体化的重点在取消跨境合作壁垒，建立共同市场，首先是商品共同市场。在未来，欧亚一体化势必要朝制定统一发展战略和意识形态方向发展……欧亚经济联盟不只是成员国之间的互动，相互支持，而是要打造出一个新的统一体。这就需要一个统一的思想。"③（3）俄罗斯是欧亚一体化进程中的核心。（4）强调经济合作的务实性。格拉济耶夫尤其重视欧亚一体化对恢复因苏联解体而断裂的国家间传统技术联系的意义。博得别廖斯金把欧亚一体化上升到国家安全的高度，并认为，"谈及欧亚一体化，首先就要考虑国家的政治利益与安全。俄罗斯推动欧亚一体化的目的在于恢复其在欧亚地区的传统地缘政治地位。欧亚一体化的核心是俄罗斯，重点任务是发展俄罗斯东部地区，理由是俄罗斯整体对外战略效果，甚至是国家领土完全与安全都将取决于乌拉尔以东地区的发展。

---

① 参见：Быков А. Н. , *Постсоветское пространство：стратегии интеграции и новые вызовы глобализации*，Москва：Алетейя. 2009；Быков А. Н. ，"Россия и евразийская интеграция в условиях глобализации"，*Проблемы прогнозирования*，No. 4，2004；Быков А. Н. ，"Евразийская интеграция, её перспектива и возможности"，*Российский экономический журнал*，No. 1，2014。

② Глазьев С. Ю. , " Стратегия – 2020：антимодернизационный документ"，*Российский экономический журнал*，No. 2，2012.

③ Глазьев С. Ю. , Ткачук С. П. , " Перспективы развития евразийской экономической интеграции：от ТС-ЕЭП к ЕЭС（концептуальный аспект）"，*Российский экономический журнал*，No. 1，2013.

如果该地区被外部力量所渗透，那么俄罗斯将面临再次分裂的危险"。① 博得别廖斯金考察欧亚地区整体地缘政治态势后得出，目前欧亚大陆已经有两大地缘政治中心，即美国领导下的欧洲诸国，以及中国。对俄罗斯而言，成为欧亚大陆第三大地缘政治中心是必然选择，因为"就像 19 世纪和 20 世纪那样，俄罗斯要么扩大自己的势力范围，要么就让出自己的地位"。② 与格拉济耶夫相似，博得别廖斯金同样把欧亚主义看作推动一体化的意识形态动力。

第四节　本书研究之视角

综上所述，西方的、理论体系比较成熟的欧洲一体化理论和非西方的、正在形成中的欧亚一体化理论可谓是各有千秋。欧洲一体化理论起源于冷战时期，着重分析由西欧发达国家为主导的、处在亚欧西部边缘地带的欧洲一体化。欧亚一体化理论形成于后冷战时期，重点解释由俄罗斯主导的、具有共同历史过去的亚欧中心地带一体化进程。应该说，欧洲一体化理论在解释欧洲一体化历史进程及问题上具有一定说服力，但用其分析欧亚一体化似乎并不合适。欧亚一体化理论尚处于建构之中，它是结合原苏联地区特点而提出的本土化理论。值得注意的是，不管是纳扎尔巴耶夫的"欧亚联盟"构想、维诺库洛夫的"实用欧亚主义"，还是杜金的新欧亚主义，政客和学者都不自觉地选择"欧亚主义"作为欧亚一体化的"官方"理论。从表面上看，"欧亚主义"包罗万象，并被各方接受，有成为地区普世理论的基础和条件，但是，"欧亚主义"本身仍存在诸多争议和不确定性，因此，认为"欧亚主义"就是欧亚一体化的理论内核是片面的、草率的。我们既不"搬抄"西方的欧洲一体化理论，也不一味用尚不成熟的欧亚一体化理论，而是将两者相结合，综合运用西方与非西方区域一体化理论，分析欧亚经济联盟，以便抛砖引玉，使区域一体化理论得到新发展。

---

① Подберёзкин А. И.，Боришполец К. П.，Подберёзкина О. А.，*Евразия и Россия*，Москва：МГИМО，2013，ст. 39，54.

② Подберёзкин А. И.，Боришполец К. П.，Подберёзкина О. А.，*Евразия и Россия*，Москва：МГИМО，2013，ст. 53-54.

我们认为，影响区域一体化进程的因素是多种多样的，既有内因，也有外因；既有政治，也有经济；既有客观，也有主观；既有历史，也有现实，其中地缘经济、地缘政治、地区体系构建等三个因素相对重要。

第一，区域一体化背后往往隐含着地缘政治因素。欧洲一体化、东南亚一体化与欧亚一体化也不例外，只是三者内容不同而已。欧洲一体化起源于二战后。从一定程度上看，欧洲一体化的诞生是二战后以德法为主的欧洲国家借助地区整合来实现地区"永久和平"的决定，也是美苏两强争霸背景下美国对西欧国家扶植的结果。东盟是东南亚地区一体化的核心和载体，它成立的地缘政治动因是为了维护地区安全，并且与美国保持战略盟友关系。欧亚一体化从统一国家解体而来，是俄罗斯恢复"欧亚强国"地位，实现再次崛起的支撑。

第二，区域一体化类型多种多样，而且一体化方式及地缘经济利益诉求也各不相同。主要有：欧盟为代表的发达国家一体化，是"北北一体化"，其以西欧发达国家（德、法）为核心动力，注重挖掘本地区一体化潜力，重视对中东欧原社会主义国家的"欧盟化"改造；东盟为代表的发展中国家一体化，是"南南一体化"，这类区域一体化的特点是通过整合内部力量，改善区域内合作环境，进而吸收外部经济发展资源来促进本地区发展；北美自由贸易区为代表的发达国家+新兴国家一体化，属于"南北一体化"，其特点是美国通过联合加拿大、墨西哥，来主导北美地区经济秩序的举措。而欧亚一体化较为特殊，既不是"北北一体化""南南一体化"，也不是"南北一体化"，而是介于南北之间的转型国家一体化。欧亚一体化倾向内部潜力与外部资源两手抓，而且两手都要硬。欧亚一体化一方面挖掘苏联经济遗产，打破成员国间经贸壁垒，建立内部共同市场，另一方面积极拓展国际市场，与外部经济体谋求建立自贸区（越南等）、机制合作对接（中国），以及构建共同经济空间（欧盟）。这种发展方式的目的是综合运用各类资源和经济手段，维护国家经济利益。

第三，区域一体化是对地区体系的再构建。地区是一种介于国家和全球层面的中间层次或过渡层次。[①] 地区内部是无政府状态，因此地区体系首

---

① 参见：耿协峰：《新地区主义与亚太地区结构变动》，北京大学出版社，2004，第23页；Воскресенский А. Д., *Мировое комплексное регионоведение*, Москва: МАГИСТР, 2014。

先指地区内的权力体系。原苏联地区形成20多年来，地区体系的构建出现了四种情况：第一种是小国自发推动地区整合，但由于缺乏大国主导，最终以失败而告终，如中亚合作组织；第二种是外部力量通过扶植原苏联新独立国家间一体化整合，间接对原苏联地区体系构建施加影响，但当外力撤出时，这些一体化机制发展均陷入停滞，如"古阿姆"集团；第三种是外部力量直接参与对原苏联地区体系的构建，如欧盟"东部伙伴关系计划"、美国"新丝绸之路计划"、北约"和平伙伴关系计划"等；第四种是俄罗斯主导区域一体化进程，试图建立以俄罗斯为核心的地区体系，如独联体经济联盟、俄白联盟国家、欧亚经济共同体、欧亚开发银行，以及今天的欧亚经济联盟。由此可见，大国直接参与并主导是区域一体化进程得以成功的基本条件之一。就目前来看，原苏联地区正处在"俄式"规则与"欧美式"规则的竞争与碰撞之中，地区中小国是双方争夺的对象。因此，欧亚一体化是主导国俄罗斯拉拢周边小国对原苏联地区体系的再构建。也就是说，俄罗斯、域外力量（欧盟、美国、中国）及新独立小国三者间关系是原苏联地区再构建的主要内容。

第二章　欧亚经济一体化的
历史进程与现状

　　苏联解体 20 多年来，原苏联地区上的欧亚经济一体化进程一直没有间断过。① 2010 年 12 月俄、白、哈领导人提出"欧亚经济联盟"前，欧亚经济一体化进程可以分为俄罗斯主导的和非俄罗斯主导的两大类。俄罗斯主导下的独联体经济联盟、俄白联盟国家、欧亚经济共同体、四国统一经济空间，以及欧亚开发银行，是有成有败，有兴有衰。非俄罗斯主导的"古阿姆"集团和中亚合作组织都走向了消亡。"古阿姆"集团过度依赖欧美，当外力撤出时，区域经济一体化就被迫停滞。中亚合作组织是中亚地区小国、弱国自发推动的区域经济一体化进程，但在没有核心主导力，尤其是没有大国主导的情况下，最终也没能走下去，而是选择并入欧亚经济共同体，接受俄罗斯的主导。由此可见，欧亚经济联盟是欧亚经济一体化发展的新阶段、新成果。欧亚经济联盟是俄罗斯主导的，并不涵盖所有独联体国家的局部性区域经济一体化机制。本章将梳理欧亚经济一体化的历史进程，分析欧亚经济联盟的历史背景与现状。

第一节　俄罗斯主导的区域经济一体化

一　独联体经济联盟

　　1991 年 12 月 8 日，俄罗斯、白俄罗斯、乌克兰签署了《关于建立独立国家联合体协议》。12 月 21 日，俄罗斯、白俄罗斯、乌克兰、亚美尼亚、哈萨克斯坦、吉尔吉斯斯坦、塔吉克斯坦、土库曼斯坦、乌兹别克斯坦等 9

---

　　①　关于"原苏联地区"与"欧亚经济一体化"之间的术语关系，已在本书绪论中做出界定。

个苏联加盟国发表《阿拉木图宣言》，宣告独联体成立，明确了独联体运行原则。12 月 24 日，苏联寿终正寝。1993 年阿塞拜疆、格鲁吉亚加入独联体。

成立初期，独联体的核心任务是处理好"文明离婚"事宜，① 在经济方面呈现"分散化"趋势。围绕领土边界、人员流动、军队分割、武器处理、债务及资产分配等方面，成员国之间展开了激烈争论，但最终这些问题都得到了妥善解决，避免了地区"南斯拉夫化"。在政治上取得独立后，成员国开始谋求经济独立，发行本国货币，如哈萨克斯坦的坚戈、乌克兰的格里夫纳、乌兹别克斯坦的索姆等。1993 年，俄罗斯决定卢布与其余独联体成员国货币脱钩，独联体统一卢布区不复存在，这意味着苏联遗留下来的统一经济空间彻底瓦解。② 应该说，在成立初期，"独联体作为经济一体化集团尚未形成，独联体各国经济关系的主要特点是离心力加强"，③ 各成员国都力图摆脱俄罗斯的控制，向区域外国家，尤其是西方国家寻求援助。

直到 1993 年，独联体才开始"重新一体化"（реинтеграция）。1993 年，欧盟正式成立，这为独联体成员国提供了区域一体化的典范。④ 成员国开始意识到区域一体化是促进本国经济发展的有效途径，单枪匹马难以在全球化浪潮中立足。俄罗斯有学者乐观地认为，经济共同性能抵消政治差异性，独联体有条件在新的基础上实现有利于俄罗斯的"重新一体化"。⑤ 在此背景下，成员国把目光从"分家""文明离婚"转向相互间经济合作，独联体经济一体化进程出现转机。1993 年 5 月 14 日，独联体成员国领导人在莫斯科发表《分阶段建立经济联盟宣言》，筹备在独联体框架内建立经济联盟。9 月 24 日，独联体成员国总统签署《经济联盟条约》⑥，标志着原苏

① Фокин Ю. Е., *Дипломатический ежегодник-2000*, Москва: Научная книга, 2001, ст. 103.
② 在塔吉克斯坦，俄罗斯卢布一直流通至 1995 年。
③ 郑羽：《独联体十年：现状、问题、前景（上卷）》，世界知识出版社，2002，第 307~308 页。
④ 1992 年 3 月，俄罗斯科学院首次召开关于如何吸取欧洲一体化经验来指导俄罗斯与独联体未来发展的学术会议。参见：Носов М. Г., *ЕврАзЭС и интеграционный опыт ЕС*, Москва: Институт Европы РАН, 2009, ст. 7.
⑤ Тренин Д., *Post-Imperium: Евразийская история*, Москва: РОССПЭН, 2012, ст. 204.
⑥ 签署《经济联盟条约》的独联体成员国有：阿塞拜疆、亚美尼亚、白俄罗斯、哈萨克斯坦、吉尔吉斯斯坦、摩尔多瓦、俄罗斯、塔吉克斯坦、乌兹别克斯坦等 9 国。土库曼斯坦和格鲁吉亚随后也加入了该条约。乌克兰宣布将以联系国身份参与经济联盟内某些符合自身利益的领域的合作。

联地区"重新一体化"正式启动。参照欧洲一体化经验，独联体经济联盟（Экономический союз СНГ）决定采取四步走战略，即先建立国家间自由贸易机制，再过渡到关税同盟，然后建立共同市场，最终形成货币联盟。[①]12 月 24 日，独联体国家领导人还通过了《阿什哈巴德宣言》，再次明确推动独联体经济一体化的立场。之后，独联体成员国间还签署了涉及自由贸易区、组织机制、金融合作等一系列文件。但是，在西方势力支持下，1997年 10 月乌克兰、格鲁吉亚、阿塞拜疆、摩尔多瓦组成"古阿姆"集团，独联体内部出现分化重组。此外，受 1998 年金融危机影响，俄罗斯及其他成员国经济受到重创，经济复苏受阻。由此可见，在 20 世纪 90 年代末，虽然成员国之间加强了经济合作意向，有心推动区域经济一体化，但在内外因素干扰下，独联体内部离心倾向明显加强，俄罗斯的主导力面临挑战。也因为如此，独联体经济联盟并未付诸实践，大部分文件和倡议只停留在纸面上。

进入 21 世纪以来，俄罗斯继续推进独联体经济联盟未竟事业，目标是建立独联体自贸区。21 世纪初期，独联体面临两大问题：其一，独联体是否有必要继续保存；其二，如果继续保存，那么应该朝哪个方向发展。围绕第一个问题，有学者就提出，独联体已经完成了苏联"文明离婚"的历史使命，已经没有存在的必要性了，应当予以解散。但是，大部分学者还是主张保留独联体，认为独联体至少是维系原苏联地区国家传统政治、经济、社会联系的"次优选项"。也就是说，不指望独联体的存在会把形势变得更好，但起码可以防止事态变得更坏。2001 年 11 月，在莫斯科峰会上，成员国总统总结了独联体过去 10 年的发展历程，并对今后的任务做出了规划。成员国总统一致认为：经过 10 年的发展，独联体并没成为高效的多边互利合作机制；发展独联体多边合作机制与强化成员国主权两者间并不相悖；多边互动不可能脱离双边合作基础；仍有必要建立多边合作机制。[②] 会上，成员国总统通过了《独联体十年活动总结与今后任务分析报告》。报告指出，"独联体是开展多边合作的最佳平台。在独联体框架内深化伙伴关系

---

① *Договор о создании Экономического союза*，24 сентября 1993 г.

② *Итоги деятельности СНГ за 10 лет и задачи на перспективу*，30 ноября 2001 года.

不仅顺应世界潮流，而且也符合成员国根本利益"。① 就第二个问题而言，独联体成员国也达成了一致，那就是要在独联体内建立自贸区。1994 年，成员国在独联体经济联盟框架下签订的《自由贸易区条约》一直没能真正落实。《独联体十年活动总结与今后任务分析报告》再次强调了建立独联体自贸区的必要性和重要性。② 然而，由于受"颜色革命"冲击，以及俄罗斯当时奉行以加入世贸组织为目标的经济外交政策的影响，独联体自贸区建设进度缓慢。② 庆幸的是，这一状况在 2008 年得到扭转。2008 年 11 月，独联体成员国政府总理一致通过的《2020 年前独联体经济发展战略》明确指出，独联体今后的工作重点是"按照世贸组织相关规则尽早建立独联体自贸区"。③ 之后，建立自贸区再次被提上日程。2011 年 10 月 18 日，独联体政府总理最终签署了《自由贸易区条约》，决定调整 110 个双边贸易协议及法律法规。④ 2012 年，《自由贸易区条约》在俄罗斯、白俄罗斯、哈萨克斯坦、乌克兰、亚美尼亚、吉尔吉斯斯坦、塔吉克斯坦和摩尔多瓦等国之间生效。2013 年，乌兹别克斯坦正式加入独联体自贸区。自此，俄罗斯主导推动近 17 年的独联体自贸区最终建成。

二 俄白联盟国家

俄白联盟国家是原苏联地区少有的双边一体化机制，也是除独联体外运行时间最长的一体化机制。1995 年 1 月 26 日，俄、白签署《关税同盟条约》后，两国一体化进程迅速发展，在短短 5 年内实现三连跳，即 1996 年 4 月成立俄白共同体，1997 年 4 月成立俄白联盟，1999 年 12 月成立俄白联盟国家。根据 1999 年 12 月 8 日通过的《俄罗斯与白俄罗斯实施联盟国家条

---

① *Итоги деятельности СНГ за 10 лет и задачи на перспективу*, 30 ноября 2001 года.

② Глазьев С. Ю., Чушкин В. И., Ткачук С. П., *Европейский союз и Евразийское экономическое сообщество：сходство и различие процессов интеграционного строительства*, Москва：Викор Медиа, 2013, ст. 104.

③ *Стратегия экономического развития Содружества Независимых Государств на период до 2020 года*, 14 ноября 2008 года.

④ Глазьев С. Ю., Чушкин В. И., Ткачук С. П., *Европейский союз и Евразийское экономическое сообщество：сходство и различие процессов интеграционного строительства*, Москва：Викор Медиа, 2013, ст. 105.

约行动纲领》，① 俄白联盟国家的目标是：建立统一的经济空间、交通体系、能源体系，在国防、安全、打击犯罪及社会文化领域加强合作。

进入 21 世纪以来，俄白联盟国家虽然在部分领域（如人员自由流动）实现了一体化，但经济领域的一体化始终举步维艰，统一经济空间并没建立起来。究其原因，主要有以下方面：（1）俄白两国领导人对联盟国家的前途认知不一。2002 年，俄白两国总统就联盟国家前途问题展开了争论。俄方提出两套方案，即仿照欧盟模式，指的是保持主权独立同时，采取"大国多数票，小国少数票"的决策原则，或者白俄罗斯并入俄罗斯，成为俄罗斯联邦主体之一。白俄罗斯对俄罗斯的提议均表示反对。对白俄罗斯而言，第一种方案被剥夺了话语权，第二种方案被剥夺了政治主权。最终，双方只好维持现状，逐步落实已经签订的各项条款。在 21 世纪头几年，虽然俄白两国总统定期会晤，但是双边经济一体化并未取得实质性进展。（2）从现实利益来看，取消与白俄罗斯贸易的各项税收无疑等于削减俄罗斯的财政收入。在联盟国家框架内，俄罗斯要以国内价格向白俄罗斯出口商品，这意味着俄罗斯需要对出口商品进行价格补贴，况且，白俄罗斯还拖欠俄罗斯能源债务。（3）两国经济体系差别大。② 俄罗斯经济私有化程度高，而白俄罗斯经济国有化程度高，因此两国间难以建立统一经济体系。

三　欧亚经济共同体

欧亚经济共同体始于俄罗斯、白俄罗斯、哈萨克斯坦关税同盟。1995 年 1 月，俄、白签署《关税同盟条约》后，哈随即加入，形成三国关税同盟。1996 年 3 月，吉尔吉斯斯坦加入。1998 年 11 月，塔吉克斯坦加入，五国签署《关税同盟与统一经济空间条约》。该条约明确指出，五国经济一体化的目标是建立统一经济空间，具体步骤如下：第一步建立关税同盟和统一关税区；第二步建立统一经济空间，形成商品、服务、资本和劳动力共同市场，并实施共同的经济政策。此外，该条约还提出要组建国家间委员

---

① *Программа действий Российской Федерации и Республики Беларусь по реализации положений Договора о создании Союзного государства*，9 декабря 1999 года.

② Институт стран СНГ.，*Будущее Союзного государства и потенциальные модели его развития*，Москва：Институт стран СНГ，2013，ст. 234-268.

会、政府首脑（总理）委员会、一体化委员会、跨议会委员会等超国家机构，为关税同盟与统一经济空间提供机制保障。① 可以说，该条约为欧亚经济共同体的成立奠定了法律基础。2000 年 10 月，俄、白、哈、吉、塔在阿斯塔纳正式签署《成立欧亚经济共同体条约》，标志着欧亚经济共同体（Евразийское экономическое сообщество，ЕврАзЭС）正式成立。加速组建关税同盟和统一经济空间是欧亚经济共同体的目标。

在一体化实践中，欧亚经济共同体采取关税同盟和统一经济空间建设平行推进的一体化策略。虽然《关税同盟与统一经济空间条约》《欧亚经济共同体成立条约》明确指出，欧亚经济共同体的任务是先建立关税同盟，之后在此基础上建立共同市场，但在实际操作中，欧亚经济共同体试图同时推进关税同盟与共同市场建设。2004 年，欧亚经济共同体国家间委员会发布《欧亚经济共同体发展优先方向：2003—2006 年及以后》，明确了十个一体化优先方向，即建立关税同盟、协调经济政策、加强经济部门间合作、建立能源共同市场、建立交通运输联盟、协调农业政策、建立服务共同市场、建立金融共同市场、加强社会领域合作及扩大欧亚经济共同体权力。② 然而，该文件并没有按轻重缓急区分关税同盟与共同市场，而是把两者均列为优先。更何况"建立关税同盟"部分的相关条款仍然是一些框架性原则，与 1999 年《关税同盟与统一经济空间条约》相比无明显差别，也没有提出更具体的发展方向，如税率制定、税收分配、针对第三国贸易政策等。此外，在没有建成关税同盟、制定统一关税的情况下，欧亚经济共同体成员国还通过了《欧亚经济共同体成员国能源政策基础》《欧亚经济共同体成员国农业政策构想》《欧亚经济共同体成员国货币领域合作构想》等一系列共同市场的文件，试图推动更高层次的区域经济一体化。

遗憾的是，欧亚经济共同体的"平行式"一体化路径并没达到预期效果，未能形成真正意义上的多边经济合作，成员国间经贸合作仍以双边为基础。③ 商品共同市场尚未建立，其余领域的共同市场更是无从谈起。2001

---

① *Договор о Таможенном союзе и Едином экономическом пространстве*，26 февраля 1999 года.
② *Приоритетные направления развития ЕврАзЭС на 2003 - 2006 и последующие годы*，9 февраля 2004 года.
③ Чуфрин Г.，*Очерки евразийской интеграции*，Москва：Весь Мир，2013，ст. 15.

年至 2005 年，绝大部分成员国对本地区贸易占对外贸易比重呈下降趋势，如哈萨克斯坦、白俄罗斯、塔吉克斯坦，或者一直处于低迷状态，如俄罗斯（见图 2-1、图 2-2）。

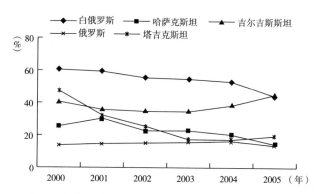

图 2-1　欧亚经济共同体成员国向独联体地区出口占本国对外出口比重
资料来源：根据世界贸易组织《国际贸易统计》2001~2006 年数据整理。

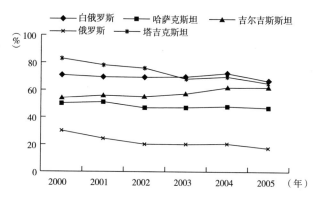

图 2-2　欧亚经济共同体成员国从独联体地区进口占本国进口比重
资料来源：根据世界贸易组织《国际贸易统计》2001~2006 年数据整理。

四　俄、白、哈、乌（克兰）四国统一经济空间

2003 年 2 月 23 日，独联体内经济实力最强的四个国家——俄罗斯、白俄罗斯、哈萨克斯坦、乌克兰发表《关于准备建立统一经济空间声明》。同年 9 月 19 日，四国在雅尔塔签署《建立统一经济空间协议》，通过了《建

立统一经济空间构想》，标志着四国统一经济空间正式成立。四国统一经济空间是原苏联地区内的"强强联合"，2004 年四国 GDP 之和占独联体 GDP 总额的 94.2%。[①]

四国统一经济空间是继独联体经济联盟、欧亚经济共同体后，俄罗斯主导的第三个区域多边经济一体化机制。四国统一经济空间的主要任务有：[②]（1）通过建立自贸区，取消贸易壁垒，逐步为商品、服务、资本和劳动力自由流动创造条件，最终形成共同市场；（2）采取"不同速度、不同程度"的一体化推进方式，成员国有权决定参与一体化进程的时间、方式与程度；（3）建立统一经济空间的法律基础；（4）协调成员国宏观经济政策；（5）在加入世贸组织谈判中协调成员国立场；（6）逐步建立超国家机构，完善组织机制。

坦率地说，四国统一经济空间是专门为乌克兰设计的多边经济一体化机制，目的是把乌克兰拉到俄罗斯主导的区域经济一体化轨道上。四国统一经济空间对俄罗斯来说还有更深层的含义，那就是它不仅能组成原苏联地区经济一体化的新轴心，还能恢复俄罗斯、白俄罗斯、乌克兰三大东斯拉夫民族大联合，重塑俄"欧亚强国"地位。然而，2004 年靠"橙色革命"上台的乌克兰新总统尤先科（В. А. Ющенко）奉行亲西方政策，不遗余力推动"古阿姆"，四国统一经济空间搁浅。2010 年，主张改善对俄关系的亚努科维奇上台，四国统一经济空间又看到了曙光。2012 年，乌克兰正式加入独联体自贸区。2014 年乌克兰危机爆发，亚努科维奇被迫下台，俄乌关系破裂，四国统一经济空间最终不了了之。目前，四国经贸合作仍停留在独联体自贸区层面。

五 欧亚开发银行

2006 年 1 月 12 日，俄罗斯与哈萨克斯坦共同决定成立欧亚开发银行（Евразийский банк развития，ЕАБР）。欧亚开发银行是俄罗斯为主导，哈

---

① *Единое экономическое пространство Беларуси, Казахстана, России и Украины：значение, возможности, перспективы*, Москва：Первый интеграционный форум, 2005, ст. 114.

② 参见：*Концепция формирования Единого Экономического Пространства*, 19 сентября 2003 года；*Соглашение о формировании Единого Экономического Пространства*, 19 сентября 2003 года。

萨克斯坦为核心力量，以推动地区经济发展、促进欧亚经济一体化进程的地区性金融组织。2006 年至 2011 年，欧亚开发银行先后三次扩员，即 2009 年亚美尼亚、塔吉克斯坦加入，2010 年白俄罗斯加入，2011 年吉尔吉斯斯坦加入。欧亚开发银行总部设在阿拉木图，在莫斯科设立分部，在圣彼得堡设立研究部门。欧亚开发银行的法定资本是 70 亿美元，其中俄罗斯承担 65.97%、哈萨克斯坦 32.99%、白俄罗斯 0.99%、塔吉克斯坦 0.03%、吉尔吉斯斯坦 0.01%、亚美尼亚 0.01%。

迄今为止，欧亚开发银行经历了机制初创阶段、抵御世界金融危机阶段，以及与欧亚经济联盟协作阶段等三个阶段。第一阶段从 2006 年 1 月至 2009 年，为机制初创期。这一阶段，欧亚开发银行的主要任务是完成组织机制建设，确保顺利开行，如建立最高决策机制——银行理事会（Совет Банка）、组建银行董事会等。第二阶段从 2009 年至 2013 年，是抵御世界金融危机阶段。为了摆脱 2008 年金融危机带来的负面影响，提高经济稳定性，2009 年欧亚经济共同体决定建立"反危机基金"（Антикризисный фонд ЕврАзЭС），向成员国经济"输血"。反危机基金由欧亚开发银行负责管理。第三阶段从 2013 年 11 月至今，是与欧亚经济联盟协作阶段。2013 年 11 月，欧亚开发银行与欧亚经济委员会签署合作备忘录，希望与欧亚经济委员会加强合作，共同推动欧亚经济一体化。[①] 2014 年 7 月，银行理事会发表《欧亚开发银行 2013 年至 2017 年发展战略》。文件提出，扩大对能源及交通基础设施投资、加大对节能项目投资、促进成员国间经贸关系发展及相互投资是欧亚开发银行 2017 年前的工作重心。[②] 2015 年，欧亚经济联盟成立后，反危机基金更名为"欧亚稳定与发展基金"（Евразийский фонд стабилизации и развития），其重点工作是向成员国提供财政支持，推动国家间大项目投资，为成员国社会保障领域提供资金支持。与其他俄罗斯主导的区域经济一体化机制相比，欧亚开发银行运行状态较好，各项工作都在有条不紊地推进中。

[①]　关于欧亚开发银行与欧亚经济联盟合作内容将在第三章中详细探讨。参见：*Меморандум о сотрудничестве между Евразийской экономической комиссией и Евразийским банком развития*, 12 ноября 2013 года.

[②]　*Стратегия Евразийского банка развития на период 2013-2017 годов*, 2 июля 2014 года.

第二节 非俄罗斯主导的区域经济一体化

一 "古阿姆"集团

"古阿姆"（ГУАМ）这一名称是由成员国格鲁吉亚（Грузия）、乌克兰（Украина）、阿塞拜疆（Азербайджан）和摩尔多瓦（Молдавия）国名的首字母串联而成。"古阿姆"集团是欧美支持下，以乌克兰为主导，格鲁吉亚为先锋，横跨黑海、南高加索、里海的区域性组织。摆脱俄罗斯影响力，融入西方世界是"古阿姆"的对外政策取向。

"古阿姆"的历史演进经历了以下五个阶段。第一阶段从 1996 年 5 月至 2001 年 6 月，是机制化建设期。1996 年 5 月，在欧洲安全与合作组织［Organization for Security and Co-operation in Europe（OSCE），简称"欧安组织"］维也纳会议期间，阿塞拜疆、乌克兰、格鲁吉亚、摩尔多瓦四国代表举行会晤，协调外交立场，表明加强合作，抵制俄罗斯对独联体的主导。这是"古阿姆"集团的雏形。1997 年 10 月 10 日，在欧洲委员会（Council of Europe，简称"欧委会"）斯特拉斯堡峰会期间，四国总统举行会晤，就多边及双边政治、经济合作，以及地区局势问题交换了意见，并发表《斯特拉斯堡宣言》。四国在宣言中提出了欲融入欧洲—大西洋体系，实现与欧洲一体化的目标，以及与欧盟共建"欧洲—高加索—亚洲"运输走廊（TRACECA）的愿望。1999 年 4 月 24 日，在庆祝北约成立 50 周年庆典期间，乌兹别克斯坦在华盛顿正式加入"古阿姆"，"ГУАМ"扩展成"ГУУАМ"。同日，五国总统发表《华盛顿宣言》。宣言明确了五国多边合作的主要方向，即：（1）加强安全领域合作，共同打击分离主义、宗教极端组织、恐怖主义；（2）再次明确与欧盟建设"欧洲—高加索—亚洲"运输走廊的意愿；（3）发展与北约协作关系。1999 年 6 月，在乌克兰提议下，"古阿姆"建立协调员会议机制，并在此基础上逐步推进机制化建设。2000 年 9 月 6 日，借联合国千年首脑会议之机，五国总统聚首纽约，并发表《纽约备忘录》，正式把机制化建设提上日程。同年 11 月 26 日，在欧安组织维也纳会议期间，五国外长举行会晤，提出要把"古阿姆"建设成一个正式国际组织的目标。2001 年 6 月 6 日至 7 日，"古阿姆"五国总统在乌克兰雅尔塔签署了《古阿姆宪章》（或称《雅尔塔宪章》）。该文件确定了"古阿姆"组织多边合作的方向、原则及目标，并建立了成员国领导人定期会晤机制。此外，成员国总统还提出，应在"古阿姆"框架下加快建设多边自贸区，促进区域经济一体化。① 可以说，《古阿姆宪章》的颁布标志着"古阿姆"集团从非正式的"软机制"正逐步向国际组织的"硬机制"发展。

　　第二阶段从 2002 年至 2003 年，为"休眠"期。2001 年，"古阿姆"在组织机制建设上取得进步后，并没继续突飞猛进、顺势向前，而是遭到了俄罗斯的反制，发展势头受挫。俄罗斯对"古阿姆"成员国采取了分而治之、各个击破的策略。2001 年摩尔多瓦大选中，俄支持"亲俄"的沃罗宁（В. Н. Воронин）上台。掌权后的沃罗宁顾及俄罗斯的利益，赋予了"德涅斯特左岸共和国"更多自主权，改善了俄语在摩尔多瓦的状况。在这样的背景下，沃罗宁在处理与"古阿姆"关系时是有所保留的。俄罗斯又加强对乌兹别克斯坦外交。2002 年 6 月，乌兹别克斯坦正式宣布退出"古阿姆"。"古阿姆"从五国又变回四国，"ГУУАМ"又回到"ГУАМ"。表面上看，乌兹别克斯坦的退出是因为在"古阿姆"内"无法获得相应的经济利益"，但从本质上看，"不愿意站在俄罗斯的对立面"是选择退出的真正缘由。② 2001 年，普京访问阿塞拜疆后，两国关系从对抗转为建设性谈判，双边关系迅速发展。③ 2003 年，普京说服乌克兰总统库奇马（Л. Д. Кучма），签署《俄、白、哈、乌（克兰）四国统一经济空间条约》。在内部被分化的情况下，2002 年乌兹别克斯坦总统缺席"古阿姆"峰会；2003 年摩尔多瓦和阿塞拜疆两国总统缺席"古阿姆"峰会。"古阿姆"实际上已经名存实亡，处于"休眠"状态。

　　第三阶段从 2003 年至 2008 年，为"复活"期。面对俄罗斯在分化"古阿姆"行动中屡屡得手，美国也不甘示弱。2003 年，美国通过策划"颜色革命"，在乌克兰、格鲁吉亚分别扶植亲西方的尤先科和萨卡什维利（М. Н. Сакашвили）上台，实施《与"古阿姆"合作的框架计划》，企图

① "Саммит ГУУАМ 2001，Ялта"，http：//guam-organization. org/node/306.
② Шестаков Е.，"ГУУАМ потеряло букву"，*Российская газета*，6 мая 2005 года.
③ Федулова Н.，"Россия-СНГ：время собирать камни"，*Мировая экономика и международные отношения*，No. 1，2006.

再次激活"古阿姆"。摩尔多瓦总统沃罗宁为了能在 2005 年大选中连任，极力拉拢国内反对派，频频向西方示好，也积极恢复"古阿姆"。阿塞拜疆积极向"古阿姆"靠拢，寻求解决"纳卡问题"的"外援"。2003 年 9 月，在纽约举行的"古阿姆"成员国外长会议上，美国决定拨款 6000 万美元用于"古阿姆"组织机制建设。2005 年 4 月，"古阿姆"峰会在摩尔多瓦首都基希纳乌举行，成员国总统发表了《为了民主、稳定和发展声明》（或称《基希纳乌宣言》）。声明主张，"古阿姆"应成为促进成员国经济发展、确保安全与稳定的机制；加快与北约、欧盟建立安全、经济、交通共同空间；推动自贸区建设，参与欧洲一体化进程等。① 同年 5 月，"古阿姆"峰会在雅尔塔举行，与会成员国总统重申了《基希纳乌宣言》精神。同年 12 月，"古阿姆"四国成立"民族选择共同体"。2006 年 5 月，四国在基辅成立"民主与经济发展组织——古阿姆"（Организация за демократию и экономическое развития-ГУАМ）。随后，"古阿姆"在 2007 年和 2008 年召开两次峰会。

第四阶段从 2008 年至 2017 年，为"再度休眠"期。2008 年 8 月爆发的俄格战争不仅是俄罗斯与西方关系，俄罗斯周边外交战略的转折点，也是"古阿姆"命运的转折点。在俄格战争中，"古阿姆"再度出现分化，乌克兰力挺格鲁吉亚，公开指责俄罗斯，暗中向格提供武器装备，而摩尔多瓦、阿塞拜疆却选择沉默，生怕引火烧身。② 可以说，这场战争"打散"了"古阿姆"，定期会晤机制未能延续下去。2010 年乌克兰总统大选后，亚努科维奇上台。为了改善俄乌关系，亚努科维奇对"古阿姆"并不热心。2014 年，乌克兰危机以来，乌克兰内外交困，对"古阿姆"更是无心顾及。与此同时，美国对"古阿姆"的支持力度也大不如前。"古阿姆"再度进入"休眠"期。

第五阶段从 2017 年 3 月至今，为"试图复活"期。2017 年 3 月 27 日，"古阿姆"在乌克兰首都基辅召开政府首脑峰会及首届成员国商务论坛。在此次峰会上，乌克兰倡导建立"古阿姆"自贸区。此外，成员国在峰会上还提出加强区域内经贸合作；与美国、日本等传统伙伴及以维谢格拉德集

---

① Кишиневская Декларация глав государств ГУУАМ 《Во имя демократии, стабильности и развития》, 22 апреля 2005 года.

② 阿塞拜疆和摩尔多瓦国内也存在由俄罗斯"支持"的地方分离势力，两国担心表态不当而引起国内分离主义势力抬头，而招致俄罗斯的直接"干预"。

团（波兰、捷克、斯洛伐克、匈牙利）为代表的新伙伴加强合作联系等。乌克兰试图借此次峰会"复活""古阿姆"机制。波罗申科上台后亲自负责乌克兰外交战略。选择在这个时机试图恢复"古阿姆"机制，乌克兰波罗申科政府主要有以下考量：一是在与俄罗斯关系持续胶着状态下，拓展外交空间和对外经济发展空间；二是借恢复"古阿姆"机制向美国及西方示好，为与美国特朗普总统会面做预热。

显然，"古阿姆"实际上是一个靠西方支持，与俄罗斯分庭抗礼，挤压俄罗斯在南高加索、黑海、里海地区势力和影响力的组织。① 美方认为，"'古阿姆'是一个从属于美国的地区组织，当有美国的资金和倡议时，该组织就活跃起来，否则，就消沉下去"。② 俄美在原苏联地区的战略博弈是左右"古阿姆"发展的决定性因素。在经济一体化方面，"古阿姆"自贸区构想依旧停留在务虚层面。

二 中亚合作组织

中亚合作组织［Центрально-Азиатское сотрудничество（организация），ЦАС］起源于 1994 年 1 月 11 日哈萨克斯坦和乌兹别克斯坦签署的《建立统一经济空间议定书》。同年 2 月 1 日，吉尔吉斯斯坦加入该议定书。议定书提出三国间将实现商品、服务和资本自由流通，协调财政、税收及海关政策的目标。吉尔吉斯斯坦加入后，三国统一经济空间更名为"中亚联盟"（Центральноазиатский союз，ЦАС）。1994 年 7 月 8 日，三国总统在阿拉木图峰会上决定成立最高决策机构——国家间委员会，在国家间委员会内设立总理会议、外交部长会议、国防部长会议，此外还设立执行委员会，作为超国家常设机构。1995 年 2 月，在阿拉木图峰会上，三国接受塔吉克斯坦为联系国，还决定成立"中亚合作与发展银行"（Центральноазиатский банк сотрудничества и развития）。1996 年三国经济一体化进入具体实施阶段，三国领导人多次会晤，商讨水资源利用、环境

---

① Федулова Н.，"Россия-СНГ：время собирать камни"，*Мировая экономика и международные отношения*，No. 1，2006.

② Самуйлов С. М.，"Этапы политики США в отношении СНГ"，*США и Канада：экономика, политика, культура*，No. 3，2005.

保护、劳动移民等合作事宜。

1998 年 6 月，中亚联盟接纳塔吉克斯坦为成员国，"三驾马车"变为"四驾马车"。同时，中亚联盟更名为"中亚经济共同体"（Центральноазиатское экономическое сообщество, ЦАЭС）。1999 年，土耳其、格鲁吉亚、乌克兰成为中亚经济共同体观察员。中亚经济共同体的中心议题是水资源利用和经济一体化问题。围绕水资源利用问题，1999 年，在中亚经济共同体框架下成立"国际水能财团"（Международный водно-энергетический консорциум），专门协调上游国家塔吉克斯坦、吉尔吉斯斯坦和下游国家乌兹别克斯坦、哈萨克斯坦的水资源利用问题。在推动区域经济一体化方面，在 2000 年杜尚别峰会上，成员国总统一致通过《一体化发展战略》和《在中亚建立统一经济空间行动纲领》两份文件，计划逐步取消贸易壁垒，建立商品、服务及资本共同市场，最终建成货币联盟。为了进一步推动区域经济一体化，2002 年中亚经济共同体更名为"中亚合作组织"。2004 年俄罗斯加入中亚合作组织。2005 年 10 月 6 日，在圣彼得堡峰会上，成员国总统决定该组织并入欧亚经济共同体，中亚合作组织停止运行。

中亚国家自行推动区域经济一体化历时 10 余年，但收效甚微，经济一体化成果不明显。其原因主要有以下方面：（1）围绕统一关税、反倾销政策、税收政策、水资源利用等问题四国争执不下。哈萨克斯坦一直以来单方面向其余三国征收关税；吉尔吉斯斯坦也单方面控制上游水流量，造成下游国家水量不足。（2）乌兹别克斯坦心猿意马，1999 年至 2002 年积极向"古阿姆"集团靠拢。（3）哈萨克斯坦和乌兹别克斯坦之间的地区主导权之争导致四国经济一体化机制内讧不断。[①]（4）缺乏大国主导，单凭小国、弱国，区域经济一体化难以推进。这也是中亚合作组织最终选择并入欧亚经济共同体，接受俄罗斯主导的原因所在。2018 年 3 月，中亚五国元首 13 年后再次聚首，推进中亚地区一体化进程。不过，各国领导人的立场表达依旧是"新瓶装旧酒"，推动中亚地区经济一体化仍旧受经济基础薄弱、阿富

① 参见：Богатуров А. Д., Международные отношения в Центральной Азии: События и документы, Москва: Аспект-Пресс, 2011, ст. 294 - 295; Лаумулин М., Толипов Ф., "Узбекистан и Казахстан: борьба за лидерство?", Индекс безопасности, No. 1, 2010.

汗安全威胁外溢、域外大国竞争与掣肘等因素的制约。①

第三节　欧亚经济联盟的提出与现状

综上可知，在后苏联时期，原苏联地区内的欧亚经济一体化进程从未间断过，但是以往的区域一体化机制大多运行不理想，不能为成员国经济发展提供强有力的"推动力"，区域内国家相互贸易比重持续下降。应该说，过分依赖外部力量，或缺乏大国主导的一体化机制是难以成型的。"古阿姆"集团自始至终都脱不开西方的影子，当西方力量撤出后，"古阿姆"自然就销声匿迹。更何况，"古阿姆"是西方在原苏联地区遏制俄罗斯的战略前沿，处在俄罗斯与西方地缘政治博弈的拉锯带上，"古阿姆"的前途必然也会受到俄罗斯与西方关系的影响。中亚合作组织是中亚地区小国、弱国自发推动的区域经济一体化，但缺乏大国主导，一体化进程裹足不前，最终并入欧亚经济共同体，接受俄罗斯的主导。从这个意义上讲，俄罗斯主导的区域经济一体化机制还是比较有生命力的，不管成败与否，毕竟曾一度运行起来。值得注意的是，俄罗斯的主导力并非一蹴而就，而是经历了从被排斥到被认可的过程。20世纪90年代初，俄罗斯主导的独联体经济联盟就遭到了多方抵制，最终不了了之。90年代中期以来，俄罗斯放弃推动独联体整体一体化念头，转向团结可以团结的力量，推动局部地区一体化，取得了一定成效，主导力逐渐被认可，如俄白联盟国家、欧亚经济共同体、四国统一经济空间、欧亚开发银行等。可以说，俄罗斯主导的区域经济一体化机制是欧亚经济一体化的最佳模式。从本质上讲，欧亚经济联盟是欧亚经济一体化进程中不可分割的一部分，与其余俄罗斯主导的区域经济一体化机制一脉相承，是其余区域经济一体化机制未见成效后而发起的新一轮区域一体化进程，是欧亚经济一体化发展的新阶段、新机制、新成果。这就是欧亚经济联盟提出的历史背景。

2010年12月9日，俄、白、哈三国领导人发表的《建立俄、白、哈统

---

① 张宁：《中亚一体化新趋势及其对上海合作组织的影响》，《国际问题研究》2018年第3期。

一经济空间宣言》中首次提出了"欧亚经济联盟"概念。① 宣言称："在关税同盟和统一经济空间基础上，我们（俄、白、哈）将建立欧亚经济联盟，目的是确保与其他国家、国际经济组织及欧盟开展和谐、互补、互利合作，并建立共同经济空间。"② 但是，当时三国领导人并没阐明"欧亚经济联盟"的概念。梅德韦杰夫（Д. А. Медведев）表示，"欧亚经济联盟应该是一个经济一体化水平较高的机制，为了清楚了解我们（俄、白、哈）所追求的欧亚经济联盟，自然要参考其他已经存在的经济联盟"。③

2011 年 10 月 3 日，普京在总统竞选期间发表署名文章《欧亚新的一体化方案：未来诞生于今天》，④ 首次系统阐述了欧亚经济联盟的目标与任务。普京在文中提出，在俄、白、哈关税同盟和 2012 年 1 月 1 日启动的统一经济空间基础上组建欧亚经济联盟，然后以此为基础，建立集政治、经济、军事、文化于一体的"欧亚联盟"。普京进一步指出，欧亚联盟并不是要复辟苏联，也不同于独联体，而是一个新型区域一体化机制；欧亚联盟要成为连接欧洲与亚太的桥梁，成为多极化世界中的一极；欧亚联盟是一个开放性组织，首先对其余独联体国家开放；欧亚联盟的发展应当借鉴欧盟经验。

普京的署名文章发表不久，哈萨克斯坦总统纳扎尔巴耶夫、白俄罗斯总统卢卡申科也相继发文，力挺普京的"欧亚联盟"构想。纳扎尔巴耶夫在文章《欧亚联盟：从思想到未来》中提出了建设欧亚联盟的四项原则，即欧亚联盟应以实现成员国经济利益为核心的原则，参与欧亚联盟应以自愿为原则，欧亚联盟内成员国间应坚持主权平等、互不干涉内政原则，欧亚联盟决策需成员国协商一致原则。此外，纳扎尔巴耶夫就欧亚一体化的前景提出了五个目标，即欧亚联盟应成为富有经济竞争力的国家集团，欧亚联盟应成为连接欧亚的纽带，应把欧亚联盟打造成地区金融中心，欧亚

---

① 关于欧亚经济联盟与俄、白、哈关税同盟、统一经济空间，以及欧亚经济共同体之间的辩证关系将在第三章中详细探讨。

② *Декларация о формировании Единого экономического пространства Республики Беларусь, Республики Казахстан и Российской Федерации*, 9 декабря 2010 года.

③ "Пресс-конференция по итогам заседания Совета глав государств-участников СНГ", http：//www.kremlin.ru/transcripts/9783.

④ Путин В. В., "Новый интеграционный проект для Евразии-будущее, которое рождается сегодня", *Известия*, 3 октября 2011 года.

一体化应走循序渐进的发展路子，欧亚联盟绝不能是苏联的翻版。[①] 卢卡申科在文章《关于我们一体化的命运》中指出，俄白联盟国家为欧亚一体化提供了经验与基础；当经济一体化达到一定程度时，可以启动政治一体化，构建统一的价值观和司法体系；未来欧亚联盟应实施"东西并重"的对外政策，同时与欧盟、中国发展务实合作关系。[②]

2011 年 11 月 18 日，俄、白、哈三国领导人发表《欧亚经济一体化宣言》。宣言提出，在关税同盟基础上将启动统一经济空间，进一步深化区域经济一体化，完善法律基础；明确欧亚经济联盟的成立日期——2015 年 1 月 1 日；成员国需加强宏观经济政策协调，推动商品、资本、服务及劳动力市场改革，建立欧亚能源、交通及电信网络；将与欧盟建立共同经济空间。[③]

除双边一体化机制——俄白联盟国家和地区性金融组织——欧亚开发银行外，欧亚经济联盟是继独联体经济联盟、欧亚经济共同体、四国统一经济空间后，俄罗斯主导的第四个区域经济一体化机制。具体而言，欧亚经济联盟的目标是，"旨在提高成员国人民生活水平，为经济发展创造稳定的环境；在联盟框架内建立商品、服务、资本及劳动力统一市场；在全球经济背景下推动全面现代化，提高国民经济竞争力"。[④] 可见，欧亚经济联盟的目标与其余三个区域多边经济一体化机制相似，都是通过建立关税同盟，实现商品自由流通，最终实现商品、服务、资本与劳动力共同市场，推动本国经济转型与发展。因此，欧亚经济联盟是制度升级版，而非目标升级版。

从范围上看，欧亚经济联盟并不涵盖整个独联体，而是由"亲俄""盟俄"国家组成的局部区域经济一体化机制。欧亚经济联盟中俄罗斯是主导，白俄罗斯和哈萨克斯坦是主力，亚美尼亚和吉尔吉斯斯坦是一般参与。进一步说，欧亚经济联盟实际上是由俄罗斯主导的三个次区域经济一体化组合而成，即在东欧地区的俄白一体化、在南高加索地区的俄亚一体化、在

---

① Назарбаев Н. А., "Евразийский союз: от идеи к истории будущего", *Известия*, 25 октября 2011 года.

② Лукашенко А. Г., "О судьбах нашей интеграции", *Известия*, 17 октября 2011 года.

③ *Декларация о евразийской экономической интеграции*, 18 ноября 2011 года.

④ *Договор о Евразийском экономическом союзе*.

中亚地区的俄哈吉一体化。换言之，欧亚经济联盟框架下的区域经济一体化就是其余成员国同俄罗斯的一体化。另外值得特别注意的是，欧亚经济联盟还是俄罗斯与其他成员国双边及多边政治、军事盟友关系的经济补充（见表 2-1）。

表 2-1　俄罗斯与欧亚经济联盟成员国双边政治关系法律文件

国家	文件名称	签署时间（年）
与白俄罗斯	关于成立联盟国家条约	1999
与哈萨克斯坦	友好、合作及互助条约	1992
	21 世纪睦邻与同盟条约	2013
与吉尔吉斯斯坦	友好、合作及互助条约	1992
	永久友好、同盟与伙伴关系宣言	2000
与亚美尼亚	友好、合作及互助条约	1997

就周边环境而言，欧亚经济联盟仍然面临来自两方面压力。其一，原苏联地区"反俄""离俄"势力犹存。乌克兰、摩尔多瓦、格鲁吉亚一如既往地以加入欧盟和北约为目标，极力摆脱俄罗斯的影响，甚至不惜与俄罗斯发生正面冲突，如 2008 年的俄格战争、2014 年至今的乌克兰危机等。阿塞拜疆和乌兹别克斯坦继续在俄罗斯与西方之间寻求平衡，左右摇摆。土库曼斯坦坚持中立地位，不积极参与多边区域一体化机制。其二，在整个欧亚大陆层面上，欧亚经济联盟依旧面临来自西方的遏制。此外，成员国也身兼多重区域经济一体化身份，欧亚经济联盟内部存在被分化的可能性（见表 2-2）。

表 2-2　欧亚经济联盟成员国及其余原苏联地区国家（波罗的海三国除外）
参与地区多边机制情况

	俄	白	哈	亚	吉	塔	乌	土	阿	摩	格	乌（克兰）
欧亚经济联盟	√	√	√	√	√							
独联体	√	√	√	√	√	√	√		√	√		√
集体安全条约组织	√	√	√	√	√							
上海合作组织	√		√		√	√	√					

续表

	俄	白	哈	亚	吉	塔	乌	土	阿	摩	格	乌（克兰）
欧盟"东部伙伴关系计划"		√		√					√	√	√	√
欧洲安全与合作组织	√	√	√	√	√	√	√	√	√	√	√	√
古阿姆									√		√	√
亚信会议	√		√		√	√	√		√			
伊斯兰会议组织			√		√	√	√					
"丝绸之路经济带"沿线国家	√	√	√		√	√	√	√	√		√	√

自然资源丰富是欧亚经济联盟的一大强项。欧亚经济联盟范围内自然资源十分丰富，并主要集中在俄罗斯和哈萨克斯坦。俄罗斯已探明的天然气储量为 48 万亿立方米，居世界第一；石油储量为 252 亿吨，占世界探明储量的 5%；煤蕴藏量为 1570 亿吨，居世界第一；黄金储量 1.42 万吨，居世界第四至第五位；磷灰石占世界储量的 65%，等等。哈萨克斯坦石油探明储量 39 亿吨，居中亚第一；探明天然气储量 1.5 万亿立方米；铀储量约 150 万吨，居世界第二；钨储量约 200 万吨，居世界第一，等等。相比之下，白俄罗斯、亚美尼亚和吉尔吉斯斯坦的自然资源相对匮乏，但也有优势资源，如白俄罗斯的钾盐、亚美尼亚的珍珠岩，以及吉尔吉斯斯坦的水能资源和汞。

任何区域一体化都蕴含所在地区的文明基因。《跨太平洋伙伴关系协定》（TPP）和《跨大西洋贸易与投资伙伴协定》（TTIP）是美国倡议，分别和亚太、欧盟推进的跨地区多边经济一体化机制，是典型的海洋文明区域一体化进程。欧洲一体化是德、法为首的欧洲大陆文明与英国为首的海洋文明相结合的产物，是海陆文明区域一体化的代表。而欧亚经济联盟是俄、白为代表的森林文明和哈为代表的游牧文明为核心的大陆文明区域一体化。幅员辽阔、资源丰富、民风彪悍、政治上崇尚权威、经济发展以资源为主，是欧亚大陆一体化的基本特点。

自 2015 年正式成立以来，欧亚经济联盟机制运行状态平稳，同时积极开展对外合作，国际认可度显著提升。值得注意的是，欧亚经济联盟经济一体化效应正在逐步显现，但在出现数量增长的同时，还没出现质的飞跃。具体而言，现阶段欧亚经济联盟发展具有以下特点：

1. 体制机制运行稳定，并未出现空转

第一，各级会晤机制运转正常。仅以 2017 年度为例，最高欧亚经济委员会举行例会 2 次，共通过决议 16 项，其中有 15 项生效，主要涉及人事调整、联盟内数字化建设、轮值主席国交接、法案修正等，此外还通过指令 5 项，主要涉及例行会晤举行的时间和地点等会议组织工作；欧亚政府间委员会举行例会 3 次，共通过决议 4 项，并全部生效，主要涉及农业综合体开发研究、交通政策协调等，还通过各类指令 23 项，主要涉及商品贸易、组织机制建设、例行会议安排等；欧亚经济委员会理事会几乎每月召开例会 1 次，共通过决议 98 项，其中已经生效的占 83.7%；欧亚经济委员会工作会议平均每周召开 1 次，共通过决议 186 项目，其中已经生效的占 83.9%。从表 2-3 看，欧亚经济联盟各级机构运转较为正常，决议生效率也较高。

表 2-3 2017 年度欧亚经济联盟各级机构工作情况量化统计

机构	会晤（次）	决议（项）	指令（项）	建议（项）	决议生效率（%）
最高欧亚经济委员会	2	16			93.8%
欧亚政府间委员会	3	4	18		100%
欧亚经济委员会理事会	13	98	35	3	83.7%
欧亚经济委员会工作会议	36	186	195	29	83.9%

资料来源：根据欧亚经济委员会官方网站信息整理。

第二，法律机制建设不断完善。当前，欧亚经济联盟法律机制建设的亮点就是，新版《欧亚经济联盟海关法典》（以下简称"新版法典"）最终在各成员国国内立法机构获得通过。新版法典于 2018 年 1 月 1 日正式生效。事实上，新版法典的制定并不是一帆风顺。2016 年 11 月 16 日，欧亚政府间委员会通过了《关于欧亚经济联盟海关法典条约草案的指令》。[①] 但

---

① Распоряжение №19 《О проекте Договора о Таможенном кодексе Евразийского экономического союза》. https://docs.eaeunion.org/docs/ru-ru/01411972/ico_22112016_19.

是，白俄罗斯总统卢卡申科起初拒绝签署，直到 2014 年 4 月才签署，① 这导致新版法典推迟生效。新版法典的目标是在欧亚经济联盟范围内构建商品贸易协调机制，确保商品得以自由流通，夯实商品共同市场的基础，其意义主要有以下：一是新版法典取代 2010 年中开始实施的《关税同盟海关法典》，成为欧亚经济联盟商品共同市场的基础性法律文件。二是新版法典充分考虑并应用当前国际贸易中的新要求、新标准及新技术，将进一步简化商品通关程序，利用现代化数字技术，减少人为干预，确保商品通关程序透明化、公平法、合法化。这对改善欧亚经济联盟的商品贸易环境大有裨益。三是提高商品通关及海关管理的工作效率。按照新版法典要求，原本需要 1 个工作日来完成通关手续，现在只需 4 小时即可完成所有流程。四是新版法典充分运用欧亚经济联盟目前力推的"统一窗口"机制，试图从制度上规范商品通关及海关管理的流程。② 欧亚经济委员会工作会议海关合作部部长卡得尔库洛夫（М. А. Кадыркулов）认为，新版法典将海关领域一体化进程推向新的高度，希望该法典不仅能强化欧亚经济联盟贸易关系，还能吸引新的外部投资。值得注意的是，该法典还是欧亚经济联盟一体化实践中第一部完全以电子化技术应用为导向的法律文件。这将是欧亚经济联盟对外经济活动协调机制数字化改造的基础。③

第三，成员国间经济政策协调机制建设逐步推进。欧亚经济联盟在一体化政策协调机制方面有以下新举措。首先，在最高欧亚经济委员会层面通过了《2017—2018 年度欧亚经济联盟成员国宏观经济政策重点方向》。④该文件指出，目前欧亚经济联盟面临的外部经济环境并不乐观，主要影响因素有国际油价降低、世界经济增速放缓、西方对俄经济制裁持续等。对

①　Лукашенко подписал Таможенный кодекс ЕАЭС. 12 апреля 2017 года. https：//www. rbc. ru/rbcfreenews/58ee29889a7947db31213994.

②　Новый Таможенный кодекс ЕАЭС вступит в силу с 1 января 2018 года. 14 ноября 2017 года. http：//www. eurasiancommission. org/ru/nae/news/Pages/14_ 11_ 17. aspx.

③　Интеграция в действии： каких результатов достиг Евразийский экономический союз в 2017 году. 30 декабря 2017 года. https：//russian. rt. com/ussr/article/465964-eaes-rezultaty-razvitie.

④　Решение Высшего Евразийского экономического совета №7 《Об основных ориентирах макроэкономической политики государств-членов Евразийского экономического союза на 2017-2018 годы》. г. Бишкек. 14 апреля 2017 года. https：//docs. eaeunion. org/docs/ru-ru/01413588/scd_ 17042017_ 7.

此，该文件提出，中短期内欧亚经济联盟成员国的宏观经济政策取向应该是，为成员国经济有效发展及保持经济稳定增长创造条件，加大吸引投资力度，提升商品的技术附加值，推动非能源产品出口等。其次，在欧亚跨政府委员会层面通过《2018—2020 年欧亚经济联盟成员国交通政策协调主要方向与实施阶段规划》。① 该规划围绕铁路、公路、水路等陆上交通运输，提出了与国际交通体系一体化、充分挖掘交通过境潜力、提高运输服务质量、建立和发展欧亚运输走廊、发展交通基础设施、加大交通运输人才储备等发展构想。再次，《欧亚经济联盟构建石油与石油产品共同市场计划草案》于 2017 年 12 月正式在欧亚经济委员会理事会层面通过。②

2. 区域经济一体化效应逐步显现，但远没达到贸易结构多元化目标

第一，内部与对外商品贸易出现恢复性增长。商品贸易是目前欧亚经济联盟框架下一体化程度最高的领域之一。就内部商品贸易而言，2017 年 1 月至 11 月，成员国间贸易总量为 488 亿美元，比 2016 年同期增长 26.4%。③ 这是 2013 年统一经济空间时期成员国间贸易转为负增长以来，首次出现大幅度恢复性增长（见表 2-4）。恢复性增长的迹象在 2016 年就已经出现。2016 年 1 月至 11 月的成员国间贸易总额仅为 374.1 亿美元，比 2015 年同期下跌 10.8%，然而单从 10 月来看，却比 2015 年同期增长 0.3%，11 月增幅扩大到 4.4%。应该说，2017 年度成员国间的贸易止跌并出现增长起始于 2016 年下半年。从表 2-4 中还能看出，尽管 2017 年成员国间贸易出现明显增长，但是其总量离 2012 年关税同盟、统一经济空间时期的俄、白、哈三国间贸易总量 685.82 亿美元的峰值还有一定距离。

---

① Решение Евразийского межправительственного совета №3 《 Об утверждении плана мероприятий (〈дорожной карты〉) по реализации Основных направлений и этапов реализации скоординированной (согласованной) транспортной политики государств-членов Евразийского экономического союза на 2018 - 2020 годы》. 25 октября 2017 года. г. Ереван. https：//docs. eaeunion. org/docs/ru-ru/01415092/icd_ 26102017_ 3.

② Совет ЭЭК одобрил Программу формирования общих рынков нефти и нефтепродуктов ЕАЭС. 22 декабря 2017 года. http：//www. eurasiancommission. org/ru/nae/news/Pages/22-12-2017-1. aspx.

③ Об итогах взаимной торговли товарами Евразийского экономического союза, Январь-ноябрь 2017. http：//www. eurasiancommission. org/ru/act/integr _ i _ makroec/dep _ stat/tradestat/analytics/Documents/2017/Analytics_ E_ 201711. pdf.

表 2-4　2011 年至 2017 年 11 月欧亚经济联盟（含关税同盟、统一经济空间时期）内部商品贸易总额及增长率

年份	总额（亿美元）	增长率（%）
2011	622.73	—
2012	685.82	8.7
2013	641.0	−5.5
2014	574.0	−11
2015	454.0	−25.8
2016	430.0	−5.8
2017	488.0	26.4

资料来源：Взаимная торговля товарами, Статистический бюллетень, 2011–2016, ［R］, http: // www. eurasiancommission. org/ru/act/integr_i_makroec/dep_stat/tradestat/publications/Pages/default. aspx；Об итогах внешней торговли товарами Евразийского экономического союза, Январь-ноябрь 2017 года ［R］, http: //www. eurasiancommission. org/ru/act/integr_i_makroec/dep_stat/tradestat/ analytics/Documents/2017/Analytics_E_201711. pdf。

在对外商品贸易方面，欧亚经济联盟也有起色。2017 年 1 月至 11 月，欧亚经济联盟对外贸易总额为 5670 亿美元，其中出口 3453 亿美元，进口为 2217 亿美元，对外贸易总额比 2016 年全年增长 24.6%，出口额增长 25.9%，进口额增长 22.6%。[1] 与成员国间内部贸易类似，欧亚经济联盟对外贸易也处在触底反弹的阶段（见表 2-5）。2011 年关税同盟时期，对外贸易总额为 9130 亿美元，比 2010 年增长 33%。2012 年对外贸易总额继续上增，但增幅收窄，为 9393 亿美元，增长 3.2%。2013 年出现拐点，对外贸易额由正增长转负增长，对外贸易总额 9310 亿美元，下跌 0.4%。2014 年对外贸易额继续下跌 6.9%，总额为 8685 亿美元。2015 年对外贸易额出现大幅下跌，跌幅达 33.6%，总额为 5795 亿美元。2016 年对外贸易总额继续下跌至 5094 亿美元。2017 年欧亚经济联盟对外贸易止跌，开始恢复性增长，但也仅为 2012 年对外贸易总额的 60.36%。就地区而言，欧盟是欧亚经济联盟最大贸易伙伴，占出口总额的 50.5%，进口总额的 40.6%；其次是亚太地区，占出口总额的 25.4%，进口总额的 42.8%；最后除欧亚经济联

---

① Об итогах взаимной торговли товарами Евразийского экономического союза, Январь-ноябрь 2017. http: //www. eurasiancommission. org/ru/act/integr_i_makroec/dep_stat/ tradestat/analytics/Documents/2017/Analytics_E_201711. pdf.

盟外的其他独联体地区占比最低，分别是占出口总额的 5.5%，进口总额的 4.2%。从国别来看，中国是欧亚经济联盟最大贸易伙伴国，占其对外贸易总额的 16.2%；其次是德国，为 8.7%；再次是意大利，为 8.7%。[①]

表 2-5 2011 年至 2017 年 11 月欧亚经济联盟（含关税同盟、统一经济空间时期）对外商品贸易总额及增长率

年份	对外贸易总额（亿美元）	出口额（亿美元）	进口额（亿美元）	对外贸易总额增长率（%）	出口额增长率（%）	进口额增长率（%）
2011	9130	5865	3265	33	34.2	31.1
2012	9393	6001	3392	3.2	2.6	4.1
2013	9310	5854	3456	-0.4	-1.4	1.4
2014	8685	5565	3120	-6.9	-5.3	-9.6
2015	5795	3741	2054	-33.6	-32.7	-35.3
2016	5094	3083	2011	-12.1	-17.5	-2.1
2017	5670	3453	2217	24.6	25.9	22.6

资料来源：Внешняя торговля товарами, Статистический бюллетень, 2011-2016, ［R］, http://www.eurasiancommission.org/ru/act/integr_i_makroec/dep_stat/tradestat/publications/Pages/default.aspx; Об итогах внешней торговли товарами Евразийского экономического союза, Январь-ноябрь 2017 года ［R］, http://www.eurasiancommission.org/ru/act/integr_i_makroec/dep_stat/tradestat/analytics/Documents/2017/Analytics_E_201711.pdf。

从内部和对外商品贸易在欧亚经济联盟整体贸易中的比重来看，2017 年 1 月至 11 月期间，欧亚经济联盟内部商品贸易比重有所提高，对外商品贸易比重有所降低，但与 2016 年同期相差无几。也就是说，当前及未来中短期内，欧亚经济联盟商品贸易一体化领域中的两个趋势仍难以逆转：一是对外贸易比重远高于内部贸易的趋势仍难以逆转。成员国间贸易依旧是欧亚经济联盟商品贸易一体化进程中的"软肋"，这与成立之初欧亚经济联盟力主扩大内部贸易来降低对外经济依赖度的初衷还有一段距离；二是俄罗斯继续保持欧亚经济联盟贸易重心及枢纽的趋势不可逆转（见图 2-3）。这点包含两层意思，即第一层意思指的是，俄罗斯对外贸易中仅有 9% 是与

[①] Об итогах взаимной торговли товарами Евразийского экономического союза, Январь-ноябрь 2017. http://www.eurasiancommission.org/ru/act/integr_i_makroec/dep_stat/tradestat/analytics/Documents/2017/Analytics_E_201711.pdf.

域内其他成员国完成的，剩余 91% 的对外贸易仍旧与域外经济体完成。应该说，俄罗斯"重域外，轻域内"的贸易格局直接影响到欧亚经济联盟的内部及对外贸易格局。第二层意思是，欧亚经济联盟成员国间贸易依旧以俄罗斯为中转枢纽，其他成员国间贸易量仍不大。

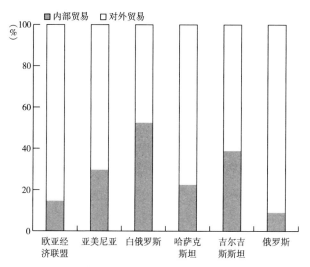

图 2-3　2017 年 1～11 月欧亚经济联盟内部与对外商品
贸易占贸易总额比重

资料来源：Об итогах взаимной торговли товарами Евразийского экономического союза，Январь-ноябрь 2017［R］，http：//www. eurasiancommission. org/ru/act/integr_ i_ makroec/dep_ stat/tradestat/analytics/Documents/2017/Analytics_ E_ 201711. pdf。

第二，贸易结构大体未变，商品贸易多元化依旧任重而道远。欧亚经济委员会数据表明，能源产品在欧亚经济联盟内部及对外贸易中依旧占主导地位。在欧亚经济联盟内部成员国间贸易结构来看，占比最大的是能源产品，为 27.5%；其次是汽车、机械设备及交通工具，为 18.4%；再次是农产品，为 15.2%。其中俄、白两国对欧亚经济联盟内部贸易贡献较大，在能源产品中俄罗斯提供了 84.4%，在汽车、机械设备及交通工具产品中俄罗斯和白罗斯分别提供了 56.5% 和 40%，在农产品中俄罗斯和白罗斯分别提供了 35.1% 及 53.7%。此外，2017 年 1 月至 11 月，在欧亚经济联盟框架内各成员国商品出口明显上升。亚美尼亚对欧亚经济联盟内部市场的贡献比 2016 年同期增长了 40.4%，白罗斯增长 20.9%，哈萨克斯坦增长

31.3%，吉尔吉斯斯坦增长25.7%，俄罗斯增长27.8%。① 虽然欧亚经济联盟内部贸易总量还不及2012年俄、白、哈三国间的贸易总量，但是增长势头较为迅猛。对外贸易结构分出口贸易和进口贸易两方面。在对外出口贸易方面，2017年1月至11月欧亚经济联盟出口商品中的63.5%为能源产品，比2016年的能源产品出口比重上升了2.8%。其次是金属及金属产品，比重为10.6%，与2016年的10.4%相当。再次是化工产品，比重是6%，与2016年的6.7%也相当。需要指出的是，以上三种商品出口总量中约80%是由俄罗斯提供。② 在对外进口贸易方面，汽车、机械设备及交通工具是欧亚经济联盟的重点进口商品，2017年1月至11月该类商品占进口总额的44.7%，比2016年上升1.4%。其次是化工产品，为18.2%，与2016年18.5%相当。再次是农产品，为8.9%，比2016年下降了4.3%。③ 显然，在国际经济体系中，欧亚经济联盟是自然资源、工业原材料来源地，工业制成品消费地的基本格局仍未得到明显改变。

第三，投资总额明显提高，且投资领域较多元，但依旧面临来自其他国际金融机构的竞争压力。欧亚经济联盟框架下的投资、金融共同市场主要依托欧亚开发银行来推进。尽管到目前为止，欧亚经济联盟内部资本自由流通尚未实现，未形成统一的投资政策及规范，金融合作仍然处在双边层面，然而欧亚开发银行对独联体地区的投资项目金额正在不断提高（见图2-4、表2-6）。截至2018年2月1日，欧亚开发银行拥有储备金70亿美元，投资领域涉及金融部门、农业综合体、冶金、机械制造、采矿业、化工业、其他基础设施、交通、能源及其他。其中，金融、交通、能源、采矿业投资力度最大，分别占比为19.5%、18.2%、17.6%、15.3%。截至2017年底，欧亚开发银行投资项目总额达61亿美元。同时，2017年欧亚开

---

① Об итогах взаимной торговли товарами Евразийского экономического союза, Январь-ноябрь 2017. http://www.eurasiancommission.org/ru/act/integr _ i _ makroec/dep _ stat/tradestat/analytics/Documents/2017/Analytics_ E_ 201711. pdf.

② Об итогах взаимной торговли товарами Евразийского экономического союза, Январь-ноябрь 2017. http://www.eurasiancommission.org/ru/act/integr _ i _ makroec/dep _ stat/tradestat/analytics/Documents/2017/Analytics_ E_ 201711. pdf.

③ Об итогах взаимной торговли товарами Евразийского экономического союза, Январь-ноябрь 2017. http://www.eurasiancommission.org/ru/act/integr _ i _ makroec/dep _ stat/tradestat/analytics/Documents/2017/Analytics_ E_ 201711. pdf.

发银行成为继欧洲复兴开发银行之后的第二大对独联体地区投资的国际金融组织。

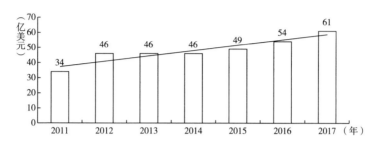

图 2-4　2011 年至 2017 年欧亚开发银行投资总额汇总表

资料来源：Цифры и факты Евразийского банка развития［EB/OL］，https：//eabr. org/about/facts-and-figures/。

表 2-6　2016 年至 2017 年欧亚开发银行与其他国际金融机构

在独联体地区投资总额对比

单位：百万美元

年、季度 机构	2016. Ⅰ	2016. Ⅱ	2016. Ⅲ	2016. Ⅳ	2017. Ⅰ	2017. Ⅱ	2017. Ⅲ	2017. Ⅳ
欧亚开发银行	126	23	79	473	108	102	365	38
欧洲复兴开发银行	200	421	334	273	107	830	63	593
欧洲投资银行	—	—	—	127	11	—	118	14
亚洲开发银行	—	—	—	506	—	—	—	—
黑海贸易与开发银行	—	55	42	21	—	39	67	66
亚洲基础设施建设投资银行	—	—	—	600	—	—	—	—
国际金融公司	—	—	—	—	5	90	—	25
国际经济合作银行	—	—	—	—	—	—	—	17

资料来源：Обзоры инвестиционной деятельности международных банков развития 2016-2017 rr.［EB/OL］，https：//eabr. org/analytics/industry-research/reviews-idb-investment/#tab2017。

第四，自 2015 年 1 月 1 日欧亚经济联盟正式开始运行以来，除了进一步完善商品共同市场及其配套工作外，其余领域的一体化进程均在逐步推进之中。具体有以下方面。

（1）能源共同市场。2015 年 5 月 8 日，最高欧亚经济委员会通过了《欧亚经济联盟电力能源共同市场构想》。2015 年 11 月 24 日和 12 月 22 日，欧亚经济委员会工作会议分别通过了《欧亚经济联盟石油与石油产品共同市场构想（草案）》和《欧亚经济联盟天然气共同市场构想（草案）》。两份文件制定了建立欧亚经济联盟石油和天然气共同市场的路线图。在天然气共同市场建设上，欧亚经济联盟将分三个阶段来完成。2020 年前为第一阶段，主要任务是在信息、运输、市场等领域打破壁垒，并逐步统一法律规范；2021 年为第二阶段，建立联盟内部平等的天然气交易体系；2025 年最终建成天然气共同市场。在石油及石油产品共同市场建设上，欧亚经济联盟也分三个阶段来完成。第一阶段从 2016 年至 2017 年，制定石油及石油产品共同市场建设的纲要与规划；第二阶段从 2018 年至 2023 年，执行纲要与规划，并制定石油市场统一准入规则；第三阶段是 2024 年，石油及石油产品共同市场最终建成，并签订相应法律条约。

（2）工业合作领域。工业合作、恢复传统产业链是欧亚经济联盟一体化进程的重点方向之一。2015 年 9 月 9 日，成员国政府总理在欧亚跨政府理事会例行会议上专门就工业合作展开深入讨论，通过了《欧亚经济联盟工业合作重点方向》。该文件将指导未来 5 年在欧亚经济联盟框架内的工业合作。除宏观工业政策规划外，欧亚经济联盟希望还在新技术领域寻求突破。

（3）劳动力共同市场。2016 年 1 月 19 日，欧亚经济委员会工作会议完成了《欧亚经济联盟退休金保障条约》的起草工作。该文件将递交至最高欧亚经济委员会或欧亚政府间委员会审议。该文件的意义在于将为欧亚经济联盟境内工作的人员提供平等的社会福利待遇，这有利于劳动力在联盟境内自由流通，完善劳动力共同市场。

3. 国际合作顺利推进，但与欧盟关系难以实现突破

在处理对外关系方面，欧亚经济联盟与新兴大国及重要发展中国家互动取得一定成果，但是在对欧盟关系上，欧亚经济联盟依旧显得"一厢情愿"，并未取得实质性进展。

第一，与中国正式签署经贸合作协议。2016 年 6 月 25 日，中国与欧亚

经济委员会正式启动经贸合作协议谈判。在经历五轮谈判、三次工作组会和两次部长级磋商后，2017 年 10 月 1 日正式实质性结束经贸合作协议谈判，并签署《关于实质性结束中国与欧亚经济联盟经贸合作协议谈判的联合声明》。这是中国与欧亚经济联盟首次达成的重要的经贸方面制度性安排，是落实习近平主席与普京总统 2015 年 5 月签署的《关于丝绸之路经济带建设与欧亚经济联盟建设对接合作的联合声明》的重要成果。① 中国与欧亚经济联盟经贸合作协议将涉及贸易便利化、知识产权、部门合作、政府采购、电子商务与竞争等内容。从更高的欧亚经济伙伴关系建设层面上看，中国与欧亚经济联盟经贸合作协议亦具有重要意义。俄罗斯倡导欧亚经济伙伴关系中欧亚经济联盟是主要载体，中俄共建是关键，"一带一盟"对接合作是抓手。2017 年 7 月，习近平主席访俄期间，中俄双方签署《关于欧亚经济伙伴关系协定联合可行性研究的联合声明》，决定开展欧亚经济伙伴关系协定的可行性研究工作，显示了中俄两国深化互利合作、推进贸易自由化和地区经济一体化的坚定决心，以及探讨全面、高水平、未来面向其他经济体开放的贸易投资自由化安排的共同意愿，将为两国全面战略协作伙伴关系注入新动力。② 2018 年 5 月，中国商务部正式与欧亚经济委员会签署经贸合作协定。

第二，与新兴国家、发展中国家积极开展对话合作。2015 年 5 月与越南签订的自贸区协定是欧亚经济联盟与域外经济体建立的首个自贸区，其意义不言而喻。2016 年 5 月，欧亚经济联盟正式与塞尔维亚开始进行建立自贸区谈判。如果能最终建立自贸区，那么欧亚经济联盟自贸区伙伴将扩大到欧洲地区。还有，2017 年 4 月，摩尔多瓦正式成为欧亚经济联盟观察员国，这意味着欧亚经济联盟在原苏联地区影响力显著提高。此外，欧亚经济联盟与韩国、埃及、蒙古国、印度、巴西、柬埔寨等国均建立起了稳定的对话平台及合作机制。

第三，与欧盟关系依旧难以实质性突破。欧盟一直是欧亚经济联盟的

---

① 中国与欧亚经济联盟实质性结束经贸合作协议谈判。商务部网站，2017 年 10 月 1 日。http://www.mofcom.gov.cn/article/ae/ai/201710/20171002654057.shtml.

② 中俄签署《关于丝绸之路经济带建设与欧亚经济联盟建设对接合作的联合声明》。商务部网站，2017 年 7 月 4 日。http://www.mofcom.gov.cn/article/ae/ai/201707/20170702604249.shtml.

外交重点。早在关税同盟时期，俄、白、哈三国就把欧盟定为对外合作优先对象，目标是建立连接里斯本到符拉迪沃斯托克（海参崴）的共同经济空间。为此，之前的关税同盟委员会、后来的欧亚经济委员会及欧亚开发银行等机构做了大量的工作。在当前乌克兰危机、西方对俄经济制裁的阴霾下，欧亚经济联盟始终没有放弃与欧洲多边机制建立对话的机会。2017年 12 月 5 日，欧亚经济委员会工作会议一体化与宏观经济政策部部长瓦洛娃娅（Т. Д. Валовая）在维也纳进程第 7 次会议上呼吁，从"俄罗斯—欧盟"模式转为"欧亚经济联盟—欧盟"模式是符合当前形势需要的，欧亚经济联盟时刻准备与欧盟展开对话，并以欧盟伙伴的准备程度而定。① 欧盟委员哈恩（Johannes Hahn）却指出，欧盟已经与亚美尼亚、哈萨克斯坦等欧亚经济联盟成员国签署了新的伙伴关系协定，意味着欧盟与欧亚经济联盟成员国已经建立起了对话框架。② 由此可见，欧亚经济联盟与欧盟在建立对话，开展合作的问题上仍然存在立场分歧，即欧亚经济联盟主张以多边机制为主体的模式开展对话合作，而欧盟则采取"欧盟——具体国家"双边模式开展合作。在与欧盟对话难以取得突破的前提下，欧亚经济联盟把目光同时投向了欧洲安全与合作组织。2017 年 12 月 7~8 日，欧亚经济委员会工作会议一体化与宏观经济政策部部长瓦洛娃娅（Т. Д. Валовая）参加欧安组织外长峰会。峰会期间，瓦洛娃娅与欧安组织代表商讨 2018 年欧亚经济联盟参加欧安组织经济合作活动的可能性，为与欧盟国家开展直接对话创造机会。③ 与对欧盟关系不同，欧亚经济联盟成员国都为欧安组织成员国，这为开展对话提供了一定的便利条件。

---

① Министр ЕЭК Татьяна Валовая и еврокомиссар Йоханнес Хан открыли дискуссию о необходимости сбалансированных отношений между ЕАЭС и ЕС. 06 декабря 2017 года. http：//www. eurasiancommission. org/ru/nae/news/Pages/6-12-2017-3. aspx.

② 同上。

③ ЕЭК обсудила возможность участия в мероприятия по линии второй экономической 《корзины》ОБСЕ в 2018 году. 07 декабря 2017 года. http：//www. eurasiancommission. org/nae/news/Pages/7-12-2017-2. aspx.

第三章 欧亚经济联盟的运行模式

在俄罗斯主导的诸多区域经济一体化机制中，欧亚经济联盟与欧亚经济共同体的关系最为特殊。目前，国内外学界对欧亚经济共同体与欧亚经济联盟之间关系的认识还比较模糊。其中主要存在两种观点：一是完全承继说。支持该观点的学者认为，欧亚经济共同体与欧亚经济联盟之间的关系如同欧共体与欧盟那样，属于完全承继关系，欧亚经济联盟是欧亚经济共同体更高层次的经济一体化机制。[1] 二是互为独立说。支持这一观点的学者认为，欧亚经济联盟起源于 2010 年启动的俄、白、哈关税同盟，与欧亚经济共同体互为独立，不存在承继关系。[2] 俄、白、哈三国领导人对两者关系的认识也是模棱两可，既支持"互为独立说"，[3] 也间接认可"完全承继说"。[4] 笔者认为，以上两种观点都有一定的道理，但都有所偏颇。从关税

---

[1] 参见：Глазьев С. Ю.，Чушкин В. И.，Ткачук С. П.，*Европейский союз и Евразийское экономическое сообщество：сходство и различие процессов интеграционного строительства*，Москва：Викор Медиа，2013；Dragneva R.，Wolczuk K.，*Eurasian Economic Integration：Law，Policy and Politics*，Cheltemham：Edward Elgar，2013。

[2] 参见：Кортунов А.，"Создание Евразийского экономического союза было решено начать с чистого листа"，http：//russiancouncil.ru/inner/？id_4＝3743＃top-content；Чуфрин Г.，*Очерки евразийской интеграции*，Москва：Весь Мир，2013。

[3] 俄、白、哈三国领导人称，"（关税同盟）是我们国家一体化进程中新的，具有突破性的阶段"；是"这么多年来我们首次谈妥把部分国家主权让渡到超国家机构"的成果；是"独联体空间内第一个自愿组成的、平等的一体化平台"。参见：*Совместное заявление президентов Республики Беларусь，Республики Казахстан и Российской Федерации*，Алма-Ата，19 декабря 2009 года；*Заявление для прессы по итогам заседания Межгоссовета на уровне глав государств*，27 ноября 2009 года，http：//www.eurasiancommission.org/docs/Download.aspx？IsDlg＝0&ID＝2676&print＝1；Назарбаев Н. А.，"Евразийский Союз：от идеи к истории будущего"，*Известия*，25 октября 2011 года。

[4] 2013 年普京在回应纳扎尔巴耶夫提出解散欧亚经济共同体时提出，欧亚经济共同体是关税同盟的法律基础，不宜随便解散。参见："Путин призвал не спешить с ликвидацией ЕврАзЭС"，http：//ria.ru/economy/20131024/972411384.html。

同盟法律基础及部分组织机制建设来看，欧亚经济联盟与欧亚经济共同体确实存在某种承继关系，但从国际法主体地位（尤其指关税同盟和统一经济空间时期）、扩员机制来看，两者却又互为独立。本章以条约（Договор）、协议（Соглашение）、决议（Решение）等一手法律文件为基础，从一体化路径、组织机制、决策机制、扩员机制、法律机制等五个方面来比较分析欧亚经济联盟与欧亚经济共同体之间的辩证关系，探讨欧亚经济联盟运行模式的特点。

第一节　一体化路径

从历史发展来看，欧亚经济共同体与欧亚经济联盟都以关税同盟为起点自然有它的道理。综合来看，关税同盟具有以下三方面要素。

第一是经济要素。关税同盟是国家间经济合作的产物。20 世纪初学界主要研究关税同盟与自由贸易之间的关系。20 世纪中叶以来，随着关税与贸易总协定（GATT）成员国不断扩大，区域经济一体化（如西欧一体化）兴起，学界再次掀起了研究关税同盟的热潮。学者们重点研究关税同盟对所在地区及其成员国经济发展产生的影响，通过对内自由贸易，对外贸易保护，可以产生如贸易创造、贸易转移、贸易扩张、收入转移等经济效应。[①]

第二是多边机制要素。关税同盟是政府间国际组织，属于多边机制范畴。世界海关组织（WCO）把关税同盟定义为"由国家构成或组合而成同盟……同盟有权制定对成员国有约束力的规章，并根据同盟内部程序的规定有权决定签署、批准或加入公约"。[②] 我国经济学家童蒙正也指出："所谓关税同盟者，经济上政治上利害关系甚深之二国或以上之国家，共同缔结盟约，相互撤废关税，彼此贸易得以自由，同时对于诸外国成为经济上一单位，设同一之关税，以组织统一的关税区域之制度也。"[③]

---

① 参见：Viner J., *The Customs Union Issue*, Oxford: Oxford University Press, 2014; Meade J., *The Theory of Customs Unions*, Amsterdam: North-Holland Publishing Company, 1955; Bhagwati J., Krishna P., Panagariya A., *Trading Blocs*, Massachusetts: The MIT Press, 1999。

② *International Convention on The Simplification and Harmonization of Customs Procedures* (《*Kyoto Convention*》), Chapter 1, Article 1.

③ 童蒙正：《关税论》，商务印书馆，1934，第 82~83 页。

　　第三是国际政治要素。经济一致往往会导致政治统一。[1] 经典案例是 19
世纪上半叶普鲁士主导德意志关税同盟（Zollverein），取消内部关税壁垒，
建立统一内部市场，形成小德意志经济圈，为德国统一奠定了经济基础。[2]
另一个例子是 1850 年成立的奥地利—匈牙利关税同盟（简称"奥匈关税同
盟"）。在奥匈关税同盟框架内，奥地利与匈牙利发挥经济互补优势，互相
开放市场，也为 1867 年建立奥匈帝国奠定了经济基础。[3]

　　在决定成立关税同盟后，欧亚经济共同体与欧亚经济联盟采取了两种
不同的发展路径。前者走"平行式"一体化路径，试图同时推进关税同盟
与共同市场建设；[4] 后者走"渐进式"一体化路径，先建成关税同盟，实现
商品自由流通，逐步向服务、资本及劳动力共同市场过渡。

　　俄、白、哈吸取了欧亚经济共同体"平行式"一体化路径失败的教训，
决定采取"渐进式"一体化路径，先建立关税同盟实现商品自由流通，然
后向服务、资本和劳动力自由流通过渡，最终实现共同市场。从 2006 年俄、
白、哈领导人首次提出建立新的关税同盟，到 2010 年关税同盟正式启动，

---

[1] Viner J., *The Customs Union Issue*, Oxford：Oxford University Press，2014，p. 115.

[2] 1834 年普鲁士主导的德意志关税同盟正式形成，成员包括黑森公国、巴伐利亚、符腾
堡、萨克森、图林根等。1836 年巴登、拿骚、法兰克福加入，1842 年布伦瑞克加入，
1851 年汉诺威、奥尔登堡加入，1868 年石勒苏益格-荷尔斯泰因、梅克伦堡加入。一
个由普鲁士领导的，排除奥地利的小德意志经济圈最终形成。关税同盟对德意志地区经
济发展产生了积极影响：（1）大范围内取消关税壁垒，为商业注入活力；（2）度量衡和
货币制度逐渐统一；（3）交通运输状况改善；（4）对工业产生刺激和保护作用；（5）逐
渐形成民族经济。参见：徐建：《关税同盟与德国的民族统一》，《世界历史》1998 年第
2 期。

[3] 1848 年欧洲民族独立运动波及奥地利帝国，使帝国丧失了意大利北部地区和大德意志地区
的主导权，连帝国内部的匈牙利也努力谋求独立。在此背景下，奥地利对内开始结构性改
革，调整对匈牙利政策，在 1850 年与匈牙利组建关税同盟。与关税同盟在德意志统一进程
中发挥着凝聚力的作用相似，关税同盟在奥匈帝国内是一个维系帝国权威与政治统一的纽
带。匈牙利经济学家科姆勒斯（John Komlos）认为，虽然奥匈之间传统的经贸联系早就存
在，然而直到 1850 年后两地区经济才实现完全互相开放。奥地利与匈牙利之间的经济联系
具有互补性，奥地利从匈牙利获得原材料和工业产品市场，直到第一次世界大战爆发奥地
利的工业发展保持着稳定增长（年均 2.5%）；奥地利为匈牙利提供了广袤的农产品市场，
资本来源和劳动力。科姆勒斯进一步指出，奥地利与匈牙利之间的经济相互依存为 1867 年
建立奥匈帝国奠定了经济基础。参见：Komlos J., *The Habsburg Monarch as a Customs Union*：
Economic Development in Austria-Hungary in the Nineteenth Century，Princeton：Princeton
University Press，1983，pp. 214-219。

[4] 第三章中已经分析了欧亚经济共同体"平行式"一体化路径及其失败的结果。

再到 2025 年共同市场最终建成的 20 年里可以分为两个阶段，即 2006 年至 2012 年的关税同盟建立与运行时期，目标是实现商品自由流通，建立商品共同市场；2012 年至 2025 年的全面共同市场建设时期。2012 年至 2015 年的统一经济空间是关税同盟与欧亚经济联盟的过渡阶段，2015 年成立的欧亚经济联盟实际上是为最终建成全面共同市场而建立的更为强大的制度保障。

（一）商品共同市场建立时期（2006 年至 2012 年）

2006 年 8 月，俄、白、哈领导人共同决定在欧亚经济共同体框架内组建新的关税同盟。2007 年 10 月，三国领导人通过《建立统一关税区和关税同盟条约》《欧亚经济共同体框架内成立关税同盟行动计划》《构成关税同盟法律基础的国际条约大纲》等基础性文件。之后，三国总统和政府总理相继签订《关于建立统一关税区和关税同盟条约》（2007 年）、《统一关税协调条约》（2008 年）、《关于针对第三国采取统一非关税协调协议》（2008 年）等 12 个法律文件，为关税同盟奠定了法律基础。2009 年 5 月，俄、白、哈就关税同盟中 88% 的法律文件达成了一致。[①] 2010 年 1 月 1 日关税同盟启动，7 月 1 日《关税同盟海关法典》正式生效，同日俄、白取消海关边界，2011 年 7 月 1 日俄、哈取消海关边界及大部分商品的关税壁垒，俄、白、哈统一关税区形成。

关税同盟初具规模后，俄、白、哈开始构建统一经济空间的法律基础。2009 年 12 月 11 日，国家间委员会通过了《建立俄白哈三国统一经济空间行动计划》。除关税同盟框架内涉及商品自由流通的法律文件外，统一经济空间的法律基础由经济政策协调、服务自由流动、劳动力自由流动、资本自由流动、能源与交通共同市场、技术协调等六部分共 17 个协议组成（表 3-1）。2010 年成员国完成了 17 个基础协议的签署，2011 年成员国议会通过了协议，完成了统一经济空间的法律基础建设工作。

---

① *Таможенный союз заработает в первой половине* 2010 *г. -генсек ЕврАзЭС*, http：//evrazes. com/news/view/663.

表 3-1 统一经济空间法律基础

具体领域	相关法律文件	签署日期
经济政策协调	1.《协调宏观经济政策协议》	2010.12.09
	2.《协调自然垄断主体行为统一原则与规定协议》	2010.12.09
	3.《统一竞争原则与规定协议》	2010.12.09
	4.《工业补贴规定协议》	2010.12.09
	5.《国家支持农业规定协议》	2010.12.09
	6.《国家采购协议》	2010.12.09
	7.《知识产权保护规定协议》	2010.12.09
服务自由流动	8.《统一经济空间成员国服务贸易与投资协议》	2010.12.09
劳动力自由流动	9.《抵制第三国非法劳动移民合作协议》	2010.11.19
	10.《劳动移民及其家属法律地位协议》	2010.11.19
资本自由流动	11.《保障资本自由流动创造建立金融市场条件协议》	2010.12.09
	12.《货币政策协调原则协议》	2010.12.09
能源与交通共同市场	13.《白俄罗斯、哈萨克斯坦及俄罗斯组建、管理、运行与发展共同石油市场与石油产品协议》	2010.12.09
	14.《保障在电力领域获得自然垄断服务协议》	2010.11.19
	15.《在天然气运输领域获得自然垄断服务规定协议》	2010.12.09
	16.《获得铁路运输服务协调协议》	2010.12.09
技术协调	17.《白俄罗斯、哈萨克斯坦及俄罗斯统一技术协调原则与规定协议》	2010.11.18
商品自由流动	关税同盟框架内所有法律文件	

资料来源：欧亚经济委员会网站，http://www.eurasiancommission.org/ru/Pages/default.aspx。

2010 年 12 月 9 日，俄、白、哈领导人正式提出建立欧亚经济联盟。但是当时俄、白、哈领导人对"欧亚经济联盟"的认知是模糊的。直到 2011 年 10 月 3 日，普京在第三次总统竞选期间在《消息报》上发表文章《欧亚新一体化方案：未来诞生于今天》，系统阐述成立欧亚经济联盟的动机、方向及目标，白俄罗斯总统卢卡申科和哈萨克斯坦总统纳扎尔巴耶夫也相继发文，力挺普京的"欧亚联盟"构想，欧亚经济联盟的战略构想最终出炉。

（二） 全面共同市场建设时期 （2012 年至 2025 年）

2012 年 1 月统一经济空间启动。2014 年 5 月 29 日俄、白、哈三国在阿斯塔纳签订《欧亚经济联盟条约》。2015 年 1 月 1 日欧亚经济联盟如期启动，亚美尼亚和吉尔吉斯斯坦分别于 1 月、5 月加入联盟。

到目前为止，欧亚经济联盟框架内已经基本形成了商品和服务共同市场，取得了阶段性成果，但仍需进一步完善。如成员国准备建立"统一窗口"（единое окно）机制来协调成员国对外经济活动，[1] 逐步就敏感商品（如航空工业产品）、矿产品（如铝、硅）、部分鱼类产品的税率问题达成一致，建立服务共同市场运行工作组，亚美尼亚和吉尔吉斯斯坦入盟过渡等。然而，在商品和服务共同市场中仍存在非关税壁垒（нетарифный барьер）。所谓"非关税壁垒"主要可以分为两类：一类是自然形成的；另一类是人为造成的，如能影响市场竞争的价格控制、金融政策等。[2] 俄罗斯和哈萨克斯坦对其他关税同盟和统一经济空间成员国的非关税壁垒要高于白俄罗斯。[3] 降低，甚至取消非关税壁垒，尤其是人为造成的非关税壁垒是今后欧亚经济联盟的工作重点。

除了商品和服务共同市场，其余共同市场尚在组建之中。2016 年启动药品共同市场；2017 年形成统一工业补贴政策，在联盟范围内推行产业政策；2019 年建成电力能源共同市场；2025 年建成金融、天然气、石油及石油产品共同市场。

第二节　组织机制

参照欧共体模式，欧亚经济共同体的机构设置为：共同体国家间委员会相当于欧共体的欧洲理事会，是最高决策机构，负责决定一体化进程的

---

[1] *Решение №3 Евразийского экономического совета《О проекте решения Высшего Евразийского экономического совета》《О плане мероприятий по реализации Основных направлений развития механизма 〈единого окна〉 в системе регулирования внешнеэкономической деятельности》, 04 февраля 2015 года.*

[2] *Оценка экономических эффектов отмены нетарифных барьеров в ЕАЭС, Санкт-Петербург: Евразийский банк развития, No. 29, 2015.*

[3] *Оценка экономических эффектов отмены нетарифных барьеров в ЕАЭС, Санкт-Петербург: Евразийский банк развития, No. 29, 2015.*

大政方针；一体化委员会相当于欧共体委员会，属于常设超国家机构；欧亚经济共同体议会相当于欧共体议会，是监督与咨询机构；欧亚经济共同体法院相当于欧共体法院，是争议仲裁机构。

欧亚经济联盟的决策机构是：最高决策机构——最高欧亚经济委员会，由成员国总统组成；政府层面机构——欧亚政府间委员会，由成员国政府总理组成；常设超国家机构——欧亚经济委员会，由成员国派副总理组成，其中一名担任主席，负责联盟日常运作；争议仲裁机构——欧亚经济法院。通过比较，欧亚经济联盟与欧亚经济共同体的组织机制关系具有以下特点。

（一）继承改进：最高决策机构

从欧亚经济共同体到欧亚经济联盟，最高决策机构的演进经历了关税同盟的"同署办公"和统一经济空间的"分署办公"阶段，是一个继承并不断改进的过程。

2007 年 10 月 6 日，俄罗斯、白俄罗斯、哈萨克斯坦、塔吉克斯坦、吉尔吉斯斯坦和乌兹别克斯坦等六国领导人一致对《欧亚经济共同体成立条约》第 5 条"国家间委员会"进行了补充修订，明确了国家间委员会也是关税同盟的最高决策机构，是关税同盟最高机构，[①] 由成员国总统与总理组成，欧亚经济共同体与关税同盟的最高决策机构开始"同署办公"。"同署办公"并不意味着两机构的决议具有同等法律效力。具体而言，欧亚经济共同体的任何条约、协议、决议仍然对俄、白、哈三国有效，然而俄、白、哈关税同盟范畴内的法律文件对其他欧亚经济共同体成员国则不具有法律效力，如 2008 年 12 月 12 日签订的《欧亚经济共同体技术协调与卫生标准信息体系协议》与其他 50 多项关税同盟文件一起被列入关税同盟法律基础。

2012 年 1 月 1 日，统一经济空间启动，俄、白、哈把关税同盟最高机构更名为"最高欧亚经济委员会"，由总统与总理组成，开始"分署办公"。最高欧亚经济委员会与欧亚经济共同体国家间委员会一般同时举行峰会，

---

① *Протокол о внесении изменений в Договор об учреждении Евразийского экономического сообщества от 10 октября 2010 года, Договор об учреждении Евразийского экономического сообщества（с изменениями и дополнениями от 25 января 2006 года и от 6 октября 2007 года）.*

每次峰会也成为俄、白、哈向其他欧亚经济共同体国家推销一体化成果的平台。最高欧亚经济委员会的成立标志着俄、白、哈三国推动的区域经济一体化进程开始脱离欧亚经济共同体，向欧亚经济联盟进发。①

欧亚经济联盟成立后，成员国再次改革最高欧亚经济委员会，把最高欧亚经济委员会中原来的总统与总理"二层合一"的布局改为仅由成员国总统参加的绝对最高决策机构，并扩大了其权限，拥有涉及战略决策、人事任命、财务预算、议案接收、争议仲裁、国际合作、组织扩员等23项权力。② 在总理层面上新成立欧亚跨政府委员会，成为行政机构，负责上传下达，降低了政府总理在欧亚经济联盟决策机制中的分量。

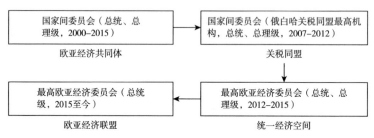

图 3-1　欧亚经济联盟最高决策机构演进示意图

（二）另起炉灶：常设超国家机构

欧亚经济共同体的常设超国家机构是一体化委员会，由成员国副总理组成，下设秘书处。一体化委员会主要负责：为国家间委员会准备决议及其他文件草案、制定财政预算并监督财政支出，监督国家间委员会决议的实施等。在《欧亚经济共同体成立条约》中只对一体化委员会的任务、目标、人员构成、秘书处做了大体安排，而没有明确决策、职能、权限等关键性问题。从这个角度看，一体化委员会尚属于"半成品"。在实践中，一体化委员会也没能完全运作起来，它主要发挥了行政与会议组织职能，如文件存档、会议筹备、文案起草等。

---

① 从 2011 年 11 月 18 日正式成立起，到 2014 年 12 月 23 日欧亚经济联盟成立前，最高欧亚经济委员会共举行会议 10 次，共颁布各项决议 113 项。

② *Договор о Евразийском экономическом союзе*, статья 12.

　　关税同盟的常设超国家机构并没有继承一体化委员会，而是另起炉灶，成立关税同盟委员会（简称"关委会"），① 同样由成员国副总理组成，下设秘书处。② 关委会的核心任务是保障关税同盟能顺利运作，促进同盟内商品自由流通，接受成员国相关部门的权力让渡，维护成员国互惠利益，在关税同盟运作中发挥关键性作用。关委会最能体现关税同盟的运行状态。尽管关税同盟是在欧亚经济共同体框架内建立起来的，并不是一个独立的国际组织，但它却拥有国际法主体的所有要素：广泛的法律基础、制定了运行原则、参与国际合作、拥有国际公务员队伍等。③

　　关委会仍存在诸多不足。其中最大缺陷是，关委会存在"决议"与"建议"不分的情况。关委会的文件分"决议"和"建议"两种，前者对成员国具有强制性，后者不具备强制性。但在实际操作中，关委会文件都以"决议"形式颁布，而内容上却包含着"建议"，造成文件指向性不明，影响机构运转效率。如关委会第 35 号决议中的第一款和第三款："第一款，关税同盟委员会决定通过 2009 年 6 月 9 日在欧亚经济共同体国家间委员会（关税同盟最高机构）政府总理会晤上要批准的文件草案"；"第三款，关税同盟委员会决定请求（просить）俄罗斯加快协调《统一关税区中针对第三国对外商品贸易所采取标准协议》和《对外商品贸易许可证颁发规定协议》草案的国内程序"。④ 第 35 号决议中的第一款显然具有强制性，作为"决

---

① 从 2007 年 10 月 6 日俄、白、哈领导人签署《关税同盟委员会条约》，到 2009 年 2 月关税同盟委员会召开第一次工作会议，到 11 月 27 日俄、白、哈国家间委员会最终确定关税同盟委员会组成成员，颁布《关税同盟委员会运行规则》，关委会建设历时两年。参见：*Договор о Комиссии Таможенного союза*（в ред. Протокола от 9 декабря 2010 года）；*Правила процедуры Комиссии таможенного союза от 27 ноября 2009 года.*

② 从 2008 年 12 月 12 日俄、白、哈三国政府首脑签署《关税同盟委员会秘书处条约》，到 2009 年 11 月 27 日通过的《关于关税同盟委员会秘书处运行问题的决议》，确定秘书处内部机构和工作人员数量，秘书处建设历时近一年。参见：*Соглашение о Секретариате Комиссии Таможенного союза от 12 декабря 2008 года；Решение №20 Межгоссовета ЕврАзЭС*（*Высшего органа Таможенного союза*）*на уровне глав правительств от 27 ноября 2009 года《О вопросах деятельности Секретариата Комиссии таможенного союза》.*

③ Слюсарь Н. Б.，"Институциональные основы Таможенного союза в рамках ЕврАзЭС"，*Таможенное дело*，No. 1，2011.

④ *Решение №35 Комиссии Таможенного союза Евразийского экономического сообщества《О проектах документов, вносимых на заседание Межгоссовета ЕврАзЭС（высшего органа таможенного союза）на уровне глав государств 9 июня 2009 года》*，г. Москва，22 апреля 2009 года.

议"无可厚非。而在第三款中出现"请求"字样，这样的表述未能充分体现"决议"的强制性，而且在内容上也更贴近于"建议"。

2012年1月1日，统一经济空间启动，7月1日欧亚经济委员会取代关委会成为关税同盟和统一经济空间的常设超国家机构。同关委会相比，欧亚经济委员会具有以下特点：（1）欧亚经济委员会分理事会（Совет）和工作会议（Коллегия）上下两层，理事会成员由成员国副总理担任，工作会议由三国各派三名代表组成，为正部级，设主席一职，负责欧亚经济委员会的具体业务，协调成员国相关政策，向理事会提供政策建议。第一届工作会议从2012年1月1日一直运行至2016年2月1日（见表3-2）。（2）与关委会只涉及商品自由流通相比，欧亚经济委员会的业务面更广，涉及共同市场的方方面面。（3）欧亚经济委员会一改关委会"决议"与"建议"不分的缺陷，分开颁布具有强制性的"决议"和非强制性的"建议"。（4）以法律形式赋予欧亚经济委员会国际合作权。[1] 2012年7月1日，欧亚经济共同体一体化委员会的主要职能转移至欧亚经济委员会；年底撤销了驻阿拉木图办事处，裁减一体化委员会秘书处工作人员，[2] 这说明欧亚经济委员会已经承担起了职能过渡任务。

表3-2 第一届欧亚经济委员会工作会议内部机构、人员、职能
（2015年1月至2016年2月）

主席：赫里斯坚科（В. Б. Христенко），俄罗斯籍 职责：主持欧亚经济委员会工作会议日常工作	礼宾与组织司
	财务司
	法务司
	信息技术司
	一般事务管理司
委员：瓦洛娃娅（Т. Д. Валовая），俄罗斯籍 职务：一体化与宏观经济政策协调部部长	宏观经济政策司
	统计司
	一体化发展司

---

[1] *Договор о Евразийской экономической комиссии*, статья 9.
[2] Глазьев С. Ю., Чушкин В. И., Ткачук С. П., *Европейский союз и Евразийское экономическое сообщество: сходство и различие процессов интеграционного строительства*, Москва: Викор Медиа, 2013, ст. 148-149.

续表

委员：苏列依缅诺夫（Т. М. Сулейменов），哈萨克斯坦籍 职务：经济与金融政策部部长	金融政策司
	企业活动发展司
委员：辛德尔斯基（С. С. Сидорский），白俄罗斯籍 职务：工业与农业综合体部部长	工业政策司
	农业政策司
委员：斯列普涅夫（А. А. Слепнёв），俄罗斯籍 职务：贸易事务部部长	关税与非关税协调司
	内部市场保护司
	贸易政策司
委员：克列什科夫（В. Н. Корешков），白俄罗斯籍 职务：技术协调事务部部长	技术协调与认证司
	卫生标准司
委员：格申（В. А. Гошин），白俄罗斯籍 职务：海关合作事务部部长	海关基础设施司
	海关法律与执行司
委员：曼苏罗夫（Т. А. Мансуров），哈萨克斯坦籍 职务：能源与基础设施合作部部长	交通与基础设施司
	能源司
委员：阿尔达别尔格诺夫（Н. Ш. Алдабергенов），哈萨克斯坦籍 职务：竞争与反垄断协调事务部部长	反垄断协调司
	竞争政策与国家采购政策司
委员：阿鲁丘杨（Р. Х. Арутюнян）、米娜相（К. А. Минасян）、诺拉尼昂（А. Р. Нранян），亚美尼亚籍 职责：分管亚美尼亚与欧亚经济联盟一体化事务	—
委员：依博拉耶夫（Д. Т. Ибраев）、卡得尔库洛夫（М. А. Кадыркулов），吉尔吉斯斯坦籍 职责：分管吉尔吉斯斯坦与欧亚经济联盟一体化事务	—

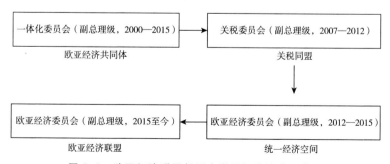

图 3-2 欧亚经济联盟超国家常设机构演进示意图

在欧亚经济联盟框架内，欧亚经济委员会基本沿用了统一经济空间时期的运行模式，只是在以下方面做了改进：（1）随着亚美尼亚和吉尔吉斯斯坦相继入盟，欧亚经济委员会理事会和工作会议都将增设两国代表席位。（2）决议文件除了"决议"和"建议"，增加"指令"。"指令"主要针对组织安排工作，如人事任命、文件草案制定等。由此可见，从关委会到欧亚经济委员会，一改一体化委员会只有"模子"没有"里子"的尴尬境地，不得不说是欧亚经济联盟进步的一面。

2016年2月1日，欧亚经济联盟运行一年后，第二届欧亚经济委员会工作会议正式开始履行职责，轮值主席国是亚美尼亚，工作会议主席由来自亚美尼亚的萨尔基相（Т. С. Саркисян）担任。与前一届工作会议相比，第二届工作会议在人员配置、部门设定、职能分配上进行了精简与改进（见表3-3），主要体现在以下方面。

第一，减少了欧亚经济委员会工作会议委员的数量。第一届工作会议成员有14名，其中俄、白、哈、亚等4国各派出3名代表，吉尔吉斯斯坦派出2名代表。第二届工作会议成员有10名，5个成员国各派2名代表参加。[1]

第二，第二届工作会议更体现了欧亚经济联盟成员国之间的公平原则。第一届工作会议的下设部门均由俄、白、哈派出的代表所把持，亚美尼亚和吉尔吉斯斯坦派出的5名代表并不分管工作会议具体部门，存在"只有委员之名，却无委员之实"的尴尬局面。这种情况在第二届工作会议上得到了改变。第二届工作会议的10个委员分别负责领导具体部门。为了达到这种平衡，最高欧亚经济委员会决定把信息技术部从欧亚经济委员会工作会议主席分管的部门中分出来，单独确立新的工作方向，即"内部市场、信息化、信息与交流技术"，交由来自亚美尼亚的米娜相（К. А. Минасян）负责。[2]

第三，欧亚经济委员会工作会议的首轮换届也基本完成了委员的新老

---

[1] Решение Высшего Евразийского экономического совета №23《О численном составе Коллегии Евразийской экономической комиссии》, 16 октября 2015 года.

[2] "В Коллегии ЕЭК появится новое направление деятельности", http://www.eurasiancommission.org/ru/nae/news/Pages/22-12-2015-3.aspx.

交替。如赫里斯坚科（В. Б. Христенко）、曼苏罗夫（Т. А. Мансуров）等一直参与欧亚经济共同体、关税同盟、统一经济空间，以及欧亚经济联盟组建工作的"元老"没有在第二届工作会议上继续任职。取而代之的或是来自其余成员国的代表，如来自吉尔吉斯斯坦的依博拉耶夫（Д. Т. Ибраев）、卡得尔库洛夫（М. А. Кадыркулов），来自亚美尼亚的萨尔基相、米娜相等，或者其他新人接替，如分管贸易事务的尼基什娜（В. О. Никишина），她长期担任俄罗斯经济发展部美洲司司长，后任俄政府第一副总理舒瓦洛夫（И. И. Шувалов）的助理。2017 年 4 月，最高欧亚经济委员会任命哈萨克斯坦籍的扎克瑟雷科夫（Т. М. Жаксылыков）接替苏列依缅诺夫（Т. М. Сулейменов）担任欧亚经济委员会工作会议分管经济与金融政策部部长，以及任命库萨伊诺夫（М. А. Кусаинов）接替阿尔达别尔格诺夫（Н. Ш. Алдабергенов）担任竞争与反垄断协调部部长。2018 年 2 月，吉尔吉斯斯坦外交部副部长卡依基耶夫（Э. А. Кайкиев）接替依博拉耶夫，出任欧亚经济委员会工作会议能源与基础设施合作部部长。

第四，第二届工作会议的人员及部门分配也能从侧面体现出欧亚经济联盟内部成员国间的权力平衡。亚美尼亚担任轮值主席，分管欧亚经济委员会工作会议的日常事务；俄罗斯延续了第一届工作会议的分管部门，继续执掌一体化与宏观经济政策协调和贸易事务；哈萨克斯坦继续分管金融与反垄断事务；白俄罗斯继续分管工业、农业及技术协调事务；吉尔吉斯斯坦则从白俄罗斯接手了海关事务，从哈萨克斯坦接手了能源事务。不难看出，在欧亚经济委员会工作会议内，各个成员国都实现了对一体化进程核心领域的管理，并没出现某一国家独自掌控多个强势部门的现象，体现了欧亚经济联盟成员国之间的权力平衡。

表 3-3　第二届欧亚经济委员会工作会议内部机构、人员、职能
（2016 年 2 月至 2018 年 9 月）

	礼宾与组织司
主席：萨尔基相（Т. С. Саркисян），亚美尼亚籍 职责：主持欧亚经济委员会工作会议日常工作	财务司
	法务司
	一般事务管理司

续表

委员：瓦洛娃娅（Т. Д. Валовая），俄罗斯籍 职务：一体化与宏观经济政策部部长	宏观经济政策司
	统计司
	一体化发展司
委员：苏列依缅诺夫（Т. М. Сулейменов），哈萨克斯坦籍 职务：经济与金融政策部部长。2017 年 4 月由扎克瑟雷科夫（Т. М. Жаксылыков）接任	金融政策司
	劳动移民与社会保障司
	企业活动发展司
委员：辛德尔斯基（С. С. Сидорский），白俄罗斯籍 职务：分管工业与农业综合体部部长	工业政策司
	农业政策司
委员：尼基什娜（В. О. Никишина），俄罗斯籍 职务：贸易事务部部长	关税与非关税协调司
	内部市场保护司
	贸易政策司
委员：克列什科夫（В. Н. Корешков），白俄罗斯籍 职务：技术协调部部长	技术协调与认证司
	卫生标准司
	联盟药典事务司
委员：卡得尔库洛夫（М. А. Кадыркулов），吉尔吉斯斯坦籍 职务：海关合作事务部部长	海关基础设施司
	海关法律与执行司
委员：依博拉耶夫（Д. Т. Ибраев），吉尔吉斯斯坦籍 职务：能源与基础设施合作部部长。2018 年 2 月，由卡依基耶夫（Э. А. Кайкиев）接任	交通与基础设施司
	能源司
委员：阿尔达别尔格诺夫（Н. Ш. Алдабергенов），哈萨克斯坦籍 职务：竞争与反垄断事务部部长。2017 年 4 月，由库萨伊诺夫（М. А. Кусаинов）接任	反垄断协调司
	竞争政策与国家采购政策司
委员：米娜相（К. А. Минасян），亚美尼亚籍 职务：内部市场、信息化、信息与交流技术部部长	信息技术司
	内部市场运行司

（三）激活：欧亚经济共同体（联盟）法院

欧亚经济共同体法院（简称"共同体法院"）虽然是欧亚经济共同体的组成部分，但一直以来却没真正建立起来，其职能一直由独联体经济法

院代为履行。① 可以说，关税同盟的建立激活了共同体法院。2007 年 10 月
6 日，欧亚经济共同体国家间委员会杜尚别峰会上赋予了共同体法院对关税
同盟内部纠纷实施仲裁的职能，共同体法院的组建工作正式开始。2010 年
7 月和 12 月欧亚经济共同体国家间委员会分别通过了《欧亚经济共同体法
院章程》② 和《关于市场主体就关税同盟内争议及诉讼程序争议向欧亚经济
共同体法院提请仲裁条约》③ 奠定了共同体法院的法律基础。2011 年底，共
同体法院正式完成组建工作。④ 2012 年 1 月 1 日，欧亚经济共同体法院正式
开始运行。在欧亚经济联盟框架内，欧亚经济共同体法院更名为"欧亚经
济联盟法院"，法官由各成员国派两名代表组成，任期为 9 年。

（四）取消：欧亚经济共同体议会

在欧亚经济共同体内，跨国议会大会具有立法、咨询职能，是成员国
议会合作的平台。事实上，欧亚经济共同体跨国议会大会和独联体跨国议
会大会同地办公，前者是后者的缩小版，实际作用十分有限，但欧亚经济
共同体跨议会大会至少为成员国政治合作，尤其是议会合作提供了稳定的
多边机制。

2012 年，俄、白、哈三国就欧亚经济联盟将会是政治与经济相结合的
综合性国际组织，还是纯经济组织问题展开了激烈争论。俄罗斯主张，欧
亚经济联盟应该是集政治、经济、社会、人文等多个领域的综合性国家间
联盟，未来将过渡到"欧亚联盟"。2012 年，俄罗斯杜马主席纳雷什金
（C. E. Нарышкин）倡议在欧亚经济联盟框架内成立超国家议会机构——欧
亚议会，主要职能包括：欧亚经济联盟立法并监督其执行；吸收社会力量，
扩大欧亚经济联盟的社会基础；研究一体化进程中的重要问题，为联盟提

---

① *Соглашение между Евразийским экономическим сообществом и Содружеством Независимых Государств о выполнении Экономическим Судом Содружества Независимых Государств функций Суда Евразийского экономического сообщества от 3 марта 2004 года.*

② *Статут Суда Евразийского экономического сообщества от 5 июля 2010 года.*

③ *Договор об обращении в Суд ЕврАзЭС хозяйствующих объектов по спорам в рамках Таможенного союза и особенностях судопроизводства по ним от 9 декабря 2010 года.*

④ *Решение №75 Межгоссовета ЕврАзЭС（Высшего органа Таможенного союза）на уровне глав правительств от 15 марта 2011 года《О формировании и организации деятельности Суда ЕврАзЭС》.*

供政策咨询与建议。① 他进一步指出，欧亚议会分两步建成，第一步建立欧亚跨议会大会，由成员国议会议员组成；第二步，待条件成熟时，将欧亚跨议会大会升级成欧亚议会。他还提出，建立欧亚议会并不意味着复辟苏联，这是各个成员国在自愿、独立、负责等原则基础上建立的超国家机构。欧亚议会是开放的机构，欧亚经济联盟成员国及有意入盟的国家都可以参与②。纳雷什金的倡议在俄罗斯得到了广泛支持，主要原因是：建立高水平的政治经济联盟是俄罗斯推欧亚一体化的重要目标，因此俄罗斯决策层试图建立一套与关税同盟、统一经济空间等经济一体化机制平行的政治一体化机制，通过组建跨国议会与党派，能有效影响其他成员国国内政治及社会发展，掌握欧亚一体化进程中经济与政治"双保险"。

白俄罗斯、哈萨克斯坦都不同程度反对俄罗斯的欧亚议会构想。白俄罗斯国民会议国际事务委员会主席萨莫谢依科（Н. Самосейко）认为，"在《欧亚经济联盟条约》中不涉及议会组织是正确的选择，欧亚议会在解决欧亚经济联盟重大问题中起不到显著作用"。③ 与白俄罗斯对比，哈萨克斯坦的反对更为坚决。哈方指出，欧亚经济联盟应该是纯经济组织，该组织只专注经济一体化，绝不涉及任何形式的政治一体化，尤其反对建立超国家的政治机构，④ 欧亚议会只是个"多余的机构"。⑤ 哈萨克斯坦执政党"祖国之光"党委秘书长卡林（Е. Карин）更直截了当地说："建立欧亚议会的构想是难以实现的，因为欧亚议会将损害哈萨克斯坦的国家主权，所以它在近期、中期甚至远期内是不可能被建成的。"⑥ 由于白俄罗斯、哈萨克斯

---

① Нарышкин С. , "Парламентский вектор евразийской интеграции", *Евразийская интеграция: экономика, право, политика*, No. 11, 2012; Нарышкин С. , "Евразийская интеграция: парламентский вектор", *Известия*, 4 октября 2012 года.

② Нарышкин С. , "Евразийская интеграция: парламентский вектор", *Известия*, 4 октября 2012 года.

③ "Сказки народов ЕАЭС: Евразийский парламент Казахстану не выгоден, заявляют местные эксперты", http: //www. centrasia. ru/newsA. php? st = 1417416960.

④ 2012 年 11 月，笔者受邀赴哈萨克斯坦阿拉木图，参加由哈萨克斯坦战略研究所组织的国际学术会议"欧亚一体化与当代世界"。会上，哈萨克斯坦政府官员与学者都明确表示，哈萨克斯坦拒绝参与任何形式的政治一体化，尤其反对在未来欧亚经济联盟内建立超国家政治机构。

⑤ "Сказки народов ЕАЭС: Евразийский парламент Казахстану не выгоден, заявляют местные эксперты", http: //www. centrasia. ru/newsA. php? st = 1417416960.

⑥ "В Казахстане скептически оценивают создание Евразийского парламента", http://www. rbc. ru/rbcfreenews/20120920095944. shtml.

坦的反对，欧亚议会构想最终没能真正实现，相关内容也没能纳入《欧亚经济联盟条约》之中。

（五）兼容：欧亚开发银行、欧亚稳定与发展基金

与欧亚经济共同体兼并中亚合作组织不同，[①] 兼容其他地区组织是欧亚经济联盟的又一特色。欧亚经济联盟与欧亚开发银行建立了兼容关系。[②] 欧亚经济联盟的投资、金融共同市场将主要依靠欧亚开发银行，及其管理下的欧亚稳定与发展基金来完成。2006 年成立的欧亚开发银行在共同市场建设过程中的作用不可小觑。首先，欧亚开发银行以俄、哈为主导，主要投资交通、能源、通信、能源、高附加值产业等领域。目前，欧亚开发银行拥有 31.57 亿美元投资储备金，正在投资 88 个项目。这与欧亚经济联盟的发展战略不谋而合。其次，欧亚开发银行承担了大量涉及欧亚经济联盟问题的先期研究工作。欧亚稳定与发展基金的前身是 2009 年欧亚经济共同体为应对全球金融危机而成立的反危机基金。目前，欧亚稳定与发展基金拥有 85.13 亿美元，由欧亚开发银行管理，主要任务是：为支持财政、支付平衡及汇率稳定提供贷款，投资国家间大项目。[③] 2015 年 7 月，基金决定向亚美尼亚"灌溉系统现代化"项目投资 4000 万美元，向吉尔吉斯斯坦"托克托古尔水电站升级 2 期"项目投资 1 亿美元。[④] 可以说，欧亚开发银行和欧亚稳定与发展基金已经成为欧亚经济联盟在建设投资、金融共同市场方面的"两驾马车"。

第三节　决策机制

决策机制分为动议、决议、监督等三个环节。在《欧亚经济共同体成立条约》中并没有对"动议"做出明确表述，在实际操作中，动议权归国

[①] 2005 年中亚合作组织并入欧亚经济共同体。

[②] Меморандум о сотрудничестве между Евразийской экономической комиссией и Евразийским банком развития, 12 ноября 2013 года.

[③] "Управление средствами Евразийского фонда стабилизации и развития", http：www. eabr. org/r/akf/.

[④] "Совет Евразийского фонда стабилизации и развития принял решение о предоставлении инвестиционных кредитов Армении и Кыргызстану", http：acf. eabr. org/r/.

家间委员会所有，一体化委员会在决策体系中属于执行机构。换言之，成员国总统和政府总理才具有动议权。在"决议"方面，分国家间委员会和一体化委员会两个决策层面。在国家间委员会层面采取"一致通过"原则，在一体化委员会层面则采取"多数通过"原则，最低通过票数为三分之二，并按照向共同体投入的资金比例来划分成员国票数，其中俄罗斯的票数占比最大，为40%；哈萨克斯坦、白俄罗斯、乌兹别克斯坦（2008年退出）[①]为第二梯队，各占15%；吉尔吉斯斯坦和塔吉克斯坦为第三梯队，各占7.5%。也就是说，俄罗斯主导的提案至少需要获得两个第二梯队成员，或者获得第二、第三梯队各一个成员的支持。如在一体化委员会层面不能达成一致，提案将上升至国家间委员会，由成员国总统或政府总理依照"一致通过"原则进行决议。最后，"监督"主要由共同体跨国议会大会来承担。需要指出的是，与欧共体/欧盟中相对独立的议会不同，共同体跨国议会大会的运行仍受国家间委员会领导。此外，一体化委员会也承担部分监督职能。[②]

欧亚经济联盟在动议上与欧亚经济共同体相似，动议权由最高决策机构——最高欧亚经济委员会掌握，拥有涉及战略决策、人事任命、财务预算、议案受理、争议仲裁、国际合作、组织扩员等23项权力，几乎涵盖欧亚经济联盟运行的所有方面。也就是说，动议权仍旧由成员国总统掌握。与欧亚经济共同体不同的是，欧亚经济联盟从最高欧亚经济委员会又单列出欧亚政府间委员会，专门作为政府总理级别的对话机制，但在决策体系中的地位却有所下降。

这样的决策安排不以国家大小、人口数量、经济发展水平等其他因素为衡量标准，而以国家为单位，以主权平等为基线，拉平了所有成员国在决策中的地位。可以说，这种决策模式在一定程度上有利于其余成员国消

---

① 当欧亚经济共同体的工作重心逐步向关税同盟倾斜时，乌兹别克斯坦于2008年决定退出欧亚经济共同体，理由是：（1）怀疑欧亚经济共同体的运作效率；（2）对成立关税同盟表示不满，称俄、白、哈忽视了乌兹别克斯坦的利益；（3）欧美取消了因安集延事件而对乌兹别克斯坦采取的制裁。参见："Узбекистан вышел из ЕврАзЭС из-за сомнений в его эффективности", http://ria.ru/politics/20081113/154962672.html; "Маятник Каримова: Узбекистан выходит из ЕврАзЭС", http://lenta.ru/articles/2008/11/13/uzbekistan/。

② 《欧亚经济共同体成立条约》第6条中规定："（一体化委员会）需监督国家间委员会决议的实施"。参见：Договор об учреждении Евразийского экономического сообщества, статья 6。

除在与俄罗斯推进地区一体化进程中对主权丧失的担心，把与俄罗斯的一体化进程紧紧限定在经济领域，不涉及政治主权让渡和有损国家主权独立，进而提高其余成员国对地区一体化进程的参与度。但从另一方面看，这种决策安排束缚了俄罗斯推进地区政治与经济全面一体化的战略抱负。

　　在没有"欧亚议会"的情况下，欧亚经济联盟的监督功能主要由最高欧亚经济委员会承担。最高欧亚经济委员会对欧亚政府间委员会、欧亚经济委员会递交上来的未决提案有最终决定权。更确切地说，欧亚经济联盟内任何涉及一体化的问题都可以递交到最高欧亚经济委员会，由成员国总统协商决定。这充分说明欧亚经济联盟是以"三委"①为主干的纵向决策机制，是俄、白、哈三国"超级总统制"的国际延伸。

第四节　扩员机制

　　与欧亚经济共同体缺乏扩员机制，成员国进退自如不同，欧亚经济联盟创立了一整套扩员机制。《欧亚经济联盟条约》第108条对扩员步骤做了具体安排：递交入盟申请——经最高欧亚经济委员会决定，确定候选国（государство-кандидат）——成员国与候选国成立工作组，研究入盟准备情况、制定入盟行动纲领、起草入盟条约——依据工作组结论和最高经济委员会决定，签订入盟条约，正式成为成员国。②尽管"联盟对任何国家开放"，但是欧亚经济联盟事实上只对独联体国家开放，尤其鼓励与俄罗斯存在政治、军事联盟关系的国家入盟，如亚美尼亚、吉尔吉斯斯坦、塔吉克斯坦等。

　　吉尔吉斯斯坦最先提出加入关税同盟。2012年10月12日，欧亚经济委员会理事会成立工作组，专门研究吉尔吉斯斯坦加入关税同盟的"路线图"。③2014年5月29日，最高欧亚经济委员会通过吉尔吉斯斯坦加入关税同盟的"路线图"。"路线图"涉及海关、技术协调、卫生建议标准、交通

---

① "三委"指：最高欧亚经济委员会、欧亚政府间委员会、欧亚经济委员会。
② *Договор о Евразийском экономическом союзе*，статья 108.
③ *Решение №82 Совета Евразийской экономической комиссии《Об участии Кыргызской Республики в Таможенном союзе Республики Беларусь, Республики Казахстан и Российской Федерации》*，12 октября 2012 г.

与基础设施、关税与非关税协调、保护与反倾销、贸易政策、金融政策、信息统计、基础设施建设等 10 个方面。为了使吉尔吉斯斯坦与关税同盟完成对接，俄罗斯出资 10 亿美元，与吉共建"俄吉发展基金"，① 同时再向吉提供 2 亿美元的援助，专门用于吉履行"路线图"。② 2014 年 12 月 23 日，以俄、白、哈为一方，吉尔吉斯斯坦为另一方正式签订《吉尔吉斯斯坦加入欧亚经济联盟条约》。2015 年 5 月 14 日吉尔吉斯斯坦正式入盟。

除了吉尔吉斯斯坦，位于南高加索地区的亚美尼亚也是入盟"积极分子"。2013 年 4 月 10 日，欧亚经济委员会大会主席赫里斯坚科与亚美尼亚总理萨尔基相签订了《欧亚经济委员会与亚美尼亚政府合作备忘录》。9 月 3 日，亚美尼亚正式提出加入关税同盟和统一经济空间，参与建设欧亚经济联盟的意愿。10 月 24 日，最高欧亚经济委员会建立工作组，专门处理亚美尼亚入盟事宜，③ 标志着亚美尼亚入盟正式起步。11 月 6 日，双方签订第二个备忘录——《欧亚经济委员会与亚美尼亚共和国深化合作备忘录》。根据备忘录中的相关条款，亚美尼亚有权列席最高欧亚经济委员会、欧亚经济委员会理事会等组织的公开会议，向欧亚经济委员会派驻代表，向欧亚经济委员会提议等。④ 12 月 24 日，最高欧亚经济委员会与亚美尼亚发表《关于亚美尼亚参与欧亚经济一体化联合声明》，进一步明确了亚美尼亚的入盟意愿。此外，俄、白、哈三国还与亚美尼亚共同制定了入盟"路线图"。2014 年 10 月 10 日亚美尼亚签订入盟条约。到 2014 年底，亚美尼亚已经履行了"路线图"规定的 267 项要求中的 126 项。⑤ 与吉尔吉斯斯坦相比，亚美尼亚入盟虽然起步晚，但进度快，收效大。2015 年 1 月 2 日，亚美尼亚正式加入欧亚经济联盟，成为第四个成员国。

---

① "Киргизия начала реализацию《дорожной карты》вступления в ТС", http: //ria. ru/economy/20140603/1010504108. html.

② "Москва и Бишкек создадут фонд для интеграции Киргизии в ТС", http: //ria. ru/economy/20140529/1009835917. html.

③ *Решение №49 Высшего Евразийского экономического совета《О присоединении Республики Армения к Таможенному союзу и Единому экономическому пространству Республика Беларусь, Республика Казахстан и Российской Федерации》*, 24 октября 2013 г. , г. Минск.

④ "ЕЭК и Армения подписали меморандум об углублении взаимодействии", http: //ria. ru/world/20131106/975071901. html.

⑤ "Армения присоединилась к Евразийскому экономическому союзу", http: //www. eurasiancommission. org/ru/nae/news/Pages/02-01-2015-1. aspx.

亚美尼亚与吉尔吉斯斯坦入盟后，欧亚经济联盟对成员国关税收入比例做了重新分配。俄罗斯降幅最大，从原先的 88% 降至 85.32%，白俄罗斯从 4.7% 降至 4.56%，哈萨克斯坦从 7.3% 降至 7.11%，亚美尼亚获得 1.11%，吉尔吉斯斯坦获得 1.9%。① 需要指出的是，虽然亚、吉两国在机制上已经正式成为了欧亚经济联盟成员国，参与联盟各项事务的决定与实施，但是在具体领域方面，尤其在贸易领域两国仍处在过渡期，还不是完全意义上的成员国。亚美尼亚有 7 年过渡期，吉尔吉斯斯坦有 5 年过渡期。2019 年前，亚美尼亚可就相关水果与坚果设定特别税率；2020 年前，可对部分奶制品、蛋类、蜂蜜收受特别关税；2022 年前，可对肉类产品收取单独关税。②

另一个有可能加入欧亚经济联盟的是塔吉克斯坦。然而从目前的状况来看，塔吉克斯坦在近期并不急于谋求加入欧亚经济联盟，原因有：(1) 2013 年 3 月塔吉克斯坦加入世贸组织，与世贸组织对接是最近几年塔吉克斯坦政府工作的重点；(2) 2014 年俄罗斯与塔吉克斯坦签订了新的劳动移民协议，抵消了欧亚经济联盟劳动力共同市场对塔吉克斯坦可能造成的壁垒；(3) 欧亚经济联盟本身经过扩员，需要一个消化的过程。

第五节　法律机制

欧亚经济联盟吸纳了部分欧亚经济共同体框架内的法律文件，整合关税同盟、统一经济空间的法律基础，形成"欧亚经济联盟法"。在 2013 年 10 月，俄、白、哈三国领导人在研究建立欧亚经济联盟时就明确提出"关税同盟、统一经济空间、欧亚经济共同体框架内有益的，无法律冲突的文件可纳入欧亚经济联盟法律体系"。③ 因此，欧亚经济共同体框架下的 2 个

① *Договор о присоединении Кыргызской Республики к Договору о Евразийском экономическом союзе от 29 мая 2014 года.*

② *Договор о присоединении Республики Армения к Договору о Евразийском экономическом союзе от 29 мая 2014 года.*

③ *Решение №47 Высшего Евразийского экономического совета《 Об основных направлениях развития интеграции и ходе работы над проектом Договора о Евразийском экономическом союзе》, 24 октября 2013 года.*

条约、7 个协议及 4 个议定书共计 13 个法律文件被纳入欧亚经济联盟法律体系。这 13 个法律文件主要涉及关税同盟与欧亚经济共同体机制建设，及商品自由流通方面内容，为俄、白、哈关税同盟建设奠定了法律基础。也因为如此，2013 年普京反对纳扎尔巴耶夫要取消欧亚经济共同体的意见，认为欧亚经济共同体为关税同盟提供法律保障，要让欧亚经济共同体与欧亚经济联盟实现对接后才可取消。从这个角度看，有学者认为，欧亚经济共同体是关税同盟及统一经济空间的"母体"组织。① 与欧亚经济共同体的法律机制相比，欧亚经济联盟的最大功绩在于建立起了统一的法律机制，涵盖共同市场建设的各个方面，是原苏联地区推行一体化以来最为成功的法律体系。② "欧亚经济联盟法"由国际条约（《欧亚经济联盟条约》、联盟框架内国际条约、与第三方国际条约）与超国家机构的决议、指令（最高欧亚经济委员会、欧亚政府间委员会、欧亚经济委员会决议和指令）构成。

　　然而，欧亚经济联盟与欧亚经济共同体内超国家机构的"决议"的法律效力相似。国际条约是国家间意见达成一致的结果，主要协调成员国间关系，并对成员国具有强制性，具有国际法的所有要素。如果说国际条约是多边机制框架内较为静态的法律框架的话，那么超国家机构的"决议"最能体现多边机制的动态发展。与欧盟的超国家机构"决议"凌驾于成员国国内法之上不同，欧亚经济共同体和欧亚经济联盟超国家机构"决议"的法律效力则低于国内法。《欧亚经济共同体成立条约》第 14 条规定："欧亚经济共同体相关部门决定由成员国依据本国法律制定法案来实施。"③《欧亚经济联盟条约》第 6 条明确指出："最高欧亚经济委员会和欧亚政府间委员会的决定依照国内法规定来实施。"④ "决议"的法律效力决定了它的运用范畴。就目前而言，欧亚经济联盟"三委"的相关决议主要是针对国际条约的起草、修订、生效等。换言之，在欧亚经济联盟内，"三委"的决议发

---

① Глазьев С. Ю., Чушкин В. И., Ткачук С. П., *Европейский союз и Евразийское экономическое сообщество: сходство и различие процессов интеграционного строительства*, Москва: Викор Медиа, 2013, ст. 148.

② 2015 年 3 月 2 日，欧亚经济委员会工作会议委员瓦洛娃娅（Т. Д. Валовая）在美国哥伦比亚大学的演讲。

③ *Договор об учреждении Евразийского экономического сообщества*, статья 14.

④ *Договор о Евразийском экономическом союзе*, статья 6.

挥着完善国际条约的辅助作用，联盟内的各项事务仍旧依靠具有国际法性质的国际条约来规范。"三委"的决议并不能够对成员国国内司法构成直接强制力，而是通过国际条约对成员国形成间接强制力。

最后，欧亚经济联盟法纳入了与世贸组织法规对接的内容。这是欧亚经济共同体法律体系所不具备的。今非昔比，如今除白俄罗斯外，欧亚经济联盟其余成员国都是世贸组织成员。[①] 欧亚经济联盟将依照《1994 年关税及贸易总协定》（GATT）与第三国建立最惠国及自贸机制。[②] 由此可见，欧亚经济联盟并不是故步自封，闭门造车，与世界经济体系绝缘的组织，而是顺应时代潮流，以合作、开放的姿态融入国际经济体系，与越南建立自贸区，与蒙古国建立伙伴关系，与我国"丝绸之路经济带"倡议对接，与欧盟商议建立共同经济空间等，就是明证。

第六节　欧亚经济联盟运行特点

通过以上分析可以认为，欧亚经济共同体与欧亚经济联盟职能、机构、成员国、工作人员存在交叉和过渡，但两者不是一码事，不能相互混淆。把欧亚经济共同体与欧亚经济联盟之间的关系简单定性为"完全承继"或"相互独立"也是与事实不相符的、不科学的。欧亚经济联盟与欧亚经济共同体之间存在渊源关系，不是无源之水、无本之木。然而两者又不完全一致，欧亚经济联盟是欧亚经济共同体在机制上的升级与改进，为的是区域一体化机制更能符合本地区特点，做到因地制宜。

具体而言，两者发展的路径不同，可以看出欧亚经济联盟框架下的"渐进式"一体化进程走得更稳健，这无疑是一种成熟的表现；两者组织机制、决策机制也不尽相同，意味着欧亚经济联盟刻意去政治化，把一体化更多地限定在经济领域，此外还体现出成员国总统在欧亚经济联盟决策中的核心地位，是成员国国内超级总统制的国际延伸，反过来这样的决策机制又能进一步巩固成员国国内超级总统制，从侧面反映了该地区政治生态，

---

① 1998 年吉尔吉斯斯坦加入世贸组织，2003 亚美尼亚加入，2012 年俄罗斯加入，2015 年哈萨克斯坦加入。

② *Договор о Евразийском экономическом союзе*, статьи 34–35.

使得欧亚经济联盟更符合本地区的发展现状；欧亚经济联盟比欧亚经济共同体更胜一筹的是创立了扩员机制，扩员不再是随意之举，而是双向选择和深思熟虑的结果，优先邀请与俄罗斯有政治、军事联盟关系的独联体国家入盟；在法律机制方面，两者"决议"的法律效力相似，说明新独立小国不愿为一体化过多地放弃国家主权，对区域一体化进程仍然存在戒备心理，然而欧亚经济联盟又与时俱进地把与世贸组织法规对接纳入法律体系，这是开放姿态的体现。

第四章 欧亚经济联盟形成的内因：
地缘经济因素

欧亚经济联盟内部地缘经济体系是不平衡的。这主要表现在成员国经济基础的不平衡与利益诉求的不平衡。从表面上看，欧亚经济联盟涉及商品贸易、能源合作、对外投资、劳动力流动等经济一体化各个方面，但由于地缘经济环境、国内经济模式、经济政策取向等不同，各成员国在欧亚经济联盟框架内的地缘经济利益诉求也各有侧重，在不同领域所采取的政策，与俄罗斯的地缘经济关系特点也不尽相同。本章以国别为单位，分析俄罗斯与其他成员国地缘经济关系特点，探讨各成员国参与欧亚经济联盟建设的利益诉求，挖掘欧亚经济联盟形成的地缘经济因素。

第一节 俄罗斯主导欧亚经济联盟的地缘经济因素

一 历史基础

（一）苏联时期区域经济分工与联系

自成立以来，苏联就根据生产力最优配置原则建立经济区，并不断调整之。除了生产力因素，苏联在划分经济区时还充分考虑到国内政治、国防安全、地区民族文化及经济发展水平等要素。经过几十年的发展，苏联境内经济区、生产力布局趋于均衡。苏联长期以来设有 18 个经济区（见表 4-1）。[①]

---

① 1982 年苏联部长会议通过了《关于进一步明确国家经济区划》的决议，决定把原来的 18 个经济区之一的西北经济区划出一个北方经济区，为第 19 个经济区。由于苏联长期设立 18 个经济区，故本书还是把北方经济区列入西北经济区内加以介绍。

表 4-1 苏联经济区、产业特点及今所属国家

	经济区	产业特点	今所属国家
1.	中央经济区	最重要工业区，工业产值位居全苏首位	
2.	西北经济区	以工业为主，主攻机械制造业、森林工业、化学工业、鱼类加工工业	
3.	伏尔加—维亚特经济区	重要工业区，有机械制造业、化学工业、汽车工业	
4.	中央黑土经济区	传统农业区	
5.	伏尔加沿岸经济区	重要石油生产、农业生产基地	
6.	北高加索经济区	重要粮食基地，食品工业发达	
7.	乌拉尔经济区	重要工业基地，以冶金、采矿、机械制造、化学工业、森林工业为主，同时也是苏联重要农业区，主产小麦、黑麦等	俄罗斯联邦*
8.	西西伯利亚经济区	重要能源工业基地，以石油、天然气、煤开采为主	
9.	东西伯利亚经济区	自然资源丰富，黄金、煤、水资源丰富。工业有采矿、冶金、木材加工、机械制造，但农业不发达	
10.	远东经济区	森林资源、渔业资源丰富	
11.	白俄罗斯经济区	重要工业区，有机床、汽车、拖拉机、电子、仪表等工业部门，但自然资源缺乏	白俄罗斯*
12.	哈萨克经济区	畜牧业、农业发达。工业方面有采矿、有色金属、化学和石油加工工业	哈萨克斯坦*
13.	中亚经济区	重要产棉区，畜牧业发达。工业方面有油气开采、冶金、机械制造、食品工业、轻工业等	乌兹别克斯坦（为主）、土库曼斯坦、吉尔吉斯斯坦*、塔吉克斯坦
14.	南高加索经济区	主要工业部门有石油、化工、机械制造、有色冶金和食品工业。农业以种植亚热带作物为主	格鲁吉亚（为主）、阿塞拜疆、亚美尼亚*

续表

	经济区	产业特点	今所属国家
15.	顿涅茨—第聂伯河沿岸经济区	重要工业区，煤炭和钢铁生产基地，机械制造和化学工业也很发达	乌克兰
16.	西南经济区	重要农业基地，工业有轻工业和食品加工业	
17.	南方经济区	重要农业基地，工业有造船、机械制造、建筑材料和食品工业	
18.	波罗的海沿岸经济区	以工业为主，但燃料资源缺乏	爱沙尼亚（为主）、拉脱维亚、立陶宛、俄罗斯加里宁格勒州*

资料来源：陆南泉：《苏联经济简明教程》，中国财政经济出版社，1991，第 7～11 页；Zickel R. E.，"Soviet Union: a country study"，Washington D. C.：Federal Research Division，Library of Congress，1991. 504。* 指的是今天欧亚经济联盟成员国及地区。

　　多年来，苏联经济区与经济部门的发展呈现出以下特点：（1）能源部门布局东移。苏联的石油、天然气、煤及电力资源绝大部分储藏在东部地区，[①] 主要集中在西伯利亚和中亚地区。随着西部欧洲地区的开采条件日趋恶化，东部地区能源生产部门快速崛起。1940 年至 1980 年间，东部地区石油产量在全苏总量中的比重从 6.4% 提高到 57%，天然气从 0.5% 提高到62%，煤从 28.7% 提高到 55%，电力从 8.9% 提高到 28%。[②]（2）在原材料部门里，黑色冶金业、化学工业和建材工业主要集中在西部地区。[③]（3）农业、机械制造业、交通运输业、轻工业及食品工业等方面，虽然东部地区有明显发展，但依旧以西部地区为重。

[①]　西部地区指的是苏联领土的欧洲部分地区，东部地区具体指哈萨克斯、中亚、西伯利亚和远东等亚洲部分地区。

[②]　Некрасов Н. Н.，*Особенности и проблемы размещения производительных сил СССР в период развитого социализма*，Москва：Наука，1980，ст. 60 - 68；金挥、陆南泉、张康琴：《苏联经济概论》，中国财政经济出版社，1985，第 91 页。

[③]　关于这部分的数据说明如下：东部地区的铁产量在全苏比重中虽有上升，但仍然不大，从 1960 年的 7.7% 上升至 1975 年的 12.7%；矿肥生产的比重从 1960 年的 15.9% 升至 1975 年的 17.5%；建筑材料中的石棉水泥从 1960 年的 20.7% 升至 1977 年的 26%。东部地区的有色冶金业发展迅速，1959 年至 1970 年间，有色冶金产品增长了 6 倍，当时全国平均才增长了 2 倍。参见：Некрасов Н. Н.，*Особенности и проблемы размещения производительных сил СССР в период развитого социализма*，Москва：Наука，1980，ст. 43；金挥、陆南泉、张康琴：《苏联经济概论》，中国财政经济出版社，1985，第 94～95 页。

应该说，苏联时期除了能源部门出现明显东移外，其余大部分工农业生产基地都集中在生产资金雄厚、科学技术成熟、城市化水平高的俄罗斯联邦欧洲地区，以及白俄罗斯和乌克兰东部地区。东部地区与西部地区之间的产业关系是前者为后者提供工业原料，而后者为前者提供工业制成品、先进技术，带动地区经济发展的关系。通过发挥各地区经济发展之所长，苏联基本实现了各地区共同发展、互补发展、综合发展①的目的。尽管苏联土崩瓦解，但是历史形成的原苏联加盟共和国间的经济分工与联系依旧存在，这为组建欧亚经济联盟奠定了历史基础。

（二）交通基础设施联系

连接俄罗斯与原苏联地区国家的交通基础设施多种多样。沙俄帝国、苏联遗留下来的，至今仍在发挥重要作用的交通基础设施要数铁路和油气管道。

铁路是沙俄帝国及苏联时期主要陆上运输方式。1982 年，铁路运输在全苏运输业货物周转量中占 48.7%，在旅客周转量中占 37%。② 今天，俄罗斯铁路承担了境内 95% 以上的煤炭、焦炭，90% 左右的矿石、水泥、黑色金属，80% 以上的木材、粮食等的运输任务。③ 原苏联地区的铁路网以莫斯科为中心，向东南西北四个方向辐射，欧洲地区的铁路网密度要远高于其他地区。

在欧亚经济联盟境内，俄罗斯与白俄罗斯的铁路联系最为紧密，与中亚次之，与亚美尼亚最为薄弱。俄罗斯历史上第一条长途铁路线——莫斯科至圣彼得堡——建成后的 20 年，也就是 1871 年，沙俄帝国就建成了莫斯科—斯摩棱斯克—明斯克—布列斯特铁路线。俄罗斯与哈萨克斯坦、吉尔吉斯斯坦及中亚诸国的铁路线大多建造于 20 世纪。1906 年建成连接俄罗斯

---

① "综合性发展"是 20 世纪 70 年代末苏联提出的经济发展新概念。1977 年苏联宪法提出了苏联经济是统一的国民经济综合体。提出这一概念的目的之一，就是要强调整个国家、各地区的经济要综合发展。为此，苏联在全国范围内组建了多个地区国民经济综合体和大型区域经济生产综合体。如，西西伯利亚综合体、安加拉—叶尼塞综合体、南雅库特综合体、季曼—柏绍拉综合体等。参见：金挥、陆南泉、张康琴：《苏联经济概论》，中国财政经济出版社，1985，第 82~83 页。

② 金挥、陆南泉、张康琴：《苏联经济概论》，中国财政经济出版社，1985，第 228 页。

③ Бабурин В. Л.，Ратанова М. П.，*Экономическая и социальная география России：География отраслей народного хозяйства России*，Москва：Книжный дом《ЛИБРОКОМ》，2013，ст. 447-448.

与中亚地区的第一条铁路线——奥伦堡至塔什干铁路线后，相继建成了从卢格瓦亚（Луговая，阿拉木图附近）经谢米巴拉金斯克（Семипалатинск，今谢米依市）到新西伯利亚铁路线，从阿克莫林斯克（Акмолинск，今阿斯塔纳）到车里雅宾斯克铁路线，从古里耶夫到奥伦堡铁路线，从比什凯克到奥里耶阿塔（Аулие-Ата，今塔拉兹市）铁路线，等等。与白俄罗斯与哈萨克斯坦相比，亚美尼亚与俄罗斯相连的铁路线要少得多。在苏联铁路网中，埃里温并非处在干线枢纽位置，所以只能借道格鲁吉亚或阿塞拜疆的干线铁路与俄罗斯相连。[①]

油气管道是苏联留给欧亚经济联盟的另一份重要基础设施遗产。在石油运输方面主要有俄罗斯经白俄罗斯到欧洲的"友谊"（Дружба）石油管道；俄罗斯与哈萨克斯坦之间的石油管线。"友谊"石油管道在白俄罗斯境内分南段和北段。南段运输量为 6500 万吨，主要向乌克兰、捷克、斯洛伐克和匈牙利等供油；北段运输量为 7000 万吨，主要向白俄罗斯、波兰、德国等供油。俄哈之间的石油管道可分为两类：一类是石油管道从俄罗斯到哈萨克斯坦炼油厂，如从俄罗斯苏尔古特，经鄂木斯克，到哈萨克斯坦巴甫洛达尔；另一类是石油管道从哈萨克斯坦到俄罗斯，并与俄罗斯境内石油管线网相接，如从哈萨克斯坦古里耶夫，经奥尔斯克，到俄罗斯乌法的石油管道。在天然气管线方面主要有苏联在 20 世纪 60 年代起建的"中亚—中央"（Средняя Азия-Центр）天然气管线，70 年代建成的从俄罗斯梅德韦日气田到白俄罗斯明斯克的天然气管线，1984 年在乌连戈伊至乌日哥罗德天然气管线[②]基础上建成了"西西伯利亚—欧洲"（Западная Сибирь-Европа）天然气管线。

（三）共同语言文化基础

俄语与苏联的命运紧密相连。在苏联时期，俄语是社会主义阵营的第一外语。苏联解体后，不但原社会主义阵营国家抛弃俄语，改英语为第一外语，而且在原苏联地区俄语的地位也面临挑战。原苏联地区国家对俄语

---

① Zickel R.E., *Soviet Union: a country study*, Washington D.C.: Library of Congress, 1991, p. 560.
② 乌连戈伊至乌日哥罗德天然气管线是从俄罗斯西西伯利亚的亚马尔—涅涅茨自治区到乌克兰最西部的外喀尔阡州的天然气管线。

的立场不尽相同，主要分为继续支持俄语的国家，即白俄罗斯、哈萨克斯坦、吉尔吉斯斯坦、塔吉克斯坦、乌兹别克斯坦、亚美尼亚等，以及极力反对俄语的国家，主要有格鲁吉亚、波罗的海三国等。应该说，在欧亚经济联盟内，俄语地位还较为稳固，是成员国间交流的通用语言。

在白俄罗斯，俄语与白俄罗斯语都被列为"国家语言"（государственный язык）。在 1995 年的全民公决中，有 83.3% 的民众支持把俄语列为"国家语言"之一。在哈萨克斯坦，俄语是"正式语言"（официальный язык）。在实际生活中，俄语和哈语具有同等地位。早在 1997 年，哈萨克斯坦宪法委员会就指出，在国家机构和地方组织中，哈语与俄语在任何情况下都具有同等的效力。[1] 在吉尔吉斯斯坦，俄语也是"正式语言"。2010 年版的《吉尔吉斯斯坦宪法》第 10 条明确了俄语为"正式语言"的法律地位。[2] 与以上三国相比，俄语在亚美尼亚的地位至今未能以法律形式确定下来，然而俄语在亚美尼亚的状况正在趋于乐观。1999 年底，亚美尼亚政府专门颁布文件《亚美尼亚教育体系与社会文化生活中的俄语》，来推动俄语在亚美尼亚的传播。21 世纪以来，随着俄亚关系快速发展，俄语在亚美尼亚的影响力逐渐扩大。目前，亚美尼亚有 60 多所中小学为俄语学校，或把俄语作为必修课。

二 现实条件

1999 年至 2008 年经济快速增长为俄罗斯主导欧亚经济联盟，再次整合原苏联地区提供了现实条件。

从宏观经济指标来看，1999 年至 2008 年是俄罗斯经济发展的"黄金期"。[3]

---

[1] "В Казахстане предложили изменить статус русского языка", http://www.bbc.com/russian/international/2011/09/110906_ kazakh_ russian.

[2] Конституция Кыргызской Республики, статья 10.

[3] 我国学者陆南泉认为，2000 年俄罗斯经济实现快速增长主要有以下原因：（1）因为 1998 年金融危机后卢布大幅度贬值，它一方面抑制了进口的增长，同时实现需求转换政策刺激了本国经济的发展；（2）当时整个世界经济形势继续改善，2000 年世界经济增长为 4.1%；（3）税制改革取得了明显的进展，一方面加强了对税收的监管，增加税收收入，另一方面降低了利益税，对投资实行免税，刺激了投资；（4）国际金融机构同意俄罗斯外债重组，使得俄罗斯免去了 165 亿美元的外债；（5）普京执政后，俄罗斯国内政局稳定。参见：陆南泉：《苏联经济体制改革史论（从列宁到普京）》，人民出版社，2007，第 788~789 页。

其间，俄罗斯 GDP 从 2597.1 亿美元增长到 1.7 万亿美元，年均增长率 6.96%，远高于该阶段世界 GDP 年均增长率 3.04%。2007 年对俄罗斯经济而言具有划时代意义。该年 GDP 总量恢复到解体前水平，相当于 1989 年 GDP 总量的 102%。同样在 2007 年，俄罗斯步入世界 7 大经济体行列，成为世界经济大国。可以说，无论是经济规模，还是增长速度，俄罗斯都表现出色。普京言道，俄罗斯已经彻底度过了漫长的生产衰退期，站在国家复兴道路的起点上。①

各项经济指标均有起色，国民经济稳定性加强，居民生活水平显著提高。其间，俄罗斯工业产值稳步上升，尤其在 2000 年，增长率为 11.9%，2003 年和 2004 年也出现 7% 以上的高增长率。还有，俄罗斯利用高油价获得的外汇收入偿还了大量外债。1998 年世界经济危机后，俄罗斯外债为 GDP 的 146.4%，到 2008 年外债仅为 GDP 的 5% 左右。此外，俄罗斯外汇储备也大幅增加。2008 年初，俄罗斯外汇储备为 4845 亿美元，仅次于中国和日本，位居世界第三。居民实际收入从 2000 年也开始增长，一直保持了 9% 以上的增长率，其中 2003 年增长率最高，为 14.9%。此外，通货膨胀率从 2000 年的 20.2% 降至 2008 年的 13.28%，2009 年继续降至 8.8%。

国家加强对战略经济部门的控制。普遍认为，实行私有化是从计划经济向市场经济转型的必经之路。在叶利钦时期，俄罗斯进行了最为激进的"休克疗法"，② 对国家经济实行快速私有化。客观地说，叶利钦时期的私有化浪潮的确打破了国家对经济的垄断，摧毁了公有制经济基础，基本建立起了多种经济成分并存的市场经济基础。然而，过于激进的私有化改革所带来的问题也是显而易见的，比如国有资产流失、经济效益依旧低下、失业人数增加、社会问题严峻、国家预算紧缺、国家政权"寡头化"等。③ 2000 年，普京上台后继续奉行私有化，完善市场经济机制，但私有化的步

---

① *Послание Федеральному Собранию Российской Федерации*，26 апреля 2007 года.

② 俄罗斯著名经济学家阿巴尔金（Л. И. Абалкин）认为，激进式的"休克疗法"有以下特点：（1）短时间内彻底摧毁现有结构；（2）消除市场机制运作的所有障碍；（3）大量减少国家订货，几乎完全取消对价格和收入的控制；（4）大范围地向新的所有制形式过渡。参见：〔俄〕列昂尼德·阿巴尔金：《阿巴尔金经济学文集》，李刚军等译，清华大学出版社，2004，第 91 页。

③ 陆南泉：《苏联经济体制改革史论（从列宁到普京）》，人民出版社，2007，第 712~716 页。

伐有所放慢，开始强调国家在国民经济中的调控作用。在普京第二个任期内，政府对油气、军工、飞机制造、重型机械、核能、远洋运输等战略经济部门进行了"再国有化"（ренационализация）。2009 年，俄罗斯 GDP 中的国有成分比例达到 45% 至 50% 之间，[①] 国家对经济的控制力明显加强。诸如俄罗斯天然气公司（Газпром）、俄罗斯铁路总公司（РЖД）、俄罗斯石油公司（Роснефть）、俄罗斯核电集团公司（Росатом）为代表的大型国企已经成为俄罗斯开拓海外利益的载体。

第四，积极参与国际经济合作。普京执政以来，俄罗斯充分发挥区位与资源优势，同时与中国、欧盟开展经济合作。与此同时，俄罗斯还积极与印度、越南、埃及、伊朗、韩国、日本等国发展经贸关系。值得注意的是，俄罗斯还注重恢复与拉美、非洲国家的经济联系，双边贸易量虽小，但发展势头良好。2012 年俄罗斯正式成为世贸组织成员国，这为俄罗斯进一步融入世界经济体系提供了契机。

三 经济外交思想

历史上，俄罗斯就不是一个善于发展经济的国家。对俄罗斯而言，国家安全和地缘政治影响力在对外政策中长期占据优先位置，经济利益和地缘经济影响力则屈居次要地位。[②] 辽阔的地域、帝国使命、专制传统、间歇性动荡、追求大国地位等因素，始终是俄罗斯与外部世界打交道的基石。[③]因此，对俄罗斯的政治、军事、社会、经济四方面综合考察来看，经济无疑是俄罗斯发展的短板。一个经济衰败的俄罗斯难以在国际舞台上施展富有成效的外交战略。在经济全球化不断深入，以综合国力竞争为主旋律的今天，重振经济是俄罗斯重新崛起，成为欧亚强国的基石。早在 2000 年普京就指出："务实和经济效益"是俄罗斯对外政策的基础，提出了俄罗斯外交必须注重经济效益。2008 年至 2012 年，梅德韦杰夫任总统时期，俄罗斯在全球范围内构建"现代化伙伴关系"，把经济外交、科技外交推向高潮。

---

① "Государство увеличивает долю", *Взгляд*, 2 июля 2009 года.

② Шмелев Н. П., *В поисках здравого смысла: двадцать лет российских экономических реформ*, Москва: Весь Мир, 2006, ст. 409.

③ 〔美〕罗伯特·帕斯特：《世纪之旅：七大国百年风云》，胡利平等译，上海人民出版社，2001，第 172 页。

　　进入 21 世纪以来，俄罗斯经济外交思想发展可以分为以下三个阶段。第一阶段是普京的前两个任期（2000 年至 2008 年）。这一阶段，俄罗斯经济外交的指导思想是为国家经济复苏寻找外部资源和稳定的国际环境，阻止俄罗斯国际处境的进一步恶化，重建俄罗斯的大国地位。① 当时，俄罗斯经济外交的具体任务有：促进宏观经济稳定和发展、改变经济结构单一、平等参与国际经济组织、协助本国企业走向外部市场、吸引外资、解决外债问题等。②

　　第二阶段是梅普组合时期（2008 年至 2012 年）。在外部高油价和内部经济改革的推动下，俄罗斯经济实力显著提升，步入新兴经济体行列。梅普组合时期的经济外交思想反映了俄罗斯经济的自信，而且还明显带有进攻性，希望在经济形势一片大好的条件下，进一步促进经济发展，建立国际金融中心，谋求与世界主要经济体平起平坐，参与世界经济议题制定。可以说，俄罗斯经济外交已经"由被动转为主动，从以解决难题为主转为自主决定外交议程"。③ 然而，梅普组合执政不久，俄罗斯经济受世界金融危机的影响而急剧下滑，这又一次印证了俄罗斯经济的脆弱性。

　　第三阶段是普京第三次当选总统以来（2012 年至今）。在乌克兰危机、西方经济制裁、国际油价下跌的背景下，俄罗斯经济陷入困境，出现财政危机。④ 在这一阶段，俄罗斯经济外交的重心由西方转向东方。在与欧美经济合作受阻的情况下，俄罗斯积极推动欧亚经济一体化，建立欧亚经济联盟，加强与"金砖国家"、亚太国家经贸联系。防止经济严重衰退，实现经济逆境增长，降低外部环境恶化对国民经济产生的冲击是这一阶段俄罗斯

①　郑羽、柳丰华：《普京八年：俄罗斯复兴之路（2000-2008）外交卷》，经济管理出版社，2008，第 11 页。
②　李中海：《俄罗斯经济外交：理论与实践》，社会科学文献出版社，2011，第 52~53 页。
③　李中海：《俄罗斯经济外交：理论与实践》，社会科学文献出版社，2011，第 56 页。
④　围绕俄罗斯经济是否存在危机这一问题，国内外学界争论不已。一派观点认为，俄罗斯无法完成普京 2012 年上台后制定的经济发展目标，如进入世界经济前五、人均收入 3.5 万美元、增加 2000 万个就业岗位、创新经济占国民经济的 25% 以上。因此，俄罗斯经济存在危机。另一派观点认为，从金融系统和财政情况两个指标来看，俄罗斯经济不存在危机。主要依据是金融系统远比 1998 年稳定，不会爆发大规模金融危机；财政收入的降低并不会引发社会动荡。笔者认为，俄罗斯经济虽然远比 1998 年坚挺，但是在石油价格暴跌、西方制裁、外部环境恶化的条件下，俄罗斯正在经历 21 世纪以来最严重的经济困难。这将延长俄罗斯重新崛起的过程。

经济外交思想的核心。

无可否认，原苏联地区对俄罗斯重新崛起的经济意义是不言而喻的。2010 年俄罗斯现代化发展研究所发表《俄罗斯在独联体的经济利益和任务》报告要求俄罗斯进一步加深欧亚一体化进程直到形成共同经济空间。报告明确了俄罗斯在原苏联地区的 9 个基本经济利益，核心内容有通过控制该地区的能源和原料提升自己在国际上的地位和作用，加强国防、核能、航空、航天等领域的合作，开拓市场，在加工业实施共同合作项目，有效利用独联体劳动力市场，吸引该地区的知识精英，充分挖掘独联体的地缘战略潜力，建立共同的经济空间，完成欧亚强国的使命。① 具体而言，欧亚一体化应该在俄罗斯现代化发展，推动建立"从里斯本到符拉迪沃斯托克的大欧洲"过程中发挥建设性作用。②

四　解决经济发展问题

（一）改变资源型经济增长方式

强国富民是普京执政的重要目标。1999 年末，普京接手的俄罗斯是一个面临数百年来首次沦为二流甚至三流国家危险的经济弱国。普京明确指出："应保证在比较短的历史时期里消除持续已久的危机，为国家经济和社会快速与稳定发展创造条件……达到应有的增长速度，不仅仅是一个经济问题，这也是一个政治问题；我不怕讲这个词，从某种意义上来说，这是意识形态问题。更准确地说，它是一个思想问题、精神问题和道德问题。"③普京的言语中表露出了他对实现俄罗斯经济增长的迫切感。

然而，在复兴道路上却险象环生。从图 4-1、图 4-2 中可见，从 1999 年至今，俄罗斯 GDP 增长总体保持上升趋势，但是过程大起大落，缺乏稳定性。俄罗斯是能源型经济，出口石油、天然气所获得收入占财政总收入一半以上。国际油价变化对俄罗斯经济有着直接影响。当油价上升时，GDP

---

① Кулик С. А., Спартак А. Н., Юргенс И. Ю., *Экономические интересы и задачи России в СНГ*, Москва: Библиотека Института современного развития, 2010, ст. 8~9.

② Иванов И. С., *Внешняя политика России（том 2）*, Москва: Аспект Пресс, 2012, ст. 244.

③ 《普京文集》，中国社会科学出版社，2002，第 6~7 页。

就增长，卢布趋于坚挺；当油价下跌时，GDP 就缩水，卢布大幅贬值。日本学者久保庭真彰认为："俄罗斯的经济问题与'荷兰病'（The Dutch disease）不同，应该是自身特点鲜明的'俄罗斯病'，即俄罗斯经济是受油价摆布的资源型经济，并没出现由于油价暴涨而造成的宏观增长与制造业增长停滞的'荷兰病'。"①

　　进入 21 世纪以来，俄罗斯的经济增长大致可以分为三个阶段：第一阶段是 1999 年至 2008 年。2000 年至 2007 年间，国际油价（按布伦特价格）从每桶 25.5 美元涨至每桶 135.3 美元。在油价上涨的拉动下，俄罗斯经济在 1999 年至 2002 年间出现恢复性增长，② 2003 年后继续保持高速增长。

　　第二阶段是 2008 年至 2014 年。油价从 2008 年 6 月每桶 135.3 美元暴跌至 2008 年 12 月每桶 43.6 美元，俄罗斯 2009 年 GDP 随之下滑 7.9%，近 10 年的经济高速增长戛然而止。2009 年起油价开始反弹，2012 年 3 月回到每桶 124.4 美元，之后出现小幅下降，2014 年 6 月的价格为每桶 111.7 美元。与之相适应的是，2010 年、2011 年和 2012 年，俄罗斯 GDP 也出现增长，分别增长了 4.5%、4.3% 和 3.4%，三年平均增速是 4.06%，与世界平均增速 4.1% 相当。而 2013 年和 2014 年俄罗斯 GDP 出现低速增长，分别为 1.3% 和 0.2%，两年平均增速是 0.75%，明显低于世界平均增速 2.8%。学界把 2013 年至 2014 年的俄罗斯经济状况称为"停滞"（застой）、"放缓"（торможение）或"滞涨"（стагфляция）。③

　　第三阶段是从 2014 年至今，油价从 2014 年 6 月每桶 111.7 美元跌至 2015 年 12 月底每桶 36.9 美元，俄罗斯 GDP 出现负增长。根据国际货币基金组织（IMF）估算，2015 年俄罗斯 GDP 下滑 3.8%，2016 年继续下降 0.6%。④

　　因此，摆脱能源型经济困扰，寻找新的经济增长点，实现经济稳健增

---

① 〔日〕久保庭真彰：《俄罗斯经济的转折点与"俄罗斯病"》，《俄罗斯研究》2012 年第 1 期。

② "恢复性增长"概念是苏联早期经济学家格罗曼（В.О. Громан）提出的。他认为，恢复性经济增长是在利用以前所建立起来的生产设备、以前所培训的有经验的劳动力基础上所实现的一种增长，其特点在于通过对原有生产能力的重组和恢复原有经济联系，重新组织生产要素进行生产。参见：Громан В.О.，"О некторых закономерностях，эмпирических обнаруживаемых в нашем народном хозяйстве"，*Плановое хозяйство*，No.2，1925.

③ 程伟：《冷静聚焦普京新政下的俄罗斯经济颓势》，《国际经济评论》2014 年第 6 期。

④ *World Economic Outlook：Adjusting to Lower Commodity Prices*，Washington D.C.：IMF，No.10，2015.

长是俄罗斯主导建立欧亚经济联盟的重要诉求。欧亚经济委员会工作会议委员瓦洛娃娅（Т. Д. Валовая）坚信，在外部经济环境恶化的形势下，欧亚经济联盟可以成为地区经济发展的驱动力。[①] 据预测，到 2030 年欧亚经济联盟成员国 GDP 可总共增长 13%。[②]

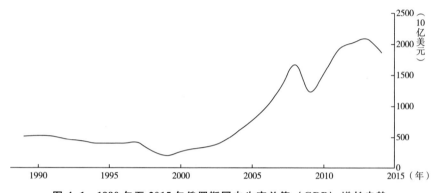

图 4-1　1990 年至 2015 年俄罗斯国内生产总值（GDP）增长走势

资料来源：ВВП России［EB/OL］，http：//ru. tradingeconomics. com/russia/gdp。

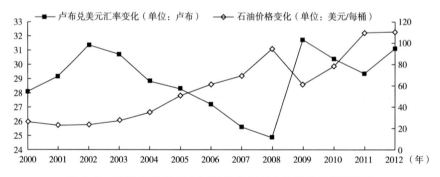

图 4-2　2000 年至 2012 年石油价格与卢布兑换美元汇率变化

资料来源：Кудрин А. Л.，Влияние доходов от экспорта нефтегазовых ресурсов на денежно-кредитную политику России［J］，*Вопросы экономики*，2013，（3），ст. 4-19。

---

① "Министр ЕЭК Татьяна Валовая：В условиях внешних шоков ЕАЭС станет драйвером роста для всех стран-участниц"，http：//www. eurasiancommission. org/ru/nae/news/Pages/14-12-2015-3. aspx.

② "Прирост ВВП стран ЕАЭС к 2030 году может составить 13%"，*Казахстанская правда*，30 октября 2015 года.

（二）恢复与原苏联地区国家的产业联系，解决经济结构单一问题，打造"新型经济"

在工业领域，俄罗斯不仅继承了苏联以工业为主、工农业比例严重失调的畸形的产业结构，还承受了因国家解体而导致与其他加盟共和国产业链断裂所带来的冲击。2012 年，普京第三次当选后，把建立"新型经济"（Новая экономика）定为俄罗斯经济发展的目标。所谓"新型经济"，"应当是多元经济，是高生产率和低能耗的高效经济，是就业岗位高效高薪的经济，是技术不断更新的经济，是小企业至少占就业市场半壁江山的经济"。[①] 照此逻辑，矫正历史形成的畸形产业结构，恢复与其他原苏联加盟共和国的产业联系，共同挖掘高新技术潜能是俄罗斯主导欧亚经济联盟，解决自身经济发展问题的重要考量之一。具体而言，主要有以下方面：

第一，矫正历史形成的畸形的产业结构。1960 年，工业比重为 79.4%，农业比重仅为 20.6%；到 1980 年，工业比重上升至 84.9%，而农业比重进一步缩小到 15.1%。[②] 在工业中，重工业是重中之重。苏联工业化时期，全部工业投资的 84% 用于重工业，在总投资额中，重工业投资的比重一直占 30% 左右，有时甚至高达 40%，而轻工业的投资最多也没超过 7%。[③] 值得注意的是，在重工业部门中，资源开采业的比重也较大。苏联占世界资源开采量的三分之一，而其工业产值仅占世界产值的五分之一。1960 年至 1982 年间，苏联采掘工业在工业产值中的比重为 7% 至 9%，如果用生产性固定基金和就业人数这两个指标来衡量，该比例将更大。[④] 苏联解体后，俄罗斯继承了苏联这种畸形的产业结构。

俄罗斯充分意识到，依靠资源出口来获得经济收益的能源型经济不足以支撑起其未来在世界经济体系中的地位，恢复并发展农业、机械制造、航空工业、制药等其他产业势在必行。但是，这并不意味着俄罗斯否定资

[①]　Путин В. В.，"О наших экономических задачах"，*Ведомости*，30 января 2012 года.

[②]　陆南泉、张础、陈义初：《苏联国民经济发展七十年》，机械工业出版社，1988，第 29 页。

[③]　陆南泉、姜长斌、徐葵：《苏联兴亡史论》，人民出版社，2002，第 406 页。

[④]　金挥、陆南泉、张康琴：《苏联经济概论》，中国财政经济出版社，1985，第 152 页。

源部门对国民经济发展所做出的贡献。① 在不降低能源部门对国民经济贡献情况下，如何发展多元经济，实现新型经济模式是俄罗斯当前及未来面临的主要问题之一。

第二，恢复与其他原苏联地区国家的工业联系，共同挖掘高新技术潜能。经济合作与发展组织（OECD，简称"经合组织"）国家内，高新技术部门在工业产值中的占比为7%至14%，而在欧亚经济联盟国家却只有2%至4%。欧亚经济联盟国家，特别是俄罗斯，无法向国际市场提供具有高附加值和高市场竞争力的工业产品，难以引领世界新技术革新。原因在于，欧亚经济联盟国家的工业综合体内缺乏完整的技术结构和产业链。②

因此，在工业与科技合作领域，欧亚经济联盟的主要任务有：提高成员国工业生产速度和规模，推动成员国间产业合作，提高成员国工业产品在联盟境内的市场份额，研发具有高市场竞争力的新技术产品，在联邦和地方层面取消工业产品流动壁垒，加大对工业企业投资力度。③ 到2020年，俄罗斯希望高科技产业和知识型产业在GDP中的比重提高50%，高新技术产品出口翻一番。

（三）解决非法移民问题

与欧盟、美国、中国等外部力量相比，为原苏联地区国家提供就业机会是俄罗斯的一项独特优势。这一优势是历史形成的。原苏联地区的区域劳动分工体系形成于沙俄帝国时期，发展于苏联时期。百余年来，在俄罗斯经济体系中，欧洲部分一直是沙俄帝国，乃至后来苏联的工业、教育、

---

① 关于俄罗斯经济增长高度依赖油气资源出口所带来的利好和弊病，国内外学界已经有充分研究。参见：Гурвич Е. Т.，"Нефтегазовая рента в Российской экономике"，*Вопросы экономики*，No. 11，2010；Эдер Л. В.，Филимонова И. В.，"Экономика нефтегазового сектора России"，*Вопросы экономики*，No. 10，2012；Кудрин А. Л.，"Влияние доходов от экспорта нефтегазовых ресурсов на денежно-кредитную политику России"，*Вопросы экономики*，No. 3，2013；庞大鹏：《俄罗斯的欧亚战略——兼论对中俄关系的影响》，《教学与研究》2014年第6期；李新：《俄罗斯经济再转型：创新驱动现代化》，复旦大学出版社，2014，第78~82页；〔日〕久保庭真彰：《俄罗斯经济的转折点与"俄罗斯病"》，《俄罗斯研究》2012年第1期；季志业、冯玉军：《俄罗斯发展前景与中俄关系走向》，时事出版社，2016，第71~81页。

② *Основные направления промышленного сотрудничества в рамках ЕАЭС.*

③ *Основные направления промышленного сотрудничества в рамках ЕАЭС.*

科技、文化中心地区，中亚、南高加索地区则是为中心提供资源、廉价劳动力的边缘地区。在沙俄帝国和苏联时期，劳动移民属于国内迁徙。苏联解体后，俄罗斯依然是原苏联地区国家劳动移民的首选目的地，原来的国内迁徙转变成了国际移民。目前，俄罗斯吸收了中亚和南高加索国家70%至90%的劳动移民。莫斯科大学学者伊瓦赫纽克（И. В. Ивахнюк）把当前原苏联地区的劳动分工体系称为"欧亚移民体系"，并解释说："欧亚移民体系是从统一国家发展而来。在沙俄帝国和苏联时期，人员流动属于国内人口迁徙，并不是国家间移民活动。① 时至今日，苏联虽然已经解体，但是它遗留下来的区域劳动分工体系并没因此而瓦解。"②

客观地说，外来劳动移民能给俄罗斯经济带来积极和消极两方面效应。就积极效应而言，首先是弥补劳动力缺口。据俄政府统计，2012 年俄罗斯需要外籍劳工174.5 万名，其中缺口较大的行业有：建筑、资源开采业需要53.1 万，低端服务行业需要41.9 万，农业和水产养殖业需要11.2 万等。此外，2012 年俄罗斯还缺乏11.1 万名司机，7.4 万名装配钳工，2 万名理工科专家。③ 2014 年，俄罗斯需要外籍劳工的数量为163 万名。④ 从地域分布来看，外籍劳工在俄罗斯境内分布比较集中，其中近20%集中在莫斯科市，17%左右在圣彼得堡市，8.8%在莫斯科州。⑤ 另外，在克拉斯诺达尔斯克（4.2%）、汉特—曼西斯克（3.6%），以及滨海边疆区（2.9%）也有相当数量的外籍劳工。从行业分布来看，外来劳动移民大多从事建筑、资源开采、服务业等。这些行业往往在俄族中是无人问津的。其次，以劳动移民为载体，俄罗斯能与其他原苏联地区国家继续保持紧密的社会联系。

---

① 在苏联时期，联盟内部迁徙是一件正常的事情。在苏联解体前，有 5430 万人没有居住在本民族共和国内，这个数量占苏联总人口的 19%，其中就有 2530 万俄罗斯人没有居住在俄罗斯联邦境内，这个数量占当时俄罗斯联邦总人口的 17.4%。参见：Государственный комитет СССР по статистике, *Национальный состав населения СССР*, Москва：Финансы и статистика, 1991, ст. 52—92。

② Ивахнюк И. В., "Формирование миграционной системы в постсоветской Евразии", *Уровень жизни населения регионов России*, No. 10, 2007.

③ Рязанцев С. В., *Миграционные мосты в Евразии*, Москва：Экон-информ, 2012, ст. 42.

④ *Постановление Правительства Российской Федерации об определении потребности в привлечении в Российскую Федерацию иностранных работников и утверждении соответствующих квот на 2014 год*, 31 октября 2013 года.

⑤ Рязанцев С. В., *Миграционные мосты в Евразии*, Москва：Экон-информ, 2012, ст. 43.

就消极方面而言，大量移民涌入也会引发俄罗斯国内社会问题，其中最严重的是非法移民问题。非法移民一般分两类：一类是非法入境，另一类是非法就业。由于俄罗斯对大部分原苏联地区国家实行免签制度，所以不存在非法入境问题。也就是说，俄罗斯的非法移民问题大多是指非法就业。在俄罗斯造成非法就业问题的原因主要有以下：（1）俄罗斯办理就业许可的行政程序烦琐，打"黑工"现象普遍。在俄罗斯办理工作许可需花上2至3个月时间。也就是说，在这2至3个月内，外来劳工是不允许就业的。然而，来俄罗斯务工的劳动移民大多对薪资需求十分迫切，因此，相当部分劳动移民会选择直接就业，也就是打"黑工"，工作2至3个月后回国，逃避办理工作许可。① （2）用人单位不按规定办事，打法律"擦边球"，愿意用"黑工"。一些地方的用人单位专门设立2至3个月的短期工，工作完成后劳动移民可直接回国。可见，俄罗斯移民管理上出现了漏洞，非法就业问题日益严重。2012年颁布的《俄罗斯至2025年国家移民政策发展构想》中，俄罗斯也承认，现行的移民政策已经不适合劳动力市场的要求，需要进行调整。②

因此，依托欧亚经济联盟，制定多边移民政策，加大对移民监管力度，对俄罗斯治理非法移民来说是十分有必要的。在欧亚经济联盟劳动共同市场框架内，俄罗斯意图推动以下工作：制定统一的移民政策。无论是在双边层面，还是在多边层面，都要提高政府在移民事务管理中的作用，必须建立和发展针对移民的社会保障体系。完善移民领域的法制建设。这涉及：推动移民管理体系朝透明化、公正化、高效化发展；建立针对移民的职业培训机制，提高移民的劳动技能；完善针对移民的社会及医疗保障体系；完善移民信息管理体系。目前，原苏联地区国家缺乏移民信息管理体系，对移民数量、工作能力、跨境汇款等方面缺乏数据统计和监管。③

① *Последствия вступления Кыргызстана в Таможенный союз и ЕЭП для рынка труда и человеческого капитала страны*, Санкт-Петербург：Евразийский банк развития，No. 13，2013.

② *Концепция государственной миграционной политики Российской Федерации на период до 2025 года*（2012）.

③ Власова Н. И.，"Развитие интеграционных процессов в сфере миграции на пространстве СНГ"，*Российский внешнеэкономический вестник*，No. 10，2011.

五　维护地区经济利益

众所周知，俄罗斯把原苏联地区视为其欧亚强国地位的支撑，在外交实践中，俄罗斯强调经济利益，试图在原苏联地区建立一个介于欧盟与东亚之间的经济区。[①] 欧亚经济联盟就是俄罗斯维护在原苏联地区经济利益的工具。

（一）商品贸易领域

独立初期，原苏联国家领导人普遍认为，依托苏联遗留的经济联系，能够维系新独立国家间经贸关系，稳步向市场经济过渡。显然，这一估计太过乐观。2008 年，独联体内贸易额只占成员国对外贸易总额的 21.5%，而从横向比较来看，欧盟内贸易要占成员国对外贸易总额的 65%，北美自贸区的这一数据也有 40% 之高。[②] 在贸易领域，俄罗斯在欧亚经济联盟商品共同市场框架下的利益诉求有以下方面。

第一，提高原苏联地区在对外贸易中的比重。独立以来，俄罗斯与原苏联地区国家的经贸关系逐渐淡化。独联体在俄罗斯对外贸易中的占比从 1994 年的 24% 降至 2009 年的 14.6%。2010 年关税同盟成立时，按国际组织划分，欧盟占俄罗斯对外贸易比重为 50%，亚太经合组织国家为 21.8%，欧亚经济共同体仅为 8%；按国家划分，荷兰占比为 10%，中国为 9%，德国为 8.1%，意大利为 6.6%，乌克兰为 5.6%，白俄罗斯为 4.4%，其余独联体国家均未进入俄罗斯对外贸易伙伴前十位。[③]

第二，实现贸易结构多元化。俄罗斯与独联体国家贸易结构中燃料资源、金属矿产品占比较大。从表 4-2 中得知，2000 年至 2008 年间，俄罗斯向独联体国家的出口结构中燃料资源的比重在原有基础上继续上升，而金属矿产品、交通工具、机械设备等却持续下降。因此，在俄罗斯与独联体国家贸易结构中，提高非燃料资源商品的比重，促进贸易结构多元化势在必行。

---

① 〔俄〕德米特里·特列宁：《帝国之后：21 世纪俄罗斯的国家发展与转型》，新华出版社，2015，第 160 页。

② Кулик С. А.，Спартак А. Н.，Юргенс И. Ю.，*Экономические интересы и задачи России в СНГ*，Москва：Библиотека Института современного развития，2010，ст.12.

③ "Статистика и контрабанда：Анализ таможенных данных позволяет различного рода нарушения"，*Российская Бизнес-газета*，7 сентября 2010 года.

表 4-2　2000 年与 2008 年独联体国家在俄罗斯出口总额中的比重对比

单位：%

	燃料资源	金属矿产品	交通工具、机械设备等
2000 年	53.8	21.7	8.8
2008 年	69.6	13.3	4.9

资料来源：Кулик С. А., Спартак А. Н., Юргенс И. Ю., *Экономические интересы и задачи России в СНГ*, Москва: Библиотека Института современного развития, 2010, ст. 92。

（二）跨国投资领域

国际投资主要由两部分构成，一是向国外投资，将本国剩余资本向国外转移，以获得海外高额利润；二是吸引外资，也叫国际筹资，利用外国资本来发展本国经济。[①] 在欧亚经济联盟中，俄罗斯在跨国投资领域的利益诉求主要有以下两方面。

第一，推动资本扩张。从投资对象国来看，俄罗斯资本几乎控制着亚美尼亚和吉尔吉斯斯坦的战略经济部门，如能源、交通、金融、电信、基础设施等。[②] 哈萨克斯坦和白俄罗斯是俄罗斯资本亟待突破的两个国家，但两国情况不同，俄罗斯所要采取的策略也不同。哈萨克斯坦私有化程度高，外资比例大且多元，俄罗斯将与其他经济体（欧盟、中国、美国、日本等）进行资本竞争。2012 年对哈投资前三名分别是荷兰（490 亿美元）、英国（247 亿美元）和中国（182 亿美元），之后是美国（179 亿美元）和法国（86 亿美元），而俄罗斯只有 53 亿美元，与日本的 51 亿美元相当。[③] 俄罗斯的投资额仅占哈外国投资总额的 1.6%。与哈萨克斯坦相反，白俄罗斯经济国有化程度高。降低白俄罗斯经济国有成分，推动其私有化，是俄罗斯资本大规模进入白俄罗斯市场的前提条件。因此，《欧亚经济联盟条约》第 106 条专门要求白俄罗斯农业领域的国有成分比重必须下降 22%。[④] 从投资领域来看，目前俄罗斯资本大多集中在战略经济部门，

---

① 李建民：《独联体国家投资环境研究》，社会科学文献出版社，2013，第 9 页。

② 关于该部分内容请参见本章第四、五节。

③ "Нацбанк раскрыл главных инвесторов Казахстана", http://tengrinews.kz/markets/natsbank-raskryil-glavnyih-investorov-kazahstana-226516/.

④ *Договор о Евразийском экономическом союзе*, статья 106.

且投资主体单一。① 国有能源企业是俄罗斯对外投资的主力军，投资领域也大多集中在能源领域及其相关领域。在欧亚经济联盟内建立资本共同市场有助于俄罗斯资本在周边地区的扩张，实现投资领域多元化，从能源、基础设施领域为主的战略经济部门向其他经济领域外溢。

第二，改善投资环境，吸引外资进入。"改善投资环境"是欧亚经济联盟中长期工作的重点方向之一，优先程度仅排在"确保宏观经济稳健发展"之后。② 值得注意的是，在基础设施建设领域，欧亚开发银行资金缺口较大。目前，基础设施建设是欧亚经济联盟吸引外资的重点领域。

（三）油气资源领域

苏联是资源大国，资源开采业占工业比重较大。能源出口所得的收入是苏联财政收入的一个大项。苏联解体后，原有统一的能源开采、供给和加工体系被打破，重要油气田、运输管道及加工产业被新独立国家各自占有。俄罗斯天然气股份公司失去了它在苏联时代拥有的石油管道的三分之一，天然气储备的三分之一。③ 由于哈萨克斯坦、阿塞拜疆、土库曼斯坦及乌兹别克斯坦等油气资源丰富的国家开始奉行独立的、多元的能源政策，俄罗斯在原苏联地区的能源垄断地位受到威胁。为此，俄罗斯在原苏联地区维护能源利益方面有以下做法。

第一，继续扩大与原苏联地区国家在油气领域的合作。俄罗斯国有能源公司将加大对欧亚经济联盟其他国家的投资力度，积极参与油气资源开采、运输和加工。关于这方面内容将在下文讨论其他成员国时详细探讨。

第二，加强对油气管道控制。为了扩大国际能源市场份额，降低对俄

---

① 郭连成、潘广云：《俄罗斯对独联体的对外直接投资——基于经济与政治层面的分析》，《俄罗斯中亚东欧研究》2007年第3期。

② 2015年10月16日最高欧亚经济委员会通过的《欧亚经济联盟经济发展重要方向》明确了欧亚经济联盟至2030年工作的9大优先方向，依次如下：（1）确保宏观经济稳健发展；（2）改善投资环境；（3）发展创新经济，推动现代化发展；（4）建立稳定的金融市场；（5）大力发展基础设施，发挥过境潜力；（6）加大人力资源开发；（7）提高能源利用率；（8）推动地区发展；（9）推动对外贸易发展。参见：Решение Высшего Евразийского экономического совета №28《Об основных направлениях экономического развития Евразийского экономического союза》，16 октября 2015 года.

③ Панюшкин В., Зыгарь М., Резник И., Газпром: Новое русское оружие, Москва: Захаров, 2008, ст. 22.

罗斯的依赖，那些油气资源丰富的新独立国家纷纷试图绕过俄罗斯直接与消费市场建立点对点的供应关系。俄罗斯对此举表示不满，有时百般阻挠，有时也无可奈何。目前，绕开俄罗斯的油气管线主要有三个方向：（1）东向。2009 年开通了"中国—中亚"天然气管道。该管道的 A、B、C 线从土库曼斯坦，经乌兹别克斯坦、哈萨克斯坦，到中国。D 线从土库曼斯坦，经塔吉克斯坦、吉尔吉斯斯坦，进入中国。在石油方面，有中哈石油管道。（2）西向。2006 年巴库（阿塞拜疆）—第比利斯（格鲁吉亚）—杰伊汉（土耳其）石油管道开通，打破了俄罗斯在里海地区的石油运输垄断地位。2014 年，从阿塞拜疆到南欧的"南方天然气走廊"正式动工。哈萨克斯坦也利用巴库—第比利斯—杰伊汉石油管道向土耳其、欧洲出口石油。（3）南向。从土库曼斯坦，经阿富汗、巴基斯坦，到印度的"塔—彼"（TAPI）天然气管道于 2015 年 11 月开始动工。此外，与过境国矛盾也影响到了俄罗斯能源出口的安全性，如 2006 年与 2009 年俄乌两度"斗气"。为此，俄罗斯采取的具体措施有两种：一是与哈萨克斯坦组建"里海管道财团"，强化对北向油气管道的控制；二是绕开过境国，直接与消费国对接，如从俄罗斯，经波罗的海，到德国的"北溪"（Северный поток）天然气管道。

第三，加强对出口天然气价格的调控，利用价格杠杆影响与原苏联地区国家关系。2004 年至 2005 年，在国际油价上涨的背景下，为了扩大财政收入，俄罗斯决定不再向独联体国家提供优惠的天然气价格，要以市场价供气。① 然而，俄罗斯对调控对象国进行了划分，分"亲俄"和"离俄"两类。以白俄罗斯和乌克兰为例。2005 年"橙色革命"后，乌克兰尤先科政府奉行"亲西方"的外交战略，与俄罗斯渐行渐远。2014 年乌克兰再起风波，与欧盟签署了"联系国协定"，站在了俄罗斯的对立面。在天然气价格上，除了受国际石油价格波动影响外，俄罗斯一直主张提高对乌供气价格，从 2006 年每千立方米 88.6 美元升至 2016 年每千立方米 230 美元。② 与之相反，俄罗斯给白俄罗斯的供气价格则要低得多。从时间上看，俄罗斯给白俄罗斯的天然气价格是先提高，后下降。从 2006 年每千立方米 100 美

---

① 在 20 世纪 90 年代，俄罗斯按国内价格向周边独联体国家提供油气资源。

② "Цены на газ для Украины и Европы：график"，http：//info. vedomosti. ru/special/gaspriceschange. shtml.

元，升至 2014 年每千立方米 168 美元。2015 年欧亚经济联盟启动后，俄罗斯降低了对白俄罗斯供气价格，降至每千立方米 154～155 美元，① 2016 年继续降至每千立方米 135～140 美元。② 显然，从油气价格调控也能看出俄罗斯对周边国家是亲疏有别，对白俄罗斯供气价格再高也没高过对乌供气价格。

第二节　哈萨克斯坦参与欧亚经济联盟的地缘经济因素

哈萨克斯坦位于中亚地区北部，国土面积 272.49 万平方公里，地形以平原和低地为主，是世界上最大的内陆国。哈萨克斯坦东接中国，北邻俄罗斯，西靠里海，南部与吉尔吉斯斯坦、乌兹比克斯坦和土库曼斯坦接壤，人口数量为 1733 万人左右，其中城市人口占 55%。③

在欧亚经济联盟中，哈萨克斯坦的地缘经济地位十分重要。首先，哈萨克斯坦是仅次于俄罗斯的第二经济强国。2014 年哈萨克斯坦 GDP 为 2122.5 亿美元，比位居第三的白俄罗斯高出近 3 倍（2014 年白俄罗斯 GDP 为 761.4 亿美元），④ 属于中高收入国家。GDP 结构中商品生产占 39.4%，包括工业、农业、建筑等；服务业占 53.6%，包括交通、金融、教育等；进口与产品税收占 7%。⑤ 工业以资源开采和加工为主，占 93%（资源开采业为 62.7%，资源加工业为 30.3%）；农业以小麦生产为主，占 83.5%。⑥

其次，哈萨克斯坦油气资源十分丰富，储量在欧亚经济联盟中仅次于

① "Цена газа из РФ для Белоруссии в 2015 г. Составит $ 154-155 за тыс. кубов", http：//ria.ru/economy/20141217/1038693631.html.

② "Александр Суриков：Цена на газ России для Беларуси в 2016 году может снизиться", http：//www.soyuz.by/news/union-business/23353.html.

③ Алимжанова К., *Обзор социально-экономических индикаторов Республики Казахстан 2014 г.*, Алматы：Институт мировой экономики и политики при Фонде Первого Президента Республики Казахстан-Лидера Нации, 2014, ст. 6.

④ *Казахстан-ВВП*, http：//ru.tradingeconomics.com/kazakhstan/gdp.

⑤ Алимжанова К., *Обзор социально-экономических индикаторов Республики Казахстан 2014 г.*, Алматы：Институт мировой экономики и политики при Фонде Первого Президента Республики Казахстан-Лидера Нации, 2014, ст. 12.

⑥ Алимжанова К., *Обзор социально-экономических индикаторов Республики Казахстан 2014 г.*, Алматы：Институт мировой экономики и политики при Фонде Первого Президента Республики Казахстан-Лидера Нации, 2014, ст. 13.

俄罗斯。根据 BP 公司统计，截至 2014 年底哈萨克斯坦石油储量为 39 亿吨，位居中亚第一；天然气储量为 1.5 万亿立方米，在中亚地区仅次于土库曼斯坦。[①] 尽管哈萨克斯坦油气资源丰富，但地理分布极不均衡。哈油气资源大多集中在西部四个州，即阿特劳州、曼格斯套州、西哈萨克斯坦州、阿克托别州。此外，在哈属里海水域也探明了储量极为可观的油气资源。

再次，与俄、白两国相比，哈萨克斯坦经济私有化程度较高。经过 20世纪 90 年代的私有化改革，21 世纪初哈萨克斯坦的私有资本已经基本替代国有资本，在工业、农业、建筑、贸易、金融及交通等经济部门占主导地位（见表 4-3）。国有资本只在教育、医疗、社保等社会民生领域保持支配地位。在战略经济部门，除了极个别国有企业，如哈萨克斯坦国家石油天然气股份公司（КазМунайГаз），哈萨克斯坦政府只对企业采取监督管理，目的是确保企业能正常运转，促进经济健康发展，维护国家经济安全。[②]

表 4-3　2008 年哈萨克斯坦经济部门资本分配表

单位：%

	国有资本	私有资本	外国资本
农业、林业与渔业	6.7	93	0.3
工业	0.5	77	22.5
建筑业	1	83.4	15.6
贸易	0.1	91.2	8.7
交通	3.4	87.1	9.5
金融	6	89	5
教育	81.4	18.4	0.2
医疗、社保	70.3	29.5	0.2

资料来源：Александров Ю. Г.，*Казахстан перед барьером модернизации*，Москва：ИВ РАН，2013，ст. 53。

最后，哈萨克斯坦的地理区位十分优越，紧邻中国与俄罗斯。中俄两国均为世界重要经济体。同时，中俄两国战略协作水平高、程度深、领域

---

① "BP Statistical Review of World Energy"，http：//www.bp.com/content/dam/bp/pdf/energy-economics/statistical-review-2015/bp-statistical-review-of-world-energy-2015-full-report.pdf.

② Александров Ю. Г.，*Казахстан перед барьером модернизации*，Москва：ИВ РАН，2013，ст. 54.

宽，是当今新型大国关系的典范。哈萨克斯坦在中俄之间可谓是左右逢源。近年来，中哈全面战略伙伴关系深入发展，"丝绸之路经济带"建设为两国深化务实合作提供了新平台。自独立以来，俄哈关系一直处于较高水平。2013 年 11 月双方签署《21 世纪睦邻友好同盟条约》及 2015 年 1 月启动欧亚经济联盟后，俄哈关系在双边和多边层面都迎来了质的飞跃。依托稳定的内部政治、社会环境，以及优越的地理位置，哈萨克斯坦积极参与区域经济一体化，在中俄、中欧之间发挥过境区位优势，提升自身地缘经济地位。

结合以上背景，在欧亚经济联盟框架内，进一步巩固能源产业的同时，促进经济发展多元化，提高经济抗风险能力是哈萨克斯坦的关切所在。

一　推动贸易结构多元化

哈萨克斯坦对外贸易呈现以下特点：首先，与关税同盟外的贸易量远高于对关税同盟内的贸易量。从 2009 年至 2014 年，哈与关税同盟其他成员国的贸易量仅为与非关税同盟成员国量的 23% 至 28% 之间（见表 4-4）。在关税同盟中，与俄贸易举足轻重，占贸易总量的 96% 左右。其次，贸易结构高度单一。哈萨克斯坦出口以油气资源为主。2015 年 1 月至 10 月，油气资源在哈商品出口中的比重为 72.5%。哈萨克斯坦进口则以交通工具、机械装备等工业制成品为主。2015 年 1 月至 10 月，这类商品占哈商品进口总额的 40.4%。[①]

表 4-4　2009 年至 2014 年哈萨克斯坦对外贸易总额

单位：亿美元

	2009 年	2010 年	2011 年	2012 年	2013 年	2014 年
与关税同盟外贸易量	527.56	674.81	904.07	992.77	999.52	921.56
与关税同盟内贸易量	128.65	188.39	230.29	238.88	246.03	210.31
与俄罗斯贸易量	124.44	179.74	223.31	230.97	238.47	201.96

资料来源："哈萨克斯坦统计局数据"，http：//stat. gov. kz/faces/wcnav_ externalId/homeNumbers CrossTrade？ _ afrLoop = 22464554361040713。

---

① Комитет по статистике РК，"Товарная структура экспорта и импорта в январе-октябре 2015 г."，http：//stat. gov. kz/faces/wcnav_ externalId/homeNumbersCrossTrade？ _ afrLoop = 22391184965280164#%40%3F_ afrLoop%3D22391184965280164%26_ adf. ctrl-state% 3D10rtvppcjx_ 84.

自 2010 年关税同盟启动至 2014 年，哈萨克斯坦与非关税同盟国贸易的增幅为 26.8%，与关税同盟成员国贸易的增幅只有 10.4%，与俄罗斯贸易的增幅也仅为 11%（见表 4-4）。尽管关税同盟取消了俄哈之间 600 多项贸易壁垒，[①] 但它的成立并没有改变哈萨克斯坦外向型的贸易模式，原因是在俄哈贸易结构中，油气资源贸易依旧占大头，而且油气资源贸易仍在两国双边框架内单列交易，并没纳入关税同盟。根据俄罗斯经济发展部 2015 年 1 月至 5 月的数据表明，俄罗斯向哈萨克斯坦出口商品中矿产资源比重为 22.8%，从哈萨克斯坦进口的商品中矿产资源比重为 49.6%。[②] 尽管如此，得益于关税同盟内部取消对大部分商品贸易的关税壁垒和非关税壁垒，机械装备、农产品在哈萨克斯坦对关税同盟国家出口中的比重有所上升，机械装备从 2011 年 5.8% 升至 2013 年 8.9%，农产品从 2011 年 1.8% 升至的 9.1%。[③] 值得注意的是，自 2010 年关税同盟启动以来，哈萨克斯坦从白俄罗斯进口的商品总额一直处于上升趋势（见图 4-3）。从这个意义上讲，参与欧亚经济联盟，消除商品贸易壁垒，扩大非能源产品进出口规模对哈萨克斯坦实现对外贸易结构多元化是有益处的。

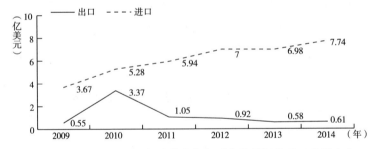

表 4-3 2009 年至 2014 年哈萨克斯坦对白俄罗斯进出口总额变化

资料来源："哈萨克斯坦统计局数据"，http：//stat. gov. kz/faces/wcnav_externalId/homeNumbersCrossTrade？_afrLoop=22464554361040713。

---

① Башмаков А. , "Казахстан и Россия-пассионарное ядро евразийской интеграции" , Россия и новые государства Евразии , No. 4 , 2013.

② "Обзор торговых отношений Казахстана с РФ" , http： //www. ved. gov. ru/exportcountries/kz/kz_ru_relations/kz_ru_trade/.

③ Глинкина С. П. , *Евразийский интеграционный проект*：*эффекты и проблемы реализации* , Москва：Институт экономики РАН , 2013 , ст. 20.

二　深化油气领域合作

从现实角度看，油气资源开采和出口是哈萨克斯坦的支柱产业。独立以来，哈萨克斯坦的石油开采业在 GDP 中所占比重一路攀升，从 1990 年的 2.4%，增长到 2010 年的 50.8%，占资源开采业的 82.9%（见表 4-5）。石油开采和出口已经成为哈萨克斯坦财政收入的重要来源。由此可见，今天哈萨克斯坦倡导经济发展模式"去能源化"，实现"多元化"发展并不意味着要降低油气资源开采对国民经济的贡献，而是保证油气资源"上游"收入的同时，大力发展"中游"和"下游"产业，实现产业发展纵向"多元化"，又同时合理利用"上游"收入，发展其余非能源产业，实现横向"多元化"。再从历史角度看，苏联虽然已经不复存在，但苏联遗留下来的油气资源运输、加工体系至今仍发挥着重要作用，俄罗斯依然在原苏联地区能源产业结构中处于中心位置。可以说，与俄开展能源合作是哈对外经济合作中重要的组成部分。与其他成员国在能源上单方面高度依赖俄罗斯的供给不同，俄哈能源合作内容更为丰富，存在一定的竞合关系。

表 4-5　1990 年、2000 年、2010 年哈萨克斯坦 GDP 结构变化表

单位:%

产业部门	1990 年	2000 年	2010 年
资源开采业	*	44.5	61.3
化石能源开采	5.7	41	52.2
包括：石油	2.4	38	50.8
天然气	0.2	0.5	0.3
煤	3.1	1.5	1.1
矿石资源开采	*	3	5.4
包括：铁矿	*	1.3	2.1
有色金属矿	*	1.7	3.3
加工工业	*	46.5	31.7
黑色金属	6.3	8.5	5.7
有色金属	10.2	11.7	7.5
化学和石化工业	6.5	5.9	6.2
包括：石油加工	2.1	3.3	2.7

产业部门	1990 年	2000 年	2010 年
机械制造和金属加工	15.9	3.7	3.9
林业、木材加工及造纸业	2.8	1	0.2
轻工业	15.6	2.1	0.3
食品工业	22.3	13.3	7.5
电力、天然气及水资源生产	5.2	9	7

资料来源：Алиев Т. М.，"Структурные сдвиги в экономике Казахстана（1991-2011 гг.）"，Мировая экономика и международные отношения，No. 8，2013。

原油和成品油交易是俄哈能源合作的重点领域。从表4-5中可知，哈萨克斯坦虽为油气资源生产和出口大国，却不是加工大国。1990年至2010年石油加工业在GDP中的比重并无明显变化，依旧保持在低比例状态。究其原因是，哈萨克斯坦境内炼油厂数量缺乏，只有建于苏联时期的巴甫洛达尔、奇姆肯特和阿特劳三座炼油厂，[①] 更何况三座炼油厂技术工艺落后，加工的量和深度均不够，生产出的成品油难以满足国内市场需求。在国内市场对成品油需求不断上升的背景下，哈萨克斯坦不得不每年从俄罗斯进口相当数量的原油和成品油。

在俄哈原油和成品油交易中，出口税是双方博弈的焦点。2010年12月9日，俄哈两国政府签署关于向哈萨克斯坦供应原油和成品油经贸合作协议，双方同意在2014年1月1日前不对原油贸易征收出口税，从2014年1月1日起双方可采用串换方式互相供应原油，对成品油贸易不征收关税。[②] 2012年9月19日，俄哈两国签署该协议的首份补充议定书。议定书明确了2014年1月1日前对俄罗斯向哈萨克斯坦每年出口的600万~700万吨石油免征关税，2014年1月起若双方出口原油，则将通过串换方式进行；俄罗斯向哈萨克斯坦出口成品油免征关税，但哈萨克斯坦需用一定数量原

---

① 阿特劳炼油厂历史最悠久，1945年建成投产，1969年升级改造，加工能力为500万吨/年；巴甫洛达尔炼油厂1978年一期建成投产，1989年二期建成，加工能力为750万吨/年；奇姆肯特炼油厂1985年建成投产，加工能力为600万吨/年。

② *Соглашение между Правительством Российской Федерации и Правительством Республики Казахстан о торгово-экономическом сотрудничестве в области поставок нефти и нефтепродуктов в Республику Казахстан, 9 декабря 2010 года.*

油来补偿。① 2013 年 12 月 24 日，俄哈两国签署 2010 年 12 月 9 日政府间协议的第二份补充议定书。议定书规定：俄哈同意将政府间协议延长至 2015 年，俄仍将向哈免税供应成品油，每年不超过 150 万吨。② 2014 年 5 月 29 日，俄哈第三次签署补充议定书，决定政府间协议有效期延长至 2019 年，在双方不提出解除协议的情况下，协议自动再顺延 5 年，直到 2025 年。③ 为了摆脱对俄罗斯的原油和成品油的进口依赖，提高石油加工能力，哈萨克斯坦决定全面升级现有的三大炼油厂，2016 年实现石油总加工能力达到每年 1750 万吨，超过 2014 年炼油量 1500 万吨，实现自给自足。与此同时，哈萨克斯坦还计划在西南部建造第四座炼油厂，进一步提升石油加工能力。④

　　如果说在原油和成品油贸易上俄哈更多地在"讨价还价"，那么在油气过境运输领域，双方是可以相互借重的。在石油方面，俄罗斯是哈萨克斯坦石油出口欧洲的重要过境国。俄哈两国的合作主要集中在田吉兹—新罗西斯克石油管道和阿特劳—萨马拉管道。田吉兹—新罗西斯克石油管道隶属于俄哈主导的里海国际石油财团管道系统（CPC），全长 1593 公里，2001 年投入使用，2011 年启动扩建工程。2014 年，该管道承担输送量达 3500 万吨，占哈萨克斯坦年度出口总量 6200 万吨的 56.5%。⑤ 该管道在未来依旧

① *Протокол о внесении изменений в Соглашение между Правительством Российской Федерации и Правительством Республики Казахстан о торгово-экономическом сотрудничестве в области поставок нефти и нефтепродуктов в Республику Казахстан от 9 декабря 2010 года, 19 сентября 2012 года.*

② *Протокол о внесении изменений в Соглашение между Правительством Российской Федерации и Правительством Республики Казахстан о торгово-экономическом сотрудничестве в области поставок нефти и нефтепродуктов в Республику Казахстан от 9 декабря 2010 года, 24 декабря 2013 года.*

③ *Протокол о внесении изменений в Соглашение между Правительством Российской Федерации и Правительством Республики Казахстан о торгово-экономическом сотрудничестве в области поставок нефти и нефтепродуктов в Республику Казахстан от 9 декабря 2010 года, 29 мая 2014 года.*

④ "中华人民共和国驻哈萨克斯坦大使馆经济商务参赞处：Nexant 公司设计哈第四座炼油厂的可行性研究"，http：//kz. mofcom. gov. cn/article/jmxw/201510/20151001144507. shtml；"中国和伊朗或将联合参与哈萨克斯坦第四座炼油厂建设工程"，哈通讯社，http：//www. inform. kz/chn/article/2832740。

⑤ "Объём экспорта казахстанской нефти в 2014 году составил 62 млн. тонн"，http：//bnews. kz/ru/news/ekonomika_ i_ biznes/obem_ eksporta_ kazahstanskoi_ nefti_ v_ 2014_ godu_ sostavil_ 62_ mln_ tonn-2015_ 02_ 11-1140547.

是哈萨克斯坦石油出口的重要通道。阿特劳—萨马拉管道是苏联时期建成的老管道，全长695公里，目前运量仅为田吉兹—新罗西斯克石油管道的一半左右。需要指出的是，随着中俄石油贸易快速发展，哈萨克斯坦也成为俄罗斯石油出口中国的过境国。2013年12月24日，在最高欧亚经济委员会例行会议上，俄哈双方签署了关于过境哈萨克斯坦向中国输送俄罗斯石油的政府间协议。根据协议，俄罗斯石油可以从鄂木斯克，经哈中阿塔苏—阿拉山口石油管道，最后到中国。通过该管道，俄罗斯每年可向中国输送石油700万吨，未来可增至1000万吨。2014年6月，哈萨克斯坦议会批准了该政府间协议。天然气方面，哈萨克斯坦是中亚通往俄罗斯天然气管道的重要过境国。苏联时期建成的从土库曼斯坦、乌兹别克斯坦到俄罗斯的"中亚—中央"天然气管道，从乌兹别克斯坦到俄罗斯南部工业区的布哈拉—乌拉尔天然气管道，均过境哈萨克斯坦。此外，俄罗斯通向欧洲的奥伦堡—新普斯科夫管道、"联盟"（Союз）管道也过境哈萨克斯坦。

三 挖掘交通运输潜能

与其他运输方式相比，铁路运输一般是内陆国家运输方式的首选。[①] 近年来，铁路基础设施建设成为了哈萨克斯坦发展的重点领域。2012年，纳扎尔巴耶夫签署了《哈萨克斯坦——新丝绸之路》国家计划，目的是通过完善交通基础设施，使哈能成为贯通亚欧大陆的交通枢纽、物流大国。该计划是哈历史上第一份关于发展交通基础设施的中长期规划。根据规划，到2020年前，哈准备在交通基础设施领域投入600亿美元，其中以铁路建设为主。哈萨克斯坦的铁路建设主要有三个方向：北线，即以哈萨克斯坦为起点，穿过俄罗斯，到达波罗的海及欧洲诸国；东线，即向东经阿拉山口，到中国连云港；西线有两个通道，即通过里海，经南高加索地区，到达土耳其，以及穿过中亚，到达中东地区。

在欧亚经济联盟框架内，哈萨克斯坦重点开发北线。2014年11月13日，俄、白、哈三国铁路公司联合成立"联合交通物流公司"（Объединённая транспортно-логистическая компания，ОТЛК）。俄罗斯铁路公司总裁亚库

---

① Kunaka C., Carruthers R., *Trade and Transport Corridor Management Toolkit*, Washington D. C. : The World Bank, 2014, p.239.

宁（В. И. Якунин）曾评价道："联合交通物流公司是关税同盟内已经实现一体化的项目之一。"① 通过此举，俄、白、哈三国可充分发挥陆上交通优势，能把当下中欧贸易以海运为主的物流方式转变为铁路为主的物流方式，② 并把欧亚经济联盟打造成欧亚贸易的"马车夫"。据预测，到2021年，联合交通物流公司的运量将达到400万个标准集装箱，其中22.8%为中欧过境集装箱，15.5%为中国与中亚的过境集装箱，13.3%为进口集装箱，15.5%为出口集装箱，32.9%为内部贸易集装箱。③ 联合交通物流公司将为俄、白、哈三国 GDP 带去额外收益，俄罗斯将从中获得约50亿美元，哈萨克斯坦约53亿美元，白俄罗斯约10亿美元。④

需要指出的是，欧亚经济联盟内的北线并不是哈萨克斯坦的唯一选项。除北线外，连接东线与西线也是哈萨克斯坦发展铁路基础设施的重点方向。迄今为止，从中国连云港，依次经过哈萨克斯坦的阿克套港、阿塞拜疆的巴库港、格鲁吉亚的第比利斯，到达土耳其的伊斯坦布尔，然后进入南欧的铁路—水路运输线已经贯通。可以说，东西线与北线齐头并进有助于哈萨克斯坦实现利益最大化。而对欧亚经济联盟而言，哈萨克斯坦的东西线铁路运输走廊将会对俄、白、哈三国铁路运输线产生冲击。

第三节 白俄罗斯参与欧亚经济联盟的地缘经济因素

白俄罗斯是东欧平原上的内陆国，东北部与俄罗斯接壤，南部与乌克

---

① Ионова Е. П. , "Транзитный потенциал Казахстана", *Россия и новые государства Евразии*, No. 1, 2014.

② Ионова Е. П. , "Транзитный потенциал Казахстана", *Россия и новые государства Евразии*, No. 1, 2014.

③ 在关税同盟内成立俄、白、哈三国联合交通物流公司是俄罗斯铁路公司于2012年提出的。联合交通物流公司实际由俄罗斯牵头，主要成员有：俄罗斯铁路公司、白俄罗斯铁路公司、哈萨克斯坦铁路公司、洲际集装箱运输公司（Трансконтейнера）及俄罗斯铁路公司物流公司。据预测，到2021年，联合交通物流公司将实现400万个标准集装箱，其中22.8%为中欧过境集装箱，15.5%为中国与中亚的过境集装箱，13.3%为进口集装箱，15.5%为出口集装箱，32.9%为内部贸易集装箱。参见："Жанар Рымжанова, ОТЛК создаст условия для развития транзита Китай-ЕС", http://ria.ru/interview/20141114/1033314001.html。

④ Ионова Е. П. , "Транзитный потенциал Казахстана", *Россия и новые государства Евразии*, No. 1, 2014.

兰相连，西部与波兰为邻，西北部与立陶宛和拉脱维亚接壤。白俄罗斯国土面积 20.76 万平方公里，全国人口总数为 949.87 万。白俄罗斯经济有以下特点：（1）工业底子好。白俄罗斯在苏联时期就是重要工业基地，是单独的经济区，主要生产机床、汽车、拖拉机、电子、仪表、化工产品等。全国有 25% 的居民从事工业生产，这个指标在欧亚经济联盟里是最高的。① （2）自然资源匮乏。长期以来，白俄罗斯依赖俄罗斯提供的油气资源。（3）经济模式是出口指向型。商品出口占白俄罗斯 GDP 的 68%。（4）国有经济比重较大。在欧亚经济联盟国家中，白俄罗斯经济的国有成分比重最大。2012 年初，全国 902 家股份企业中有 632 家由国家实际控股。② （5）白俄罗斯处在俄欧之间，是俄罗斯油气资源通向欧洲的重要过境国。

一　推动贸易流向多元化

俄罗斯是白俄罗斯最重要商品贸易伙伴。2014 年，对俄贸易占白俄罗斯对外贸易总额的比重是 48.8%，其中出口是 42.2%，进口是 54.6%。③ 从对俄贸易的结构中看（见表 4-6），白俄罗斯主要从俄罗斯进口"燃料资源、石油及其加工品"，占进口比重的 51.8%，其次是"机械产品、交通工具"和"化工产品"，分别占 15.1% 和 8.9%。白俄罗斯主要向俄罗斯出口"农产品"，占出口比重的 30.6%，其次也是"机械产品、交通工具"和"化工产品"，分别占 26.2% 和 11.5%。在商品贸易领域，白俄罗斯参与欧亚经济联盟的利益诉求主要有以下方面。

第一，消除贸易壁垒。自 2000 年白俄罗斯与俄罗斯建立联盟国家以来，两国一直没能制定出统一的商品税率，建立共同市场的目标只停留在纸面。不仅如此，两国间还多次爆发经贸纠纷，先后有过"天然气战争"（2006

① "Промышленная кооперация: в поисках взаимовыгодных решений", *Вестник Совета Федерации*, 2015, (8): 52-61.

② Институт стран СНГ, *Будущее Союзного государства и потенциальные модели его развития*, Москва: Институт стран СНГ, 2013, ст. 235.

③ Министерство экономического развития РФ, "О внешней торговле Республики Беларусь с Российской Федерацией в 2014 году", http://www.ved.gov.ru/files/images/country/Byelorussia/2015/Foreign% 20Trade% 20of% 20the% 20Republic% 20of% 20Belarus% 20with% 20the% 20Russian%20Federation%20in%202014. pdf.

年）、"石油战争"（2007 年）、"牛奶战争"（2009 年）等。因此，与俄罗斯建立统一经济空间，消除双边经贸中的壁垒，加强两国地区层面的经贸互动，维护在俄市场中的合法利益对白俄罗斯而言是参与欧亚经济联盟建设的重要动力之一。①

第二，扩大商品出口。独立以来，白俄罗斯的对外贸易主要流向俄罗斯。根据国际惯例，当国家 A 占国家 B 出口总额的 18% 至 20% 时，那么国家 A 对国家 B 已经构成潜在经济威胁。比如，1998 年 8 月，俄罗斯单方面毁约造成白俄罗斯出口损失了近 40%。② 如今，俄罗斯占白俄罗斯出口总额的 42.2%。从白俄罗斯角度看，对外贸易高度依赖俄罗斯不利于维护国家经济安全，但是失去俄罗斯这个最大贸易伙伴对白俄罗斯而言又是不现实的。卢卡申科曾指出，俄罗斯始终是白俄罗斯的友邻和朋友，但是白俄罗斯对外贸易不能完全依赖俄罗斯，要实现多元化。③ 欧亚经济联盟框架内的商品共同市场为白俄罗斯在原苏联地区实现贸易流向多元化提供可能。正如上文所述（见图 4-3），近年来，白哈贸易尽管贸易额只有 8.35 亿美元，但是已经呈现出上升趋势。

表 4-6　2014 年白俄罗斯与俄罗斯贸易结构比重

单位：%

	从俄罗斯进口	向俄罗斯出口
农产品	5.5	30.6
矿产资源	0.9	1.3
燃料资源、石油及其加工品	51.9	7.3
化工产品	8.9	11.5
皮革、毛皮制品	0.4	0.2
木制品、纸浆	1.8	2.3

① Бобков В. А., *Беларусь в интеграционных проектах*, Минск：Беларуская навука, 2011, ст. 85.

② Бобков В. А., *Беларусь в интеграционных проектах*, Минск：Беларуская навука, 2011, ст. 32.

③ Бобков В. А., *Беларусь в интеграционных проектах*, Минск：Беларуская навука, 2011, ст. 32.

续表

	从俄罗斯进口	向俄罗斯出口
纺织品	2.0	5.8
金属制品	10.2	7.3
机械产品、交通工具	15.1	26.2
其他	3.4	7.4

资料来源：Министерство экономического развития РФ，"О внешней торговле Республики Беларусь с Российской Федерацией в 2014 году"，http：//www.ved.gov.ru/files/images/country/Byelorussia/2015/Foreign%20Trade%20of%20the%20Republic%20of%20Belarus%20with%20the%20Russian%20Federation%20in%202014.pdf。

第三，提高产品市场竞争力。近年来，白俄罗斯的工业产品受到了来自两方面的竞争压力。一方面是欧盟市场的高门槛。白俄罗斯的工业产品技术落后，耗能量大，在欧盟市场缺乏竞争力，再加上欧盟国家对白俄罗斯的经济制裁，白俄罗斯产品难以打开欧盟市场。另一方面是来自俄罗斯的挑战。原苏联地区是白俄罗斯工业产品的传统市场，其中又以俄罗斯市场最为重要。最近几年，俄罗斯加大了对工业领域的科技和资本投入，汽车、拖拉机、制冷设备、电视机等产品的市场竞争力不断提升。俄罗斯市场对白俄罗斯的工业产品需求逐渐下降，相反，俄罗斯还扩大了向白俄罗斯出口工业产品。有数据表明，2012年"机械产品、交通工具"占白俄罗斯从俄罗斯进口商品总额的10%，2013年上升至12.2%，[①] 2014年上升至15.1%。对俄罗斯而言，这是双边贸易多元化的积极信号，但从白俄罗斯角度看，这说明其优势产品的市场在萎缩。2009年"机械产品、交通工具"占白俄罗斯向俄罗斯出口总额的30.8%，2014年降至26.2%。化工产品也面临同样状况。2009年化工产品占白俄罗斯对俄罗斯出口总额的26%，2014年降至11.5%。为了扩大商品出口，提高产品竞争力，从2000年开始，白俄罗斯政府一直在独联体地区（2009年格鲁吉亚退出独联体）支持建立"商品传输网络"（товаропроводящая сеть，ТПС），具体做法是支持本国公司在独联体地区设全资子公司，或以参股的形式，组建合资公司，

---

① Министерство экономического развития РФ，"Обзор внешнеэкономического сотрудничества Беларуси и России в 2013 году"，http：//www.ved.gov.ru/files/images/kai/Belarus/Vneshneeconom_sotr_RF_RB_2013.pdf.

借别国公司的力量来进行商品推广。① "商品传输网络" 的特点是单笔投资规模不大，走以量取胜、点面结合的路子。截至 2013 年，白俄罗斯在独联体地区拥有商品传输网络点 287 个，其中 218 个在俄罗斯境内。② 在欧亚经济联盟框架下，白俄罗斯可以通过推动资本走出去，加强 "商品传输网络" 建设，为提高产品市场竞争力，扩大商品市场保驾护航。

二　恢复传统工业联系

历史上，白俄罗斯就是沙俄帝国、苏联的重工业基地，与俄罗斯传统工业联系十分紧密。可是，苏联解体造成了俄白传统工业链断裂，白俄罗斯工业发展受到严重阻碍，甚至出现 "去工业化"（деиндустриализация）趋势。在欧亚经济联盟框架下，俄白工业合作的核心内容是恢复重工业，尤其是机械制造、化学工业等领域的传统产业链、供需关系，以及研发能力。从本质上讲，欧亚经济联盟框架下工业合作之核心就是俄白工业合作。相比之下，俄哈工业合作集中在资源上游开采和下游加工之间，是两国能源合作组成部分，而俄亚、俄吉两国并不存在 "合作"，是俄罗斯对两国的工业援助。从这个意义上讲，欧亚经济委员会工作会议让来自白俄罗斯的委员辛德尔斯基（С. С. Сидорский）分管工业与农业政策协调是有一定道理的。③

当前，俄白两国在高科技、超级计算机、信息技术、化工、机械制造、电力等领域有超过 40 个协同项目，白俄罗斯有 60% 的企业与俄罗斯有业务联系。在俄白两国工业合作中，产研结合是一大亮点。比如，《先进半导体异质结构及其相关产品》是白科学院与俄圣彼得堡 "斯维特拉娜" 电厂、俄科学院技术物理研究所的合作项目，《创新技术及富有市场竞争力的结构材料、加强元件》是白科学院与俄莫斯科彼得罗夫塑料研究院、"莫斯科特殊项

---

① 商品贸易领域是白俄罗斯对外直接投资的重点方向，占对欧亚经济联盟直接投资总额的 50% 左右。参见：*Мониторинг взаимных инвестиций в странах СНГ*，Санкт-Петербург：Евразийский банк развития，No. 32，2015。

② *Мониторинг взаимных инвестиций в странах СНГ*，Санкт-Петербург：Евразийский банк развития，No. 32，2015.

③ 来自白俄罗斯的辛德尔斯基（С. С. Сидорский）连续两届担任欧亚经济委员会工作会议分管工业与农业政策的委员。详情请参见本书第三章《欧亚经济联盟的运行模式》。

目"公司（Мосспецпроект）、萨拉托夫巴拉科沃石炭厂等单位的合作项目，等等。

三　降低油气进口成本

俄白能源合作主要围绕油气进出口和过境运输两方面展开。白俄罗斯油气资源依赖从俄罗斯进口，而俄罗斯石油出口至欧洲也依赖从白俄罗斯过境。[①] 从白俄罗斯角度看，从俄罗斯获得廉价油气资源来支撑本国工业生产，并同时发展石油加工业，向海外市场销售石油加工品，是白俄罗斯在欧亚经济联盟中的能源利益诉求。

先谈油气进口价格和过境税问题。在 2006 年之前，白俄罗斯主要以俄罗斯国内价格从俄进口油气资源，俄白双方并未专门就油气资源合作制定法律机制。2006 年，俄罗斯提出出口白俄罗斯的石油从原来的每吨 270 美元升至 430 美元，天然气从原来的每千立方米 46.68 美元升至 105 美元。白俄罗斯对此十分不满，称之为"能源讹诈"，并加收石油过境税来反制。[②]围绕价格和过境税问题，两国先后爆发"天然气战争"（2006 年）、"石油战争"（2007 年），[③] 2011 年，两国又因天然气款项问题发生争执。应该说，一旦俄罗斯提出油气价格提价或催款，白俄罗斯就以增收过境税来反制，或拖延谈判，甚至抽取"友谊"管道中的石油加以补偿。长此以往，终究不是办法，这不仅会波及俄白两国政治关系，还会影响俄罗斯与欧盟能源合作之大局。

其次是白俄罗斯独立后兴起的石油加工业。2006 年前，得益于从俄罗斯获得的廉价石油，白俄罗斯境内兴起了石油加工业。在白俄罗斯境内轻工业、机械制造业、矿产加工业比重明显下降，而石油加工业比重逐步上升。比如，在戈梅利州石油加工业占比从 1990 年的 11% 上升至 2010 年

---

① 2012 年俄德"北流"（Северный поток）建成后，俄罗斯向欧洲出口天然气降低了对白俄罗斯的过境依赖，但是苏联时期建成的俄欧"友谊"石油管道仍过境白俄罗斯。因此，白俄罗斯仍然是俄罗斯油气出口的重要过境走廊。

② 需要特别说明的是，在此之前俄罗斯石油过境白俄罗斯是无须交过境税的。

③ 这里并不意味着俄白两国的能源纠纷始于 2006 年。早在 2002 年，俄白两国因白俄罗斯拖欠天然气款项而爆发天然气纠纷。但是，2002 年的天然气纠纷并不涉及俄罗斯提价问题。纠纷解决后，俄罗斯依旧以国内价格（每千立方米 22 美元）向白俄罗斯供应天然气。

的 46%；在维捷布斯克州石油加工业占比从 1990 年的 16% 上升至 2010 年的 49%。① 2015 年，白俄罗斯生产的石油加工产品共计 1685.1 万吨，其中 46.2% 销往英国、19% 销往乌克兰、17.3% 销往荷兰。② 可见，石油加工业已经成为白俄罗斯的新型支柱产业之一。不仅从价格来看，还是从自身工业生产来看，白俄罗斯对俄罗斯油气资源的依赖度依旧很高。可以认为，共建能源共同市场，确保获得廉价油气资源支撑本国工业生产是白俄罗斯参与欧亚经济联盟建设的又一动因。

第四节　亚美尼亚加入欧亚经济联盟的地缘经济因素

亚美尼亚是地处南高加索地区的内陆国家，东临阿塞拜疆，南临伊朗，西接土耳其，北接格鲁吉亚。亚美尼亚国土面积 2.98 万平方公里，全境 90% 的地区为山地，平均海拔为 1800 米。全国人口总数在 300 万左右。亚美尼亚经济具有以下特点：（1）国内经济结构趋于单一。目前，亚美尼亚经济结构中以农业和工业为主，分别占国内生产总值的 21.9% 和 28.5%。（2）从收入上看，亚美尼亚属于中低收入国家。根据 2012 年数据，亚美尼亚的人均 GDP 仅为 3338 美元，是俄罗斯的 23.8%，是哈萨克斯坦的 28% 及白俄罗斯的 50%，但比吉尔吉斯斯坦高（为 1160 美元）。（3）自然资源匮乏。与阿塞拜疆和格鲁吉亚相比，亚美尼亚资源匮乏，除了一定储量的铜矿、铜钼矿外，石油、天然气等资源都依赖从俄罗斯进口。③（4）工业底子薄。亚美尼亚工业以加工业为主，占工业生产中的 64%，其次是能源

① *Приграничное сотрудничество регионов России，Беларуси и Украины*，Санкт-Петербург：Евразийский банк развития，No. 17，2013.

② "Белоруссия в 2015 года импортировала из России 22.9 млн. тонн нефти"，http：//ria. ru/economy/20160219/1377465033. html#ixzz40h6Afnhd.

③ 在欧亚经济联盟内，亚美尼亚可以获得优惠的天然气进口价格。2013 年 9 月，亚美尼亚正式宣布希望加入关税同盟、统一经济空间后，年底俄亚双方签署政府间协议，明确俄罗斯向亚美尼亚提供的天然气价格从 270 美元每千方米降至 189 美元每千立方米。2015 年 1 月，亚美尼亚正式成为欧亚经济联盟成员国后，同年 9 月，总统萨尔基相访俄，并同俄罗斯确定新的天然气价格，即从 189 美元每千立方米再降至 165 美元每千立方米。参见："Встреча с Президентом Армении Сержем Саргсяном. 07 сентября 2015 года"，http：//www. kremlin. ru/events/president/news/50250.

（20%）和矿产开采业（16%）。而在加工业中，又以食品、饮料和烟草生产为主，比重要占56%。（5）高失业率。2010年至2014年，亚美尼亚失业率一直处于16%至19%的高位状态。（6）从地缘经济环境来看，亚美尼亚事实上处于"半封锁"状态。阿塞拜疆因纳卡问题关闭了与亚美尼亚边境，土耳其也因历史问题对亚美尼亚采取边境封锁。[①] 因此，向南到伊朗和向北经格鲁吉亚到俄罗斯是亚美尼亚进入国际市场的两条生命线。

一 扩大商品市场

俄罗斯是亚美尼亚最大的贸易伙伴。据统计，在亚美尼亚对外贸易中，2012年俄罗斯的比重为23.5%，[②] 2013年为24.3%，2014年为23.7%。[③] 从表4-7中可见，在欧亚经济联盟框架内，亚美尼亚除了和俄罗斯有大比重贸易外，与哈萨克斯坦和白俄罗斯的贸易是微乎其微。从亚俄双边贸易结构来看，亚美尼亚主要向俄罗斯出口酒类和非酒精饮料（50.3%）、首饰品（12%）及各类水果（7.2%），从俄罗斯主要进口矿物燃料（55%）、粮食（11%）和机械设备（5.5%）。[④] 由此可见，无论是从贸易比重，还是从贸易结构来看，亚美尼亚在对外贸易上高度倚重俄罗斯是客观事实，加入欧亚经济联盟是亚美尼亚保持和扩大海外市场的必经之路。

表4-7 亚美尼亚与俄、中、德、哈、白五国贸易比重比较

单位：%

	2013				2014		
	总比重	出口	进口		总比重	出口	进口
俄罗斯	24.3	22.6	24.8	俄罗斯	23.7	20.3	24.9
中国	7.6	4.7	8.6	中国	9.9	11.3	9.5

① 关于亚美尼亚与阿塞拜疆、土耳其关系，将在第五章展开讨论。

② Армения и Таможенный союз: оценка экономического эффекта интеграции, Санкт-Петербург: Евразийский банк развития, No. 20, 2013, ст. 14.

③ "Внешнеторговый оборот Республики Армения в 2013 – январь-май 2015 гг.", http://www.ved.gov.ru/exportcountries/am/about_am/ved_am/.

④ Федоровская И. М., "Вступление Армении в ЕАЭС", Россия и новые государства Евразии, No. 2, 2015.

续表

	2013				2014		
	总比重	出口	进口		总比重	出口	进口
德国	6.6	5.8	6.3	德国	7.5	10.4	6.4
哈萨克斯坦	0.1	0.5	0.0	哈萨克斯坦	0.1	0.5	0.0
白俄罗斯	0.8	0.6	0.9	白俄罗斯	0.7	0.6	0.7

资料来源："Внешнеторговый оборот Республики Армения в 2013 – январь-май 2015 гг."http：//www.ved.gov.ru/exportcountries/am/about_am/ved_am/。

二 依赖俄罗斯资本

俄罗斯资本控制了亚美尼亚的经济命脉。自 1991 年以来，俄罗斯在亚美尼亚投资项目总额达 34 亿美元左右，占亚美尼亚外资总额的 41%。在投资领域方面，俄罗斯资本涉及能源、交通、金融等亚美尼亚的战略经济部门。在能源领域，2006 年，俄罗斯"统一电力系统"公司（Интер РАО ЕЭС）成功收购亚美尼亚电网公司（Электросети Армении），自此，亚美尼亚的电力出口被俄罗斯垄断；2014 年，俄罗斯天然气公司（Газпром）收购"亚俄天然气公司"（АрмРосгазпром）20% 的股份，并把后者更名为"亚美尼亚天然气公司"（Газпром Армения），成为旗下全资子公司，俄罗斯资本开始掌控亚美尼亚境内全部的天然气运输与供给，以及伊朗至亚美尼亚的天然气管线；亚美尼亚的核电发展也离不开俄罗斯的技术和资本。[①]在交通领域，2005 年，俄罗斯西伯利亚航空公司收购亚美尼亚航空 70% 的股份；[②] 2008 年，亚美尼亚铁路系统并入俄罗斯铁路公司，目前亚美尼亚境内铁路由俄罗斯铁路公司全资子公司"南高加索铁路公司"负责运营。在金融领域，2004 年，俄罗斯外贸银行（ВТБ）收购亚美尼亚储蓄银行 70%

[①] 核电是近年来亚美尼亚能源发展的重点领域。在亚美尼亚近 40% 的电力要依靠核能发电。在亚美尼亚发展核电的问题上，俄欧立场明显不同。欧盟不主张亚美尼亚建设新的核电站，理由是：（1）以拉兹丹热电站和将要建成的阿拉克斯水电站等都能满足亚美尼亚的电力供应；（2）日本福岛核电站泄露事件引起了欧盟对核电站安全性的怀疑。与欧盟相反的是，俄罗斯则大力支持亚美尼亚的核电站建设。这既可以降低亚美尼亚对进口能源的依赖度，又可以促进俄亚能源合作多元化。参见：*Армения и Таможенный союз：оценка экономического эффекта интеграции*，Санкт-Петербург：Евразийский банк развития，No.2，2013，ст.35。

[②] 由于公司经营不善，2013 年 4 月，亚美尼亚航空公司宣告破产。

的股份，目前俄罗斯外贸银行是亚美尼亚境内最大的金融机构，拥有 67 个分支机构。

三 确保交通运输安全

改善交通基础设施是亚美尼亚加入欧亚经济联盟的又一动因。与欧亚经济联盟其他成员国相比，亚美尼亚与外界的交通联系最为不便。交通闭塞是制约亚美尼亚经济发展以及参与区域经济一体化的瓶颈之一。造成这一困境的原因有三：一是地缘政治原因。由于与阿塞拜疆、土耳其关系紧张，两国均对亚采取封锁政策，关闭了与亚边境。二是地理原因。亚美尼亚境内多山地，不利于基础设施建设。更何况，亚美尼亚是内陆国，缺乏入海口，对外交通联系不畅。三是在欧亚经济联盟中，亚美尼亚与俄罗斯之间被格鲁吉亚所隔开，是一块"飞地"。由此可见，推动基础设施一体化，尤其是交通一体化，打通向南，通向伊朗，保持向北，经格鲁吉亚到俄罗斯的铁路线通畅是亚美尼亚维护经济安全的内在要求，也是参与欧亚经济联盟的重要动因之一。[①]

四 保障劳动移民权益

俄罗斯是亚美尼亚劳动移民的主要目的地。在亚美尼亚的移民中有85%左右流向俄罗斯，[②] 其中 70%左右在俄罗斯从事建筑业。[③] 在俄的侨民汇款在亚美尼亚 GDP 中占有较大比例，为 15%左右。2012 年，在俄的侨民汇款总额相当于亚美尼亚国家财政预算的 64.5%。[④] 因此，移民问题是亚美

---

① 俄铁路公司及部分学者提议，建设一条俄罗斯经过阿布哈兹进入亚美尼亚的铁路线。但由于俄格关系紧张，格鲁吉亚与阿塞拜疆、土耳其联手遏制亚美尼亚，因此关于这条铁路线的建设尚处于讨论阶段，就目前而言真正建设的可能性不大。参见：Крылов А.，Скаков А.，"Перспективы открытия железнодорожного сообщения через Абхазию"，*Россия и новые государства Евразии*，No. 3，2015。

② *Армения и Таможенный союз: оценка экономического эффекта интеграции*，Санкт-Петербург：Евразийский банк развития，No. 20，2013，ст. 39.

③ Чобанян А.，*Возвратная миграция и вопросы реинтеграции: Армения*，CARIM-East RR，No. 4，2013，ст. 3.

④ *Армения и Таможенный союз: оценка экономического эффекта интеграции*，Санкт-Петербург：Евразийский банк развития，No. 20，2013，ст. 39-42.

尼亚与俄罗斯关于加入欧亚经济联盟谈判的重要议题之一。2014 年 4 月初，两国移民部门签署合作协议，俄罗斯取消对亚美尼亚劳动移民的限制，并自 2015 年 1 月起把亚美尼亚纳入欧亚经济联盟劳动力共同市场，亚美尼亚公民享有在欧亚经济联盟境内自由就业的权利。①

第五节 吉尔吉斯斯坦加入欧亚经济联盟的地缘经济因素

吉尔吉斯斯坦是位于中亚东北部的内陆国家，北接哈萨克斯坦，东接中国，南与塔吉克斯坦接壤，西部和西南又与乌兹别克斯坦为邻。吉尔吉斯斯坦地形以山地为主，约 90% 的领土在海拔 1500 米以上，其中至少 30% 的地区在海拔 3000 米至 4000 米之间。截至 2014 年底，吉尔吉斯斯坦人口数量为 583.4 万人，境内有 90 多个民族。从经济结构来看，农产品、电能及矿物原料出口是吉尔吉斯斯坦国民经济的三大支柱。此外，侨民收入也对吉尔吉斯斯坦经济影响较大。根据 2013 年数据，在外务工侨民汇款总额占 GDP 的 31%。② 从经济发展水平来看，吉尔吉斯斯坦 GDP 仅为 74.04 亿美元，只排在卢旺达之后，科索沃之前，外债要占 GDP 的 45% 左右，被世界银行定为中低收入国家。在欧亚经济联盟中，吉尔吉斯斯坦的经济体量最小，它是俄罗斯经济的 0.6%，哈萨克斯坦经济的 6.1%，及白俄罗斯经济的 9.3%。③ 尽管吉尔吉斯斯坦 GDP 增长（见图 4-4）时常会出现 8%（2008 年），甚至是 10%（2013 年底）的高增长率，但是 GDP 增长走势不稳，跌宕起伏，这也能从侧面说明吉尔吉斯斯坦经济的脆弱性。除了一般性经济因素，吉尔吉斯斯坦国内政局动荡对经济发展造成了

---

① "Граждане Армении смогут работать в РФ без дополнительных барьеров", http://ria.ru/world/20140410/1003377573.html.

② 2012 年，吉尔吉斯斯坦在外务工侨民收入占 GDP 的 29%。参见：Козловский В., "Поназарабатывали тут! Таджикские мигранты перевели в свою страну денег почти на половину ВВП", *Российская газета*, 23 ноября 2012 года; *Трудовая миграция и трудоемкие отрасли в Кыргызстане и Таджикистане: возможности для человеческого развития в Центральной Азии*, Санкт-Петербург: Евразийский банк развития, No. 31, 2015, ст. 15.

③ Петров А., "Фонд в помощь", *Российская газета*, 06 мая 2015 года.

十分消极的影响。2005 年"郁金香革命"对国民经济的冲击在 2007 年逐渐显现出来。吉尔吉斯斯坦 2006 年的通货膨胀仅为 5%，2007 年急速增长到了 20%，2008 年为 25%。如果说吉尔吉斯斯坦在 2005 年前还是农业—工业国，那么在 2007 年后就成了纯农业国。① 应该说，独立 20 多年来，吉尔吉斯斯坦历届政府始终没能解决好高贫困率与失业率、"影子经济"及工业产品市场竞争力低下等三大问题。② 因此，积极开展国家间经济合作，解决国内经济社会问题是吉尔吉斯斯坦加入欧亚经济联盟的主要动因。

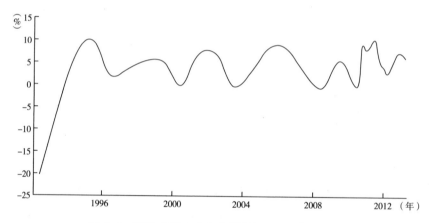

图 4-4 1996 年以来吉尔吉斯斯坦 GDP 增长变化

资料来源：ВВП Кыргызстана［EB/OL］，http://www.tradingeconomics.com/kyrgyzstan/gdp-growth-annual。

一　扩大商品市场

参与共同商品市场，扩大本国农产品海外市场是吉尔吉斯斯坦加入欧亚经济联盟的重要利益诉求。农业是吉尔吉斯斯坦的支柱产业，其产值占

---

① Акаева Б. А.，Коротаев А. В.，Исаев Л. М.，Шишкина А. Р.，*Системный мониторинг глобальных и региональных рисков：Центральная Азия：новые вызовы*，Москва：ЛЕНАНД，2013，ст. 300.

② Акаева Б. А.，Коротаев А. В.，Исаев Л. М.，Шишкина А. Р.，*Системный мониторинг глобальных и региональных рисков：Центральная Азия：новые вызовы*，Москва：ЛЕНАНД，2013，ст. 289.

GDP 的 17.5%。在农业总产值中，按领域分，种植业占 50.5%，畜牧业占 47.8%，服务业占 1.6%，狩猎和林业占 0.1%。① 全国一半以上人口从事农业生产及农业服务行业。俄罗斯是吉尔吉斯斯坦的最大贸易伙伴，占吉尔吉斯斯坦对外贸易的 27%。从贸易结构来看，吉尔吉斯斯坦主要向俄罗斯出口农产品，如粮食、棉花和纺织品。俄罗斯向吉尔吉斯斯坦提供化工产品、机械设备、交通工具及能源。根据 2014 年数据，粮食和纺织品占吉尔吉斯斯坦向俄罗斯出口总量的 50% 以上。② 由此可见，加入欧亚经济联盟，消除关税和非关税壁垒，扩大农产品海外市场是吉尔吉斯斯坦对外经济政策的必然选择。

二 依赖俄罗斯资本

目前，俄罗斯是吉尔吉斯斯坦能源领域的重要投资国。吉尔吉斯斯坦地处山地，是众多河流的发源地或上游区域，水能资源十分丰富。因此，水能资源开发是俄吉能源合作的重要领域。2012 年，俄吉双方达成协议，俄罗斯将建设卡姆巴尔-阿廷斯基 1 号水电站和 4 座位于纳伦河的梯级水电站，工程由俄罗斯水力发电公司（Русгидро）负责。卡姆巴尔-阿廷斯基 1 号水电站需投资 640 亿卢布，纳伦河的梯级水电站需投资 250 亿卢布。5 座水电站预计发电量为 10 亿瓦特，这将大大提高吉尔吉斯斯坦的发电量。2015 年 11 月，吉尔吉斯斯坦总理萨里耶夫提出，要加深与欧亚开发银行在能源领域的合作，希望尽早开始对托克托古尔水电站 2 期的修复工作，以及启动卡姆巴尔-阿廷斯基 2 号水电站的建设。③

除水力资源开发外，俄罗斯资本在吉尔吉斯斯坦国内油气领域也趋于垄断。2013 年 10 月，俄罗斯天然气公司（Газпром）收购吉尔吉斯斯坦天然气公司（КыргызГаз）100% 股权，成为后者的母公司。从此，俄罗斯天

① 参见：中华人民共和国驻吉尔吉斯斯坦共和国大使馆经济商务参赞处，"2012 年吉尔吉斯斯坦农业情况"，http://kg.mofcom.gov.cn/article/jgjjqk/ny/201303/20130300048463.shtml

② "Обзор торговых отношений Киргизии с РФ"，http://www.ved.gov.ru/exportcountries/kg/kg_ru_relations/kg_ru_trade/.

③ "Премьер-министр Кыргызской Республики Темир Сариев и ЕАБР обсудили перспективы совместных проектов в сфере энергетики"，http://www.eabr.org/r/press_center/press_releases/index.php?id_4=49114.

然气总公司垄断了吉尔吉斯斯坦国内天然气运输。为了发展吉尔吉斯斯坦境内的天然气运输基础设施，俄罗斯天然气总公司决定向吉尔吉斯斯坦天然气公司注资 200 亿卢布，为期 5 年。除了以上合作项目外，俄吉两国还组建"发展基金会"，并于 2015 年 5 月正式开始运行。基金会将对吉尔吉斯斯坦的重点经济部门提供资金支持。

三 保障劳动移民权益

在外侨民对吉尔吉斯斯坦经济的影响是不言而喻的。吉尔吉斯斯坦有三分之一的人在国外就业，[①] 主要目标国是俄罗斯、哈萨克斯坦和白俄罗斯，其中赴俄罗斯的比例最高，为 91.3%，依次是哈萨克斯坦，为 7.97%，白俄罗斯为 0.72%。[②] 对吉尔吉斯斯坦而言，大量在外务工人员可以给本国经济带来以下积极效应：（1）减轻国内就业及社会压力；（2）通过侨民带回的资金可以建立小微企业，提高本国就业率；（3）在本国传播先进的劳动技能；（4）学习外国（俄、哈、白）语言、文化、习俗，降低民族间交流的障碍。可是，吉尔吉斯斯坦在俄务工人员面临的问题也是显而易见的，如经济压力问题、交通条件不佳、行政审批问题、个人问题、就业及相关行政信息缺乏、受社会排外性歧视等（见图 4-5）。加入欧亚经济联盟劳动力共同市场，可以改善吉尔吉斯斯坦在俄劳动移民的就业条件和社会保障，同时，俄罗斯也将帮助吉尔吉斯斯坦在国内增加就业岗位，提高国内就业率，主要途径是在吉尔吉斯斯坦境内培训专业人才，并招聘当地人员在俄资公司内工作。正如俄吉商会主席波利亚科夫（И. В. Поляков）所言："俄罗斯要做的是两方面工作，一方面组织吉尔吉斯斯坦劳动力赴俄就业，另一方面是加强人员培训，倡导在吉尔吉斯斯坦本国实现就业。"[③]

---

① 参见：Рязанцев С. В.，*Трудовая миграция в странах СНГ и Балтии：тенденции, последствия, регулирование*，Москва：Формула права，2007。

② *Последствия вступления Кыргызстана в Таможенный союз и ЕЭП для рынка труда и человеческого капитала страны*，Санкт-Петербург：Евразийский банк развития，No. 13，2013，ст. 9.

③ "Россия-Киргизия：перспективы сотрудничества"，http：//www. tpp-inform. ru/global/3401. html.

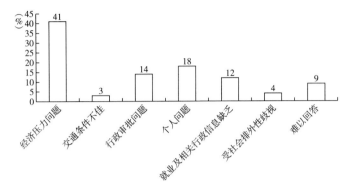

图 4-5 吉尔吉斯斯坦在俄务工人员面临的问题的社会调查统计

资料来源：Последствия вступления Кыргызстана в Таможенный союз и ЕЭП для рынка труда и человеческого капитала страны ［R］，Санкт-Петербург：Евразийский банк развития，2013，（13）：89。

第五章 欧亚经济联盟形成的内因：
地缘政治因素

每个区域一体化机制诞生的背后都有着复杂的地缘政治背景。[①] 本章从民族思想、对外战略及国内政治等多个视角探讨欧亚经济联盟中俄罗斯与其他成员间的地缘政治关系，分析欧亚经济联盟形成的内部地缘政治动力。

第一节 俄罗斯主导欧亚经济联盟的地缘政治因素

一 弥赛亚意识

弥赛亚意识是俄罗斯主导欧亚经济联盟的思想动力。"弥赛亚"原本是个宗教概念，意为"受膏者"（俄文："помазанник"）。古犹太人封立君主和祭司时，受封者额上被傅以膏油（受膏者），意味着他可以与上帝沟通。犹太亡国后，传说上帝将派遣一位"受膏者"来复兴国家，于是把"复国救主"称为"弥赛亚"（俄文："Мессия"）。[②] 因此，弥赛亚意识或弥赛亚主义（俄文："мессианство"或"мессианнизм"）意译为"救世主义"。弥赛亚意识是贯穿俄罗斯民族思想的主线。一千多年来，俄罗斯民族思想先后有5种表达方式，依次是"神圣罗斯""第三罗马""三位一体""第三国际"，[③] 以及今天普京倡导的"强国主义"。

---

① 俄罗斯学者巴依科夫（А. А. Байков）在其专著《比较一体化》中详细阐述了区域一体化进程背后的地缘政治动因。他认为，地缘政治与经济因素同等重要，是每个地区一体化起源的直接影响因素。参见：Байков А. А.，*Сравнительная интеграция*，Москва：Аспект Пресс，2012，ст. 13，105–113。

② 郭小丽：《俄罗斯的弥赛亚意识》，人民出版社，2009，第2页。

③ 郭小丽：《俄罗斯的弥赛亚意识》，人民出版社，2009，第1~6页。

第一，神圣罗斯。神圣罗斯可以追溯到 11 世纪。[①] 督主教伊拉里昂指出，第一个接近上帝的是犹太人，最后一个接近上帝的是罗斯人。根据基督教"我是首先的，我是末后的；我是初，我是终"的逻辑，最后一个加入基督教的罗斯民族不是普通民族，而是一个新的、神选的民族。[②] 简单地说，罗斯人民是上帝的选民，罗斯的历史是"神选民族的历史"。[③]

第二，第三罗马。15 世纪，第三罗马思想诞生。1453 年，东罗马拜占庭帝国覆灭。普斯科夫修道院的修士菲洛费依（Филофей）在写给罗斯大公伊万·瓦西里耶夫（1515－1524 年）的信中首次提出"第三罗马"思想。[④] 在他看来，西罗马帝国和东罗马帝国后，世界上只有一个民族能成为东正教下一个，也是最后一个载体，那就是俄罗斯。作为"第三罗马"，俄罗斯将担负起拯救世界的责任，带领世界人民走向上帝之国。

第三，三位一体。1833 年沙俄帝国教育大臣乌瓦洛夫（С. С. Уваров）提出"东正教、君主专制、人民性"三位一体的构想。所谓三位一体是指："（1）东正教是唯一正统的、上帝的宗教；（2）君主不是外在于人民的独立现象，他与人民一体；（3）有了君主这位救世主，人民才完整而坚强有力，才可以走出苦难，得到拯救；（4）俄罗斯君主的独特性及人民对他的信仰使得俄罗斯民族的历史与众不同。东正教、君主和人民组成一个整体，共同完成上帝赋予的世界使命。"[⑤]

第四，第三国际。在全世界实现共产主义的第三国际思想是苏联时期的官方哲学。在别尔嘉耶夫（Н. А. Бердяев）看来，"在俄罗斯第三国际成功取代了第三罗马。而且，第三罗马的诸多特点转移到了第三国际身上。第三国际本身就是神圣的帝国，同样建立在一个正宗的信仰基础上。其实，第三国际并不是共产国际，而是俄罗斯的民族思想……俄罗斯共产主义比大家一般认为的更为传统，是古老的俄罗斯弥赛亚意识的转化和变形"。[⑥]

---

① 督主教伊拉里昂在《法与神赐说》（俄文："Слова о законе и благодати"，1037－1050 年）中最早表达了民族的自我意识。参见：郭小丽：《俄罗斯的弥赛亚意识》，人民出版社，2009，第 3 页。

② 郭小丽：《俄罗斯的弥赛亚意识》，人民出版社，2009，第 2 页。

③ Успенский Б. А., *Борис и Глеб: Восприятие истории в Древней Руси*, Москва: Языки русской культуры，2000，ст. 40－48.

④ Забияко А. П., *Начала древнерусской культуры*，2002，ст. 266－267.

⑤ 郭小丽：《俄罗斯的弥赛亚意识》，人民出版社，2009，第 4~5 页。

⑥ Бердяев Н. А., *Истоки и смысл русского коммунизма*, Москва: Наука. 1990, ст. 118, 152.

可以说，苏联所实践的马克思主义是俄罗斯化的马克思主义，是马克思主义与俄罗斯弥赛亚意识相结合的产物。

第五，强国主义。普京所倡导的强国主义与千百年来的弥赛亚意识有着千丝万缕联系。强国主义强调俄罗斯独特性、国家领土完整、维护国家安全、大国地位，以及拯救世界的历史使命感，这些正是弥赛亚意识的基本元素。普京曾直言："俄罗斯人民永远追求第一，俄罗斯民族性格中有战胜一切，追求自由和独立的力量。"① 2015 年 12 月颁布的新版《俄罗斯国家安全战略》指出，巩固世界领导大国地位是俄罗斯国家利益中不可或缺的一部分。②

应该说，弥赛亚意识在俄罗斯民族思想谱系中占有重要位置，与诸多思想相交相融。关于弥赛亚意识的发展，我国学者郭小丽精辟地总结道："神圣罗斯理念为它奠定了基础，第三罗马思想的提出标志着它的最终形成，19 世纪俄罗斯宗教哲学思想的勃发使之再次高扬，而苏联旨在'解放全人类'的行为则是这一民族思想的政治实践，弥赛亚意识乃是新时期（俄罗斯）强国主义的渊源，乃是传统民族思想在当下的传承方式和某种坚定的信仰。"③

当前俄罗斯以强国主义④为指导思想的外交战略中，弥赛亚意识更多地体现为一极思想。俄罗斯的一极思想主要体现在两个方面：其一，俄罗斯是多极化世界格局中的一极。在俄罗斯看来，苏联解体后，美国主导下的单极世界并不符合世界发展潮流，甚至是"人类新悲剧的根源"。⑤ 2008 年世界金融危机后，俄罗斯精英阶层认为，金融危机加速了世界政治经济结

---

① Путин В. В., "Выступление на расширенном заседании Государственного совета《О стратегии развития России до 2020 года》", http://www.kremlin.ru/events/president/transcripts/24825.

② *Стратегия национальной безопасности от 31 декабря 2015 года.*

③ 郭小丽：《俄罗斯的弥赛亚意识》，人民出版社，2009，第 7 页。

④ 关于强国主义，俄罗斯国内学界有不同看法。俄罗斯学者 А. П. 齐甘科夫（А. П. Цыганков）提出了俄罗斯强国主义外交的三种类型：（1）结盟型强国主义。顾名思义，就是通过与西方结盟，实现共同外交利益。（2）平衡型强国主义。当与西方的联盟中不能取得相应利益时，俄罗斯往往采取对西方孤立的政策，与非西方国家加强外交关系，在平衡中获得利益。（3）进攻型强国主义。在与西方关系中采取进攻态势，采取强势外交。在 А. П 齐甘科夫眼中，俄罗斯的强国主义与西方化、现代化并不矛盾，而是实现西方化、现代化发展，拓展国家海外利益的工具，而非国家发展的目标。参见：Цыганков А. П., *Международные отношения：традиции русской политической мысли*, Москва：АЛЬФА-М, 2013, ст. 126–129。

⑤ Путин В. В., "Выступление и дискуссия на Мюнхенской конференции по вопросам политики безопасности", http://archive.kremlin.ru/appears/2007/02/10/1737_type63374 type63376type63377type63381type82634_118097.shtml.

构的多极化趋势，西方逐渐丧失了世界领导地位。① 普京清楚地看到，"原来唯一的'力量极'已无力维护全球稳定，新的力量中心则羽翼未丰。世界经济、军事、政治进程包含着极大的不可预见性"。② 在此背景下，俄罗斯要成为多极世界中强有力的一极，把维护世界与地区和平视为己任，体现出"救世主义"情结。其二，俄罗斯是连接西方与东方、欧洲与亚洲的中心极，而不是边缘带。要实现东西方之间、欧亚之间中心极的前提是整合原苏联地区。如果丧失在原苏联空间地缘战略优势地位，意味着俄罗斯将沦为一个地区大国。从国家利益角度看，这个结局对俄罗斯而言是完全不能被接受的。③ 正如普京所提，欧亚经济联盟就是要成为当代多极世界中的一极，发挥连接欧洲和亚太地区的纽带作用。④ 因此，欧亚经济联盟是俄罗斯一极思想及弥赛亚意识的载体。可以说，弥赛亚意识是俄罗斯主导欧亚经济联盟建设的内在思想动力。努力确立对原苏联地区国家的控制权，构建俄罗斯的欧亚战略，谋求欧亚强国地位，逐渐成为俄罗斯社会的共识。⑤

二 近周边外交优先

俄罗斯政界与学界通常把俄罗斯的周边分为近周边（ближнее зарубежье）和远周边（дальнее зарубежье）。近周边指除波罗的海三国外的原苏联地区，更精确地讲，应该是"历史俄罗斯"（историческая Россия）地区，相当于1917至1918年沙俄帝国解体前后俄罗斯所辖的领土范围。远周边指的是近周边外的国家和地区，从东到西，依次是中国、日本、韩国、朝鲜、蒙古国、中东地区、土耳其、欧盟等。历史上，近周边地区与俄罗斯都属同一国家。几百年来，俄罗斯与近周边地区的关系是中央与地方的关系。苏联解体后，加盟共和国纷纷独立，俄罗斯与近周边地区转变为国家间关系。尽管如此，近周边地区与俄罗斯的政治、经济、社会联系至今

---

① 相关表述参见：*Концепция внешней политики Российской Федерации*（2013）。
② 《普京文集（2012-2014）》，世界知识出版社，华东师范大学出版社，2012，第8页。
③ Кулик С. А., Спартак А. Н., Юргенс И. Ю., *Экономические интересы и задачи России в СНГ*, Москва：Библиотека Института современного развития, 2010, ст.82.
④ Путин В. В., "Новый интеграционный проект для Евразии-будущее, которое рождается сегодня", *Известия*, 4 октября 2011 года.
⑤ Нил Макфарлейн, "Понять Россию：самосознание и внешняя политика", *Время новостей*, 19 июня 2008 года.

仍十分密切。可是，多年来，该地区传统及非传统问题犬牙交错，西方势力不断渗透，因此近周边地区成为俄罗斯的"后院"及"柔软的下腹部"。正因为如此，俄罗斯高度重视近周边外交，把其定为"外交中的内政，内政中的外交"，排在对外政策优先程度之首，而推动欧亚一体化正是俄罗斯近周边外交战略的核心环节。

早在1993年2月，叶利钦就首次表达了俄罗斯欲强化在原苏联地区影响力的想法。他说："我相信包括联合国在内的国际组织是时候赋予俄罗斯维护原苏联地区和平与稳定的特殊权力。"① 1993年4月，《俄罗斯联邦对外政策构想纲要》首次提出俄罗斯对原苏联地区政策的总体框架。② 1995年叶利钦签署的《俄罗斯联邦对独联体国家战略方针》提到，俄罗斯对独联体的战略目标是将其发展成在世界上占有一席之地的政治经济一体化集团。③ 1996年叶利钦罢免了奉行"大西洋主义"的外长科济列夫（А. В. Козырев），任命主张欧亚平衡，重视原苏联地区的普里马科夫（Е. М. Примаков）出任新外长。从1993年提出转变到1996年完成人事调动表明，俄罗斯已经完成了对原苏联地区战略的转变，开始重视与原苏联地区国家关系，摸索重新整合该地区的一体化路径。

2000年，普京上台后高度重视原苏联地区，把推动原苏联地区一体化列为外交优先，积极推动欧亚经济共同体、集安组织、俄白联盟国家等以俄罗斯为核心的区域一体化机制。④ 时任俄副外长特鲁勃尼科夫（В. И. Трубников）明确指出："天然形成的地理位置决定了俄罗斯是一个欧亚国家、独联体国家。假如俄罗斯不主导独联体地区一体化，那么俄罗斯将失去在独联体地区的影响，丧失利益势力范围。"⑤ 2008年，梅德韦杰

---

① Hill F., Jewett P., *Back In the USSR: Of the Former Soviet Republics and the Implications for United States Policy Toward Russia*, Washington D. C.: Brookings Institute, January 1994.

② 1993年4月叶利钦签署的《俄罗斯联邦对外政策构想纲要》强调，为了维护原苏联地区政治、军事与经济利益，遏制地区"分散化"趋势，俄罗斯要与"近周边"国家建立稳定的良性互动关系，推动独联体一体化实现突破性发展。参见：*Основные положения концепции внешней политики Российской Федерации от 23 апреля 1993 года*。

③ *Стратегический курс России с государствами-участниками Содружества Независимых Государств от 14 сентября 1995 года*.

④ *Концепция внешней политики Российской Федерации*（2000）.

⑤ Фокин Ю. Е., *Дипломатический вестник-2002*, Москва: Научная книга, 2003, ст. 64.

夫提出原苏联地区是俄罗斯的"特殊利益"地区。他说："俄罗斯像其他国家一样，都有自己的特殊利益地区。在这些地区专心经营与近邻的友好关系是俄罗斯外交的出发点。"①

2012 年，普京第三次当选总统。普京把建立和发展欧亚经济联盟视为原苏联地区战略的重要支撑之一。2012 年 5 月 7 日，普京签署的《关于落实俄罗斯联邦外交措施总统令》指出，俄罗斯在原苏联地区需继续深化俄、白、哈关税同盟与统一经济空间框架内的欧亚一体化进程，在 2015 年 1 月 1 日建成欧亚经济联盟。次日，普京重申："原苏联地区一体化对俄罗斯来说目前是，未来也是头号优先方向。"② 由此可见，主导欧亚经济联盟属于俄罗斯近周边外交战略范畴。推动欧亚经济联盟发展是俄罗斯未来十年近周边外交战略的主攻方向，是维持在原苏联地区传统影响力的有力抓手。

三　提升地区"软实力"

2007—2008 年，在俄、白、哈三国宣布启动组建关税同盟前后，俄罗斯在原苏联地区的"软实力"正处于颓势状态。从表 5-1 中可知，首先，俄罗斯在继承苏联遗产、地缘优势等客观方面依然能得到原苏联地区国家认可，如第 1、5、8 点。但是，对这方面认可并不能说明原苏联地区国家对俄罗斯抱有积极的憧憬，而是说明这些国家对历史过去的承认。其次，在大部分"软实力"领域，原苏联国家对俄罗斯的态度出现了两极分化，认可与排斥参半，这里指的是第 2、3、6、9 点。最后，在文化包容性、历史继承性等方面，俄罗斯逐渐丧失了原有的优势地位，如第 4、7 点。

表 5-1　俄罗斯在原苏联地区的"软实力"内容及前景评估

	原苏联地区国家眼中的俄罗斯	前景评估
1.	俄罗斯拥有世界最大的领土面积和丰富的自然资源	原苏联地区国家把俄罗斯视为廉价自然资源的来源地

① "Интервью Дмитрия Медведева телеканалам《Россия》，Первому，НТВ"，http：//archive. kremlin. ru/appears/2008/08/31/1917_ type63374type63379_ 205991. shtml.
② "Пленарное заседание Государственной думы"，http：//kremlin. ru/events/president/news/15266.

续表

	原苏联地区国家眼中的俄罗斯	前景评估
2.	俄罗斯是能够对国际事务产生重要影响的国家	除了欧亚经济共同体和集安组织成员国，其余原苏联地区国家慢慢地不这么认为了
3.	俄罗斯拥有较高的文化、科学、艺术水平	在东欧的原苏联地区国家逐渐放弃了这个看法，但是中亚国家仍然把俄罗斯视作实现现代化的支持力量
4.	俄罗斯具有较强的文化及宗教包容性	俄罗斯的"帝国意识"，以及对劳动移民的排外心理影响了这方面"软实力"的发挥
5.	俄罗斯是原苏联地区稳定与发展的保障	在大多数原苏联地区国家中，俄罗斯在维护地区稳定方面或多或少依旧得到认可
6.	俄罗斯是对抗美国及西方统治的重要力量	关于这点，原苏联地区内部出现两极分化：乌克兰、摩尔多瓦、格鲁吉亚等并不这么认为，其余国家，尤其是集安组织成员国依然坚持这个看法
7.	俄罗斯是原苏联民族共同过去的继承者	坚持这个看法的主要存在于老一辈人中，还有就是左派力量中
8.	与其他世界大国相比，俄罗斯与原苏联地区国家更为接近	这点依旧保持
9.	俄罗斯是原苏联地区一体化的核心力量	关于这点同样是两极分化：集安组织和欧亚经济共同体成员国表示认可，但剩余部分，尤其是"古阿姆"成员国是反对这点的

资料来源：Казанцев А. А.，Меркушев В. Н.，"Россия и постсоветское пространство：перспективы и использования 'мягкой силы'"，ПОЛИС，No. 2，2008。

　　造成俄罗斯在原苏联地区"软实力"颓势的原因是多方面的，既有内因，也有外因；既有主观，也有客观。首先，俄罗斯本身缺乏具有吸引力的发展模式。历史上，俄罗斯大多是在追赶欧洲的时光中度过的，是一种"模仿式现代化""追赶式现代化"。[1] 甚至在 18 世纪，一些俄罗斯知识分子还把自己及整个俄罗斯民族看作是"蛮夷"（варвар）。[2] 当前，俄罗斯经济发展以能源型模式为主，严重依赖国际油气市场及外来资本。应该说，历

---

[1] Куренный В.，*Мыслящая Россия：картография современных интеллектуальных направлений*，Москва：Некоммерческий фонд "Наследие Евразии"，2006.

[2] Васильев Л. С.，*История Востока*，Москва：Высшая школа，1998.

史上的追赶式发展及当前不健康的经济发展模式对周边国家没多大吸引力。其次，新独立国家内部民族主义浪潮兴起。原苏联地区新独立国家常常通过"去俄罗斯化""反宗主国"来团结国内各派势力，强调自身的"国家性"（государственность）、"独立性"（независимость），有时还会刻意与俄罗斯拉开距离，以达到维护国内政治及社会稳定的效果。比如，2015年白俄罗斯总统选举时期，卢卡申科有意与俄罗斯及普京保持距离；在乌克兰危机中，白俄罗斯、哈萨克斯坦都没和俄罗斯站在一起，反对西方对俄的经济制裁。最后是来自欧美的"软实力"攻势。苏联解体后，欧美对新独立国家的公共外交攻势一直没有减弱，目的是在原苏联地区建立一批"亲西方"政权。

在此背景下，俄罗斯主导欧亚经济联盟也是为了重塑"俄式"意识形态，提升自己在地区的"软实力"。苏联解体后，统一意识形态瓦解，在原苏联地区出现意识形态真空，各类新的、旧的，内生的、外来的意识形态纷至沓来，一时间出现"意识形态大检阅"（идеологический парад），造成意识形态危机。在摸索新意识形态未果后，俄罗斯认识到，"在共同文化-历史及精神遗产基础上建立欧亚意识形态是比较现实的办法"，"在美国自由主义和中国儒家社会主义之间依旧要选择具有自身文化-文明特点的身份认同"。[①] 尽管没有像欧盟那样提出"欧洲公民"概念，以法律形式构建共同身份认同，[②] 但是，欧亚经济联盟依然高度重视人文、教育、文化、人才等领域的协作，用实际行动来构建共同身份认同。正如纳扎尔巴耶夫所言："欧亚经济联盟是为年轻人所建，年轻人可以自由地在成员国内接受高质量的教育，提高专业技能。今天的事情（成立欧亚经济联盟）将为下一代提供新机遇。"[③] 另外，欧亚经济联盟是对西方，尤其是欧洲一体化模式的回应。俄国家杜马国际事务委员会主席普什科夫（А. К. Пушков）言道："对欧亚经济联盟的怀疑主要来自西方。人称：'经济一体化只有西方国家行，

---

① Подберёзкин А. И., Боришполец К. П., Подберёзкина О. А., *Евразия и Россия*, Москва: МГИМО, 2013, ст. 146.

② 《马斯特里赫特条约》第二部分 "联盟公民身份制度"。参见：欧共体官方出版局：《欧洲联盟法典》，苏明忠译，国际文化出版公司，2005，第16～17页。

③ *Заявление для прессы по итогам заседания Высшего Евразийского экономического союза.* Астана. 29 мая 2014 года.

原苏联地区国家是不行的，只能成为西方一体化集团的附庸'。"① 欧亚经济联盟正是要打破这种怀疑，来证明俄罗斯主导的欧亚经济联盟是原苏联地区一体化，即欧亚一体化的最佳模式。

四　与集体安全条约组织相辅相成

从俄罗斯角度看，集安组织具有传统（军事）安全、非传统安全，以及地区多边外交协调等三层意义。

第一，集安组织是俄罗斯主导的地区安全网，对保障国家安全，制衡西方战略挤压有着十分重要的意义。集安组织的传统安全意义主要体现在以下两个方面。首先，集安组织构成俄罗斯海外军事基地网。冷战年代，苏联在全球范围内编织起了安全网，在东欧地区有华沙条约组织，在其他地区也建立起了军事基地。虽然不能与美国海外基地数量相比，但在鼎盛时期，苏联在全球范围内也设立了相当数量的海外军事基地（港口）或派遣人员长期驻扎。苏联解体后，俄罗斯放弃了苏军的海外军事基地，仅在原苏联地区保存 20 余个军事基地，其中绝大多数部署在集安组织成员国境内。但是，面对北约东扩的战略挤压，俄罗斯的军事战略纵深几近触底。② 因此，在集安组织境内重新编织海外军事基地网是俄罗斯抵御西方军事压力，保障军事安全的理性选择。例如，2013 年俄空军 4 架苏-27 战斗机开始部署在白俄罗斯西部与波兰相接的布列斯特州；③ 2015 年两国决定在白俄罗斯博布鲁伊斯克建立成建制的俄空军基地，计划部署 24 架苏-27 战斗机、④ 一定数量的米-8 运输直升机及 S-300 地空导弹系统。⑤ 这意味着俄罗

---

① "Пушков：создание ЕАЭС рушит стереотипы Запада о евразийской интеграции"，http：// ria. ru/politics/20140529/1009863977. html.

② 俄罗斯主导的集安组织与北约从各个指标上看都不在一个当量上。北约拥有全世界 11% 的人口、40% 的 GDP、70% 的军费开支、80% 的武器采购量、90% 的科技研发投入。在欧洲地区的军力部署上，集安组织仅为北约的三分之一。参见："Проблемы безопасности Евразии и перспективы развития ОДКБ"，*Россия и новые государства Евразии*，No. 3，2012。

③ "В Белоруссии появилась авиабаза РФ"，*Независимая газета*，30 декабря 2013 года.

④ "Небо на двоих：Россия создаст в Белоруссии авиабазу"，*Российская газета*，21 сентября 2015 года.

⑤ "Белоруссия может стать ядерным форпостом России"，*Независимая газета*，25 сентября 2015 года.

斯在白俄罗斯境内建立起了第一个具有核打击能力的空军基地。① 有俄罗斯学者称："把我们（俄罗斯）战机部署到离边境越远的地方，那么敌方对我国打击的可能性也就越小。"② 在 2008 年俄格战争后，俄罗斯加强了对集安组织的领导，2009 年专门组建了"集体行动反应部队"（KCOP）。这支部队和俄罗斯与中亚三国的"集体快速反应部队"（КСБР），以及"集安组织维和部队"构成集安组织三大常备军事力量。其次，俄罗斯依托集安组织还能组成与北约相抗衡的地区核威慑力量。冷战结束以来，以美国为首的北约借中东欧地区权力真空之机，先后通过两轮东扩，把原社会主义阵营国家及波罗的海三国收入囊中，还与诸多原苏联地区国家建立了"和平伙伴关系计划"，存在进一步东进的可能。在常规武器威慑不占优势，甚至被北约压一头的情况下，俄罗斯把目光投向了核威慑。俄科学院罗格夫（C. M. Рогов）院士认为，在可预见的未来，美国在欧洲地区没有足够的反导装备来抵御俄罗斯的战略核打击，主要原因是美国在欧洲地区只有陆基导弹拦截装备，而俄罗斯则具备空中、海上，甚至太空等多种核打击能力。③ 应该说，在欧洲地区俄罗斯的核威慑更胜北约一筹。为了提高核威慑效果，俄罗斯依托集安组织主要在两方面着手，一是在集安组织框架内明确新的集体核安全观，④ 二是

---

① 需要指出的是，博布鲁伊斯克空军基地位于白俄罗斯中南部，在苏联时期，该基地就是苏军重要的，并且具有核打击能力的空军基地。该基地部署过近 20 架图-22 战术轰炸机。同时，该基地还拥有近 200 枚核弹头的核武库。苏联解体后，图-22 战术轰炸机和核弹头均被运到俄罗斯，但是该空军基地的核基础设施依然完好。参见："Белоруссия может стать ядерным форпостом России"，*Независимая газета*，25 сентября 2015 года。

② "Сивков: авиабаза в Белоруссии отодвинет угрозы от границы России"，РИА-Новость，http://ria.ru/defense_safety/20150919/1263246745.html.

③ "Проблемы безопасности Евразии и перспективы развития ОДКБ"，*Россия и новые государства Евразии*，No. 3，2012.

④ 1995 年集安组织发布的《集体安全条约组织集体安全构想》明确说明："俄罗斯的战略核武器依照俄罗斯联邦军事学说，履行扼阻对集体安全条约组织成员国可能采取的入侵的职能。"需要指出的是，1993 年叶利钦总统批准的"俄罗斯联邦军事安全学说基本要点"没有公布，到 2000 年俄罗斯才发布第一部军事学说，因此 1995 年的《集体安全条约组织集体安全构想》对核武器运用方面立场不明。2000 年版的《俄罗斯联邦军事学说》指出，俄罗斯在以下情况下有权使用核武器：（1）对俄罗斯及其盟友采取核打击或其他大规模杀伤性武器入侵的情况下，（2）对俄罗斯及其盟友采取大规模常规武器入侵的情况下。俄罗斯承诺不对《核不扩散条约》成员国使用核武器，但除了入侵俄罗斯及其盟友的国家。2010 年版的《俄罗斯联邦军事学说》沿用了这个立场。2010 年集安组织成员国签署的《集体安全条约组织集体安全体系军事力量组建与运作规范协议》指出：（转下页注）

建立集安组织集体防空体系。① 由此可见，北约的常规威慑和集安组织的核威慑构成欧洲军事安全的力量均势。

表 5-2 俄罗斯在集体安全条约组织成员国境内军事基地

国别	基地名称
白俄罗斯	俄航天部队"伏尔加"型雷达站，俄海军第 43 号雷达站，俄空军博布鲁伊斯克空军基地（2016 年启动）
亚美尼亚	俄军第 102 基地
哈萨克斯坦	拜科努尔发射场（俄国防部第 5 试验场），卡布斯金—雅尔发射场（俄国防部第 4 试验场），第 20 训练站，ИП-8 监测站，ИП-16 监测站，萨雷沙甘试验场（俄国防部第 10 试验场），第 5580 试验保障基地（原俄国防部第 11 试验场——恩巴试验场），巴尔喀什-9 雷达站（俄航天部队第 3 军雷达站），科斯塔奈运输机基地
吉尔吉斯斯坦	坎特空军基地，卡拉科尔训练基地，迈利苏地震监测站，阿德里维斯山地飞行训练场（与吉方共用），"斯巴达克"信息站（位于楚河州莫斯科区）
塔吉克斯坦	俄军第 201 基地，"窗口"太空监测站

第二，集安组织是俄罗斯应对地区非传统安全威胁的有力保障。俄罗斯在原苏联地区面临的非传统安全威胁多种多样，其中以国际贩毒和恐怖主义活动为主。针对前者，自 2003 年起，集安组织秘书处直接领导名为

（接上页注④）"俄罗斯联邦核武器是扼阻对集安组织成员国采取大规模入侵，维护成员国军事安全及国际稳定的工具。"通过以上论述，我们可以得出：（1）俄罗斯为集安组织成员国提供"核保护伞"；（2）集安组织任何成员国不管遭受核武威胁，还是常规武器入侵，俄罗斯均有权使用核武器；（3）集安组织成员国也有权使用俄罗斯的核武器来维护自身安全。参见：*Концепция коллективной безопасности государств-участников Договора о коллективной безопасности*；*Военная доктрина Российской Федерации*（2000）；*Военная доктрина Российской Федерации*（2010）；*Соглашение о порядке формирования и функционирования сил и средств системы коллективной безопасности Организации Договора о коллективной безопасности*。

① 2005 年 6 月 23 日，集安组织集体安全理事会通过《关于发展和完善集体安全条约组织成员国联合防空的决定》。目前，集安组织联合防空体系以俄罗斯为核心，建立起了俄白、俄亚、俄哈三大防空体系。未来，吉尔吉斯斯坦、塔吉克斯坦也有望加入。参见："На ратификацию в Госдуму внесено Соглашение между Россией и Казахстаном о создании Единой региональной системы противовоздушной обороны"，http：//www.kremlin.ru/acts/news/19582；"Россия работает над созданием Объединенных систем ПВО с 4 странами СНГ"，РИА-Новость，http：//ria.ru/defense_ safety/20150908/1238442726.html。

"通道"（Канал）的长期反毒行动。① 集安组织成员国打击非法毒品交易部门领导理事会自2012年起组织"雷霆"（Гром）系列反毒行动演习。结合以上两大"招牌"活动，集安组织在打击贩毒方面取得一定成果。在打击跨国恐怖主义活动方面，集安组织亦有成效。2005年以来，在集安组织框架下举行各种规模军事演习20多次，较为著名的有"边界""牢不可破的兄弟""协作"等系列军演，有效震慑了跨国恐怖主义活动。

表 5-3　俄罗斯面临的十大安全威胁

序号	安全威胁内容	序号	安全威胁内容
1	政府部门腐败	6	恐怖主义活动增多
2	工业设备高度陈旧	7	人们生活水平差距拉大
3	科技发展落后于世界主要国家	8	非法毒品、武器交易
4	人口数量下降	9	国家重要经济部门高度依赖外部经济形势
5	能源型经济	10	教育质量低下

资料来源："Национальная безопасность России глазами экспертов（Аналитический доклад Института социологии РАН）"，ПОЛИС，No. 3，2011。

第三，集安组织是俄罗斯与近周边国家多边政治对话的重要平台。20世纪90年代，原苏联地区新独立国家一方面沉浸在获得国家主权的兴奋之中，另一方面则陷入国家解体所带来动荡的痛苦之中。为了分配苏联军事遗产、解决局部地区冲突、实现地区稳定发展，1995年《集体安全条约》应运而生。进入21世纪，地区安全形势有所变化，恐怖主义与宗教极端势力抬头，贩毒活动屡禁不止，非法移民日益凸显等非传统安全威胁成为集安组织关注的焦点。此外，西方在多个原苏联地区国家煽动"颜色革命"，导致政权更迭，政权安全一时间也成为集安组织的重要议题。在综合国力竞争为主旋律的今天，俄罗斯试图把集安组织从传统的政治-军事组织转变为"为实现

---

① 2015年5月18~22日，在集安组织成员国境内开展了"通道-巡逻队"（Канал-Патруль）反毒严打活动，共查处1.618吨毒品，其中126千克大麻，976千克海洛因，108千克合成毒品，此外还有2.39吨的易制毒品。自2003年"通道"行动执行以来，已经查获245吨毒品，包括大约12吨海洛因，42吨大麻，5吨可卡因，以及9300多支枪支和近30万发子弹。参见："В Кыргызстане в г. Ош подведены итоги антинаркотической операции ОДКБ"，http：//www.odkb-csto.org/news/detail.php? ELEMENT_ ID = 4868；"Организация Договора о коллективной безопасности"，http：//www.odkb-csto.org/structure/。

现代化的安全伙伴关系"（партнёрство безопасности ради модернизации）[①]
为核心的综合安全组织，着眼于建立"跨欧亚地区新型多功能集体安全机
制"，[②] 培养集安组织维护经济安全、发展安全的能力，为实现成员国经济
现代化创造良好的外部环境。正因为如此，集安组织成为俄罗斯与其余成
员国围绕共同关切问题进行外交磋商的理想机制。

基于上文可知，集安组织对俄罗斯维护传统安全、非传统安全，及与
原苏联地区国家开展外交协调等方面有着重要意义。有俄罗斯学者这样评
价，同样是 10 年的初期发展，集安组织要比北约在 20 世纪 50 年代所取得
的成绩更为显著。[③] 但是，客观地看，集安组织毕竟年轻，尚处在组织发展
的初始运作阶段，在诸多方面仍存在不足，难以支撑起俄罗斯的地区外交
及安全战略。不足方面主要有以下方面。

第一，集安组织尚缺乏宏观性、长期性、统一性的战略规划。造成该
状况的原因主要有：（1）集安组织成员国分属不同地区，且安全诉求也不
同。集安组织由三个军事合作机制组成：针对东欧地区的俄白军事合作机
制、针对南高加索地区的俄亚军事合作机制、针对中亚地区的俄罗斯与中
亚三国军事合作机制。上述三个军事合作机制分属不同的地区，所应对的
安全威胁也各不相同，即俄白军事机制主要应对北约东扩，俄亚军事机制
主要应对南高加索地区问题（如纳卡问题，北约东扩等），俄罗斯与中亚三
国的军事机制主要应对中亚地区非传统安全威胁。因此，三个军事合作机
制对集安组织缺乏统一的集体认同，在实践中更多的是各行其是。[④]（2）集
安组织在功能上涉及面过广，缺乏重点。集安组织的合作领域从传统安全，
到非传统安全；从抵御外部势力干涉，到外交政策协调；从军事力量调度，
到军事技术与经济合作，涉及了政治-军事一体化的方方面面，广度有余，
但深度不够。因此，集安组织的动作看似灵活，实质上是应对性、战术性

① Никитин А. И.，"Реформирование и развитие ОДКБ"，*Вестник МГИМО-Университета*，No. 6，2011.

② *Ежегодник ИМИ МГИМО（У）МИД России*（2012），Москва：МГИМО，2012，ст. 114-127.

③ *Ежегодник ИМИ МГИМО（У）МИД России*（2012），Москва：МГИМО，2012，ст. 114-127.

④ Захаров В. М.，*Военное строительство в государствах постсоветского пространства*，Москва：РИСИ，2011，ст. 21.

的，"头疼医头，脚疼医脚"。①

第二，集安组织尚缺乏危机应对机制，难以成为俄罗斯外交的支撑力量。设计中的集安组织危机应对机制应该包含三个层面：（1）应对地区冲突——寻求政治协调；（2）应对安全威胁——建立政治协商机制；（3）应对入侵——集体采取反击措施。② 而在现实中，集安组织的危机应对机制却迟迟没能建立起来。为了使集安组织能在国际及地区事务上统一发声，成为俄罗斯在国际舞台上的支持力量，自 2011 年以来，俄罗斯一直试图对其进行改革。改革的要点在于把集安组织决策机制从"一致通过"原则改为"多数通过"原则，通过此举来加强俄罗斯对集安组织的控制力。由于乌兹别克斯坦退出，其余成员国也表示反对，俄罗斯对集安组织的改革寸步难行，在绝大多数原苏联地区及国际问题中集安组织未能集体发声，声援俄罗斯。③

第三，集安组织自身定位模糊。这主要体现在以下两方面：（1）内部定位不清。根据上文可知，俄罗斯把集安组织定位为多功能新型集体安全机制，除了应对传统安全、非传统安全威胁，集安组织还应为地区经济发展保驾护航，成为外交上的支撑力量。然而，其他成员国大多把集安组织定位为维系与俄罗斯传统政治军事盟友关系，借俄罗斯力量应对内外安全威胁，获得俄罗斯军事技术装备支持的对话机制。因此，俄罗斯与其他成员国对集安组织的定位存在明显差异。（2）外部定位不清。集安组织把自身定位为不针对任何第三方的集体安全机制，绝非传统意义上的政治军事集团。而西方则认为，集安组织是俄罗斯主导的、意图对抗西方的"小华约"。除了与联合国、上合组织、④ 欧安组织等建立合作关系外，集安组织

---

① 自集安组织成立以来，成员国间讨论缺乏核心议题，往往是着眼于当下，就短期内成员国共同关切的问题进行协商。如集安组织成立之初的合作重点是组织机制建设、反恐合作。在"颜色革命"及后来的"阿拉伯之春"冲击下，集安组织的主要任务是防止外部势力干涉本国内政，维护政权安全。之后，阿富汗问题，抵御"伊斯兰国"等热点成为集安组织的重要关切。

② "Проблемы безопасности Евразии и перспективы развития ОДКБ", *Россия и новые государства Евразии*, No. 3, 2012.

③ 如在 2008 年的俄格冲突，以及 2014 年以来的乌克兰危机中，都没有看到集安组织的集体表态。俄罗斯仍旧独自应对，得不到集安组织的支持。

④ 2007 年上海合作组织与集安组织签署相互谅解备忘录，启动了两组织间在反恐、反毒等领域的沟通与合作。塔吉克斯坦学者伊斯坎达洛夫认为，以集安组织和上合组织为基础，加上阿富汗和巴基斯坦可以构建维护地区安全的国家集团（коалиция）。集安组织发挥其管控地区安全职能，管控来自阿富汗的安全威胁，上合组织利用经济优势，（转下页注）

未能与欧盟、北约①建立实质性合作关系。尽管在阿富汗问题上，集安组织和北约都主张向阿富汗提供军事装备支持和军事人才培养，但是两个安全机制始终没能找到合作突破口，北约依旧向原苏联地区国家推销"和平伙伴关系计划"，挤压集安组织。

应该说，在缺乏共同经济基础的情况下，俄罗斯仅依靠政治－军事机制，难以整合原苏联地区。在俄罗斯外交战略中，欧亚经济联盟与集安组织是相辅相成、相互借重的关系。历史地看，2007年，集安组织就开始与欧亚经济共同体在交通、能源等经济合作领域进行对接。2010年俄、白、哈关税同盟成立，2015年欧亚经济联盟成立，取代欧亚经济共同体。集安组织与欧亚经济联盟的对接实际上是与欧亚经济共同体对接的延续与发展。② 欧亚经济联盟为集安组织夯实成员国间经济联系，消除经贸壁垒，带动地区经济发展，靠地区经济发展来优化区域安全环境。也就是说，欧亚经济联盟填补了集安组织的经济缺失。与此同时，集安组织又能为欧亚经济联盟提供安全保障。除了应对传统及非传统安全威胁，为发展提供良好的外部环境，集安组织还通过深化成员国多边政治－军事同盟关系，为欧亚经济联盟夯实高级政治基础。进一步说，欧亚经济联盟和集安组织两者并不是互为独立、各行其是，而是一种相辅相成、相互借重的关系，构成俄罗斯周边外交战略的两大战略支撑。

五 国内政治因素

普京在第二个总统任期里重新酝酿并提出建立新的关税同盟，推动新一轮欧亚经济一体化可谓是恰逢其时。在第一个总统任期内，普京的工作核心是"清除旧建筑坍塌的废墟，制止最危险的经济和政治发展趋势"。③

（接上页注④）重在解决阿富汗的经济社会问题，起到"双管齐下"的效果。参见：Искандаров А.，"Безопасность и интеграция в Центральной Азии: роль ОДКБ и ШОС"，*Центральная Азия и Кавказ*，No.2，2013。

① 在欧亚地区，除了集安组织拥有常备武力量外，欧盟和北约是仅有的拥有集体武装力量的国际组织，有能力介入欧亚地区冲突，这是上海合作组织和欧安组织所不能及的。欧盟建立起了危机情况反应部队，北约有快速反应部队。

② Бордюжа Н. Н.，"ОДКБ-эффективный инструмент противодействия современным вызовам и угрозам"，*Международная жизнь*，No.1-2，2007.

③ 陆南泉：《苏联经济体制改革史论（从列宁到普京）》，人民出版社，2007，第738页。

因此，在这一特殊历史阶段，俄罗斯对推动区域一体化显得有心无力。普京的第二个总统任期内，以中央集权为基石的垂直权力体系基本形成，这为俄罗斯主导欧亚经济联盟建设提供了稳定的国内政治制度保障。具体体现在以下方面。

第一，打击寡头势力，夺回国家权力。"寡头"，俄语为"Олигарх"，是苏联垮台后，俄罗斯独立初期大规模私有化的产物，① 是极其富有，拥有强大政商实力，控制国家经济命脉，能染指国家政治的一小撮人。这些寡头的共同特点是金融资本与工业资本相结合，故也可称他们为金融工业集团。叶利钦第二任期里，俄罗斯国家实质上处于"寡头化"时期。② 1996年总统选举期间，别列佐夫斯基、霍多尔科夫斯基、波塔宁、弗里德曼、古辛斯基、斯摩棱斯基、维诺格拉多夫等金融工业寡头组成"7人集团"，支持叶利钦获得连任后，通过影响政府决策和人事任命，获取丰厚的政治及经济利益回报。普里马科夫对"寡头"现象痛斥道："从1992年至1998年，俄罗斯国家预算收入仅相当于国内生产总值1%，其余所有落入少数寡头的腰包里。"③ 外界甚至把当时俄罗斯的社会经济体制称为"寡头资本主义"（oligarchic capitalism）。④ 2000年，新上台的普京把打破大型商业集团与政府的各种紧密联系视为工作优先，⑤ 先后打击了古辛斯基、霍多尔科夫斯基、别列佐夫斯基，击溃了数个寡头集团，既夺回了被寡头侵占的国家权力，也树立了个人威信。

---

① 英国学者大卫·科兹和弗雷德·威尔对俄罗斯寡头的发迹特点做出了总结。寡头们利用苏联晚期和苏联解体后俄罗斯独立初期的经济混乱而一夜暴富。主要的致富原因是迅猛的通货膨胀、某些商品的短缺、俄罗斯原材料国内低价和世界市场畸高价格之间的巨大差额、极高的利率、某些时期卢布兑美元的汇率贬值得惊人，充分利用各种形式的套利实现快速致富的机会。参见〔英〕大卫·科兹、弗雷德·威尔：《从戈尔巴乔夫到普京的俄罗斯道路：苏联体制的终结和新俄罗斯》，曹荣湘等译，中国人民大学出版社，2015，第243~244页。

② 〔俄〕格·萨塔罗夫：《叶利钦时代》，高增训等译，东方出版社，2002，第916页。

③ 〔俄〕叶夫根尼·普里马科夫：《临危受命》，高增训等译，东方出版社，2002，第33、183页。

④ 〔英〕大卫·科兹、弗雷德·威尔：《从戈尔巴乔夫到普京的俄罗斯道路：苏联体制的终结和新俄罗斯》，曹荣湘等译，中国人民大学出版社，2015，第241页。

⑤ Sakwa R., *Putin and The Oligarch：The Khodorkovcky-Yokos Affair*, London, New York：I. B. Tauris, 2014, p. 24.

第二，调整中央与地方关系，树立中央权威。叶利钦时期，由于没能合理地处理好中央与地方的关系，造成了中央政府软弱，地方政府各行其是，甚至出现地区主权化趋势。为了改变这种局面，加强中央权威，建立一整套强有力的权力体系，促进经济社会发展是普京上台面临的重要任务。从普京两个任期，"梅普组合"时期，再到普京第三个总统任期，俄罗斯中央与地方关系的调整经历了权力"上升"和"下放"两个阶段。第一阶段从 2000—2008 年，是普京前两个任期。这一时期，普京采取了约束地方权力，强化中央权威的举措。具体措施有：设立由总统直属的联邦区，加强对地方的控制；建立统一法律空间；改组联邦委员会组成方式，限制地区领导人的影响力和权力；掌握地方行政长官任免权，确立地方权力机关组建方式。[①] 第二阶段从 2008 年"梅普组合"起至 2018 年。在坚持联邦制度基本原则不可动摇的前提下，梅德韦杰夫提出加强地方民主建设，开始向地方下放部分权力，降低党派进入地方议会的门槛。2012 年普京第三次当选总统。他主张中央继续向地方下放权力，但前提是不分散国家权力，不允许地方州长"占山为王"。在现阶段，俄罗斯正在逐步恢复州长直选，但是总统仍拥有监管权，有权解除州长职务。[②] 中央政府要的是技术型的"地方行政长官"（муниципальный администратор），而不是"地区政治领导人"（региональный политический лидер）；要的是以中央为马首是瞻的地方政府，而不是与中央同床异梦的地方政府。

第三，"统一俄罗斯"党（简称"统俄党"）是支持欧亚经济联盟建设的国内政党力量。统俄党是 2001 年 12 月由"团结党""祖国"运动和"全俄罗斯"运动三个政党组织整合而成。统俄党支持总统，在国家杜马中占有席位 238 个，为 52.88%，是不折不扣的政权党。目前，俄罗斯已经形成了以统俄党为主导的，具有相当的稳定性的政党体制。在欧亚经济联盟问题上，统俄党的立场是亲总统的、是积极的，主张开展政党外交，在欧亚经济联盟内建立跨国议会——"欧亚议会"。[③]

---

① 庞大鹏：《观念与制度：苏联解体后的俄罗斯国家治理》，中国社会科学出版社，2010，第 211~226 页。

② 《普京文集（2012-2014）》，世界知识出版社，华东师范大学出版社，2012，第 49 页。

③ 关于"欧亚议会"内容在本书第三章已有详细阐述。

第二节　哈萨克斯坦参与欧亚经济联盟的
地缘政治因素

一　对外战略优先

自独立以来，哈萨克斯坦一直奉行"多元"（многовекторность）的外交战略。早在 1991 年 12 月 2 日，纳扎尔巴耶夫刚当选总统后就对国家外交战略定下了基调。他指出："哈萨克斯坦的未来在亚洲、欧洲、东方和西方。奉行这样的政策，我们（哈萨克斯坦）能消除安全威胁，能为国家转型创造良好的外部经济与政治环境。"[①] 虽然在纳扎尔巴耶夫的讲话中没有直接点出"多元"一词，但他明确赋予了哈萨克斯坦"多元"外交战略的内涵。从本质上讲，"多元"外交指的是"平衡能对哈萨克斯坦及中亚地区产生影响的各种地缘政治力量"。[②]

在 2000 年版的《对外交政策构想》中，哈萨克斯坦对"多元"外交战略进行了微调，即在原有基础上进行了纵向的层次划分。[③] 依据构想，哈萨克斯坦把外交伙伴划分为三层：第一层，也是最重要的，是周边国家，即俄罗斯、中国及中亚国家；第二层为美国和欧盟；第三层为日本、印度、土耳其、伊朗等。[④]

2014 年，哈萨克斯坦发布新的外交战略构想——《2014 年至 2020 年哈萨克斯坦对外政策构想》。该文件提出两个要点：首先，把推动欧亚一体化，发展欧亚经济联盟列为外交优先任务（见表 5-4）；其次，对哈萨克斯

---

① Медеубаева Ж. М. ，"Многовекторность-концептуальный фундамент внешнеполитической доктрины РК"，http：//e-history. kz/media/upload/1466/2014/06/26/7457d86661d4c9e1cd 89610d267637eb. pdf.

② Лаумулин М. ，"Многовекторность внешней политики Казахстана-плюсов больше，чем минусов"，http：//www. centrasia. ru/newsA. php？st＝1078126740.

③ 外长伊德里索夫（Е. А. Идрисов）指出，2000 年版的对外政策构想的亮点在于哈萨克斯坦对外政策在"多元"基础上进行了"分层"。参见：Медеуова Д. Т. ，*Стратегическое внешнеполитическое партнёрство Казахстана и России*，Москва：ИНИОН РАН，2011，ст. 27。

④ Медеуова Д. Т. ，*Стратегическое внешнеполитическое партнёрство Казахстана и России*，Москва：ИНИОН РАН，2011，ст. 27-28.

坦外交伙伴做出了更为详细的层次划分（见表 5-5）。从表 5-4 和表 5-5 中可知，俄罗斯是哈萨克斯坦"多元"外交战略中的最为重要的"一元"。欧亚经济联盟是俄哈"21 世纪睦邻与同盟关系"最为重要的多边机制保障，是俄哈双边关系的延伸。

表 5-4 《2014 年至 2020 年哈萨克斯坦对外政策构想》外交优先任务

序号	内容
1	地区稳定与安全：哈萨克斯坦关切中亚地区政治稳定、经济可持续及安全发展。
2	地区一体化：欧亚经济一体化是使国家在世界经济体系中占据一席之地的重要途径之一。为了建成欧亚经济联盟，哈萨克斯坦将巩固关税同盟、统一经济空间。
3	领土完整：哈萨克斯坦将继续推进领土边界勘定工作。
4	多边外交：哈萨克斯坦是联合国、独联体、亚信会议、集安组织、上合组织、欧安组织、伊斯兰合作组织、突厥语国家合作组织及其他国际组织、多边机制负责任的成员国。

资料来源：*Концепция внешней политики РК на 2014-2020 гг. от 21 января 2014 года.*

表 5-5 《2014 年至 2020 年哈萨克斯坦对外政策构想》外交伙伴优先程度一览表

排序	国家	定位	双边关系内容
1	俄罗斯	21 世纪睦邻与同盟关系	政治、经贸与社会人文领域全面合作
2	中国	全面战略伙伴关系	高层政治对话，经济、能源、投资、技术、交通、农业、生态等领域合作
3	中亚诸国：吉尔吉斯斯坦、塔吉克斯坦、乌兹别克斯坦、土库曼斯坦	发展多规划关系（развитие многоплановых отношений）	联合应对内部和外部威胁，开展平等互利的政治、经济及文化人文合作
4	美国	战略伙伴关系	发展政治、经贸、投资、能源、科技与人文合作，解决国际热点问题
5	欧洲国家	战略伙伴关系	落实签署的相关条约与协议
6	欧盟	全面关系	哈萨克斯坦最大的经贸及投资伙伴，签订新的伙伴关系条约，简化签证程序

续表

排序	国家	定位	双边关系内容
7	白俄罗斯、亚美尼亚、乌克兰、摩尔多瓦、阿塞拜疆、格鲁吉亚	传统互利合作关系	—
8	土耳其	全面合作关系	—
9	伊朗	互利合作关系	开展经贸、交通及维护里海地区稳定方面的合作
10	日本、韩国	—	引进先进技术、推动教育合作

资料来源：*Концепция внешней политики РК на 2014－2020 гг. от 21 января 2014 года*。

二　区域一体化政策取向

哈萨克斯斯坦的区域一体化政策经历了摸索、形成、调整，到最终确立的过程，具体可以分为三个阶段。第一阶段从 1991 年至 1993 年，是区域一体化政策的摸索期。这一阶段，哈萨克斯坦对区域一体化主要有两点认识：一是区域一体化是尽快摆脱因苏联解体而造成的经济危机的主要途径之一。因此，在独立初期，哈萨克斯坦总统纳扎尔巴耶夫就主张推动地区一体化。1991 年 12 月 21 日，在阿拉木图举行的独立国家元首峰会上他指出，"世界发展的趋势不是分裂与隔绝，而是一体化和整合化"。[1] 哈萨克斯坦推动区域一体化的首选机制是独联体，但是哈萨克斯坦在独联体框架内的一体化倡议并未获得其余成员国的积极响应，之后哈方决定调整对独联体政策，"从'一体化'转为'协作'"。[2] 二是不能因为参与区域一体化进程而导致主权丧失。照此逻辑就不难理解 1992 年哈萨克斯坦拒绝让渡部分主权，建立具有超国家性的关税同盟，而坚持在双边关系基础上处理独联体成员国海关合作事务。[3]

---

[1] Назарбаев Н. А., *Избранные речи. Том II.* （1991－1995 гг.），Астана：Сарыарка，2009，ст. 29.

[2] Назарбаев Н. А., *Избранные речи. Том II.* （1991－1995 гг.），Астана：Сарыарка，2009，ст. 73.

[3] *Соглашение о принципах таможенной политики от 13 марта 1992 года.*

第二阶段从 1994 年至 2005 年，是区域一体化政策初步实践期。哈萨克斯坦采取了南北两线"平行式"的一体化政策。在南线，哈萨克斯坦主导中亚地区一体化进程，意图打造中亚地区的领导地位，巩固南部周边安全，为本国企业寻找"下游"市场。1994 年，哈、乌、吉三国签署《建立统一经济空间议定书》，1998 年塔吉克斯坦加入议定书，然后四国宣布更名为"中亚经济共同体"。2002 年中亚经济共同体又更名为"中亚合作组织"。除了推动经济一体化，1997 年哈、乌、吉三国还签署了《永久友好条约》，试图加强外交政策协调。在北线，哈萨克斯坦积极参与俄罗斯主导的一体化进程。哈萨克斯坦于 1995 年 1 月底与俄、白政府签订《关税同盟条约》，1996 年 3 月与俄、白、吉签订《关于深化经济与人文领域一体化条约》，1999 年 2 月与俄、白、吉、塔签订《关税同盟与统一经济空间条约》，2000 年 10 月与以上 4 国签订《成立欧亚经济共同体条约》。本书认为，主导中亚一体化（与其余中亚四国）的同时，参与俄罗斯主导的地区一体化（与俄、白、吉、塔）是这一时期哈萨克斯坦地区一体化政策的基本特点。2004 年 10 月俄罗斯正式加入中亚合作组织，2005 年 10 月中亚合作组织并入欧亚经济共同体，标志着哈萨克斯坦南北两线"平行式"地区一体化政策宣告结束。

第三阶段从 2006 年以来，是地区一体化政策最终成型期。2006 年 8 月，纳扎尔巴耶夫赞同普京关于成立新关税同盟的提议，2007 年 10 月，与俄、白两国在欧亚经济共同体内决定建立新的关税同盟。2011 年，俄、白、哈三国领导人通过发文与宣言方式明确未来欧亚一体化的发展方向，即在统一经济空间基础上成立欧亚经济联盟。在坚持国家主权不可让渡的前提下，哈方认为，参与欧亚一体化能为本国中小企业带来新机遇，有利于国民经济可持续发展。正如哈萨克斯坦战略研究所研究员阿乌尔巴耶夫（Б. А. Ауелбаев）所说："哈萨克斯坦参与欧亚一体化进程，与俄、白建立关税同盟和统一经济空间，有利于进一步取消多边经贸壁垒，降低贸易成本，为哈萨克斯坦实现现代化创造有利条件。加入世贸组织对哈萨克斯坦的大型跨国公司而言是个机遇，但对哈萨克斯坦中小企业来说却是个灾难。国家应该注重扶持本国的中小企业。参与欧亚一体化，建立关税同盟无疑是为哈萨克斯坦中小企业提供了一把保护伞。"①

三　国内政治因素

第一，纳扎尔巴耶夫治下的"超级总统制"运行平稳，并被俄罗斯所接受。自独立以来，以纳扎尔巴耶夫为领导核心的"超级总统制"历经三个发展阶段。第一阶段从 1990 年到 1995 年，核心内容是确立"总统制"，集中国家权力。在该时期，哈萨克斯坦结束了总统与议会分权而治的局面，最终确立了"总统制"的政权组织形式。1995 年通过的宪法明确规定，哈萨克斯坦为总统制国家，总统任期为 5 年，可连任 1 届。② 从国家权力分配来看，总统被赋予了更多的权力，形成了行政权高于立法权和司法权的国家权力格局。因此，1995 年宪法也被称为"纳扎尔巴耶夫宪法"。

第二阶段从 1995 年至 2007 年。在这一阶段，总统权力先进一步得到加强，后又有所下放，哈官方称之为"国家权力自由化"（либерализация государственной власти）。1998 年，哈通过宪法修订案，把总统任期从 5 年延长到 7 年，总统在国家政治生活中的地位进一步凸显。2007 年，为了扩大执政的社会基础、提高各政党参政积极性及吸纳更多政治力量到国家政治生活中，哈决定从"总统制"向"总统-议会制"转变，适当扩大议会权力，把总统任期从 7 年改回至 5 年。

第三阶段从 2010 年以来。这一时期，纳扎尔巴耶夫的政治权威再次得到加强。2010 年 5 月，纳扎尔巴耶夫被推崇为"民族领袖"（лидер нации），并以法律形式固定下来。2011 年哈萨克斯坦通过全民公决，决定将总统任期直接延长至 2020 年。2015 年 4 月，纳扎尔巴耶夫又一次高票当选哈萨克斯坦总统。

面对哈萨克斯坦的威权体制，以美国为首的西方一边积极与哈保持接触，发展外交、经贸关系，一边还关注哈国内人权、民主问题。2003 年至 2005 年，在"颜色革命"冲击原苏联地区时，西方曾试图在哈萨克斯坦唆使反对派进行"政变"，建立亲西方政府。然而，西方的这一举动并

---

① 2012 年 11 月 14 日，笔者对哈萨克斯坦战略研究所研究员阿乌尔巴耶夫（Б. А. Ауелбаев）的访谈。

② *Конституция Республики Казахстана от 30 августа 1995 года.*

未获得成功。[①] 2011 年，美国还指责哈萨克斯坦关于延长总统任期的全民公决是"民主倒退"。[②] 由此可见，哈萨克斯坦与西方关系即使走得再近，也存在着不可调和的结构性矛盾。与西方的颠覆、指责不同，俄罗斯则认可纳扎尔巴耶夫在哈萨克斯坦政治进程中的积极作用与权威地位。2013 年 11 月 11 日，俄哈正式确立了"21 世纪睦邻与同盟关系"，两国互视为盟友。在欧亚经济联盟内，俄罗斯更是把纳扎尔巴耶夫奉为"欧亚联盟之父"，凸显哈在欧亚经济联盟中的作用。因此，参与欧亚经济联盟建设，发展与俄盟友关系对哈萨克斯坦维护国内政权安全来说意义重大。

第二，欧亚经济联盟对纳扎尔巴耶夫平衡国内部族利益集团，维护社会稳定与国家统一亦有积极意义。玉兹（Жуз）逐渐形成于 16 世纪下半叶和 17 世纪，是哈萨克斯坦社会传统结构中顶层的社会组织形态，也是哈社会部落传统最重要的表现形式之一。[③] 在哈萨克斯坦，玉兹又分为大玉兹（哈南部）、中玉兹（哈东部、中部及北部）及小玉兹（哈西部）。根据 2012 年的统计数据，三玉兹中大玉兹人口数量最多，为 830 万人，其次是中玉兹，为 640 万人，再次是小玉兹，为 190 万人。[④] 历史上，三个玉兹之间关系复杂，互相争夺，一般只有在遇到共同外敌时才会出现短暂的联合。在当代，玉兹之间的博弈体现为对国家权力的争夺，角力双方主要是大玉兹和中玉兹，小玉兹时常左右摇摆。[⑤] 在社会层面，玉兹现象根深蒂固。尽管哈官方不承认国家有"玉兹化"倾向，但在现实中，哈国内社会中有明显

---

① 俄罗斯政治技术研究中心副主任马卡尔金（А. В. Макаркин）认为，"颜色革命"没有在哈萨克斯坦爆发的原因有以下：（1）"走向西方"这一话题在哈萨克斯坦并不时髦；（2）在哈国内利益集团之间争斗有限；（3）纳扎尔巴耶夫个人的坚决与果断，走向选举；（4）与吉尔吉斯坦相比，哈萨克斯坦国内反对派的力量要明显弱些；（5）有来自俄罗斯的支持；（6）哈萨克斯坦实行"多元"外交，与各大国关系稳定。参见："Будет ли в Казахстане цветная революция？"，РИА-Новость，http：//ria. ru/analytics/20050913/41384726. html。

② "Референдум о продлении полномочий главы Казахстана станет отходом от демократии，считают в Вашингтоне"，Новости-Казахстан，http：//www. newskaz. ru/politics/20110104/1027342. html.

③ 吴宏伟、张昊：《部落传统与哈萨克斯坦当代社会》，《俄罗斯东欧中亚研究》2014 年第 6 期。

④ *Демографический ежегодник Казахстана* – 2012（*Статистический сборник*），Алматы：Агентство Республики Казахстан по статистике，2012，ст. 10.

⑤ Акаева Б. А.，Коротаев А. В.，Исаев Л. М.，Шишкина А. Р.，*Системный мониторинг глобальных и региональных рисков：Центральная Азия：новые вызовы*，Москва：ЛЕНАНД，2013，ст. 246.

的"玉兹化"趋向，人们只有通过氏族、部落和家庭关系才能进入精英阶层。

　　哈萨克斯坦三玉兹之间特色不同，各有千秋。大玉兹往往出政治领导人，是哈萨克斯坦政坛的骨干力量，与俄罗斯政治关系紧密。1964 年至1986 年，来自大玉兹的库纳耶夫（Д. А. Кунаев）担任苏联哈萨克苏维埃社会主义共和国第一书记时期，当地政坛主要被大玉兹掌控。为了抗衡中玉兹，库纳耶夫有意拉拢小玉兹。纳扎尔巴耶夫同样来自大玉兹，并深受库纳耶夫支持。他在 1986 年至 1989 年科尔宾（Г. В. Колбин）时期担任共和国部长会议主席，掌管共和国事务。1989 年科尔宾下台后，纳扎尔巴耶夫成为共和国的实际领导人，大玉兹依旧执掌着共和国的政权。从表 5-6 中可见，哈萨克斯坦独立以来，来自大玉兹的政治精英依旧把持着国家重要部门，其政治地位不言而喻。中玉兹则是哈萨克斯坦知识分子、科学家、企业家的摇篮。历史上，中玉兹地区靠近俄罗斯，深受俄罗斯政治、经济、文化的影响，因此"俄罗斯化"程度较高。此外，中玉兹地区矿产资源丰富，也是原苏联，乃至今天哈萨克斯坦的重工业基地。经济社会的高度发达助长了中玉兹对政治权力的诉求。所以，中玉兹对大玉兹把持政府一直心存不满。小玉兹依托丰富的油气资源，是哈萨克斯坦重要的能源出口基地。[①] 然而，小玉兹在哈萨克斯坦政坛确是一股小众力量，难以发挥作用，对此小玉兹也颇有怨言。可以说，大玉兹的政治力量是强势，经济发展是弱势（主要以农业为主）；中玉兹的经济发展是优势，而政治力量是劣势；小玉兹坐拥油气资源，但缺乏政治话语权。这也是现实中三大玉兹矛盾的症结所在。因此，对纳扎尔巴耶夫而言，平衡大玉兹与中玉兹，拉拢小玉兹，破除三个玉兹间的隔阂，加强国内民族与社会团结是其执政的关键之一。[②]

　　可以认为，纳扎尔巴耶夫力主推动欧亚经济联盟建设，对平衡国内三个玉兹间关系、拓展各个部族发展空间及实现民族团结与稳定亦有正面作用。这主要体现在以下方面：首先，欧亚经济联盟同时拓展了三个玉兹的经济发展空间，大玉兹获得俄罗斯广袤的农业市场，中玉兹与俄罗斯消除

---

① 哈萨克斯坦油气主要分布在西部四个州（阿特劳州、曼格斯套州、西哈萨克斯坦州、阿克托别州）和哈属里海水域。以上地区均在小玉兹范围内。

② 1997 年，纳扎尔巴耶夫力排众议，决定把首都从大玉兹所属的阿拉木图迁到中玉兹的阿斯塔纳就有平衡地区间与部族间经济社会发展，加强对北部地区统治的意图。

工业联系壁垒，小玉兹获得更为稳定的能源出口渠道；其次，在三个玉兹
关系中俄罗斯因素也是显而易见的。大玉兹与俄罗斯政治关系近，中玉兹
与俄罗斯经济、社会、文化关系近，小玉兹与俄罗斯能源关系近。因此，
在当前的国内政治格局下，俄罗斯有能力影响哈萨克斯坦未来国内政治和
社会走向。此外，三个玉兹间关系平衡、国内政局稳定也符合俄哈两国共
同的地缘政治利益。

表 5-6　哈萨克斯坦议会和政府主管官员及所属部族
（截至 2015 年 12 月 31 日）

部门	职务	姓名	部族
总统办公厅	主任	尼格马图林（Н. З. Нигматулин）	中玉兹
总统府	国务秘书	阿博得卡利科娃（Г. Н. Абдыкаликова）	大玉兹
议会上院（Сенат）	主席	托卡耶夫（К. К. Токаев）	大玉兹
	副主席	伊沙诺夫（К. К. Ищанов）	小玉兹
	副主席	别依先巴耶夫（А. А. Бейсенбаев）	大玉兹
议会下院（Мажилис）	主席	扎库波夫（К. К. Джакупов）	小玉兹
	副主席	塔斯布拉托夫（А. Б. Тасбулатов）	中玉兹
	副主席	吉亚琴科（С. А. Дьяченко）	俄罗斯族
政府	总理	马西莫夫（К. К. Масимов）	中玉兹
	第一副总理	萨金塔耶夫（Б. А. Сагинтаев）	大玉兹
	副总理	纳扎尔巴耶娃（Д. Н. Назарбаева）	大玉兹
内务部	部长	卡西莫夫（К. Н. Касымов）	大玉兹
健康与社会发展部	部长	杜依谢诺娃（Т. Б. Дуйсенова）	大玉兹
外交部	部长	伊德里索夫（Е. А. Идрисов）	中玉兹
文化与体育部	部长	穆哈梅吉乌雷（А. Мухамедиулы）	大玉兹
国防部	部长	塔斯马加姆别托夫（И. Н. Тасмагамбетов）	小玉兹
教育与科学部	部长	萨林日波夫（А. Б. Саринжипов）	不详
投资与发展部	部长	依谢克舍夫（А. О. Исекешев）	小玉兹
国家经济部	部长	多萨耶夫（Е. А. Досаев）	大玉兹
财政部	部长	苏丹诺夫（Б. Т. Султанов）	大玉兹
农业部	部长	马梅特别科夫（А. С. Мамытбеков）	大玉兹

部门	职务	姓名	部族
能源部	部长	什科尔尼克（В. С. Школьник）	俄罗斯族
司法部	部长	依马舍夫（Б. М. Имашев）	中玉兹
总计：	大玉兹：11	中玉兹：5　　小玉兹：4	俄罗斯族：2

资料来源：根据哈萨克斯坦总统网（http：//www. akorda. kz/ru）、政府网（http：//ru. government. kz/ru/）、议会网（http：//www. parlam. kz/）信息整理。

第三节　白俄罗斯参与欧亚经济联盟的地缘政治因素

一　对外战略优先

俄罗斯是白俄罗斯在原苏联地区，乃至世界范围内最重要的战略伙伴。俄白联盟国家是原苏联地区中层次较高、运行时间较长的双边一体化机制。此外，白俄罗斯还参与俄罗斯主导的各类多边一体化机制，如集安组织、四国统一经济空间、欧亚经济共同体，以及今天的欧亚经济联盟。

与乌克兰、格鲁吉亚、摩尔多瓦等把加入欧盟、北约定为外交战略目标不同，白俄罗斯自独立以来一直把俄罗斯视为最重要的外交战略伙伴，主要原因有以下方面。

第一，白俄罗斯领导层不存在"反俄"意识。与其他原苏联地区国家相似，在独立初期，白俄罗斯国内也出现了一股民族主义浪潮，推动"白俄罗斯化"运动，主张政治经济发展全盘西化。代表事件是白俄罗斯人民阵线领导人之一波兹尼亚克（З. С. Позняк）1994 年 3 月在白俄罗斯的《人民报》上发表题为《关于俄罗斯帝国主义及其威胁》的文章。文中说道："俄罗斯民族是个拼凑的民族，支配它的不是民族意识，而是彻头彻尾的帝国意识。白俄罗斯应该退出独联体。我们要走波罗的海国家的道路，要走回归欧洲文明的道路。"[①] 但是，民族主义在白俄罗斯精英层

---

① Позняк З. С.，"О русском империализме и его опасности"，*Народная газета*，15 - 17 января 1994 года.

面缺乏市场。独立之初，部长会议主席（总理）克比奇（В. Ф. Кебич）就讲道："离开俄罗斯，我们（白俄罗斯）在经济和政治上都将无法生存，因此白俄罗斯不能认为这是出卖主权的政策。"[1] 1994 年，主张恢复独联体国家间联系，重视对俄外交的卢卡申科和克比奇都进入第二轮选举，最终卢卡申科以 80.6% 高票当选。卢卡申科曾针对国内民族主义问题提出，"我们（白俄罗斯）的一些民族主义分子试图让白俄罗斯去和俄罗斯争执，用'主权丢失''忌惮俄罗斯化''丧失民族性'等来威胁我们。我直接可以说，民族主义、民族间仇视在白俄罗斯是没有土壤的，我们并不是那样的民族。我们现代的白俄罗斯人对此没有历史基因和主观意识。"[2] 由此可见，在白俄罗斯高层意识中，俄罗斯是白俄罗斯对外政治经济关系的重中之重。

第二，俄罗斯是白俄罗斯与其他独联体成员国建立政治对话的纽带。除了俄白关系外，在独联体框架内白俄罗斯与其他成员国的双边关系仅限在经济领域。只有借助俄罗斯主导的地区一体化机制（如集安组织、欧亚经济联盟等），白俄罗斯才能获得与其他独联体国家进行政治对话的平台。有分析就称，"俄罗斯是白俄罗斯在独联体地区唯一的政治伙伴"。[3] 因此，白俄罗斯虽然奉行"多元"（многовекторность）外交政策[4]，主张与各个地区、国家发展伙伴关系，但在实践中，对俄罗斯和其余独联体国家关系，推动原苏联地区一体化是白俄罗斯外交优先中的优先。从表 5-7 中可以看出，积极参与原苏联地区，尤其与俄罗斯共建区域政治经济一体化机制是白俄罗斯的既定外交方针。2015 年 11 月 6 日，卢卡申科在第五次总统就职典礼上再次强调，白俄罗斯将继续推动建设俄白联盟国家，并在保障自身利益的前提下，积极推动欧亚经济

---

① "История сделала белорусов мирными и терпеливыми", *Союзное государство*, No. 3, 2011.

② Лукашенко А. Г., "Лекция《Исторический выбор Республики Беларусь》в БГУ", http://president. gov. by/ru/news_ ru/view/lektsija-istoricheskij-vybor-respubliki-belarus-v-bgu-5819/.

③ Митрофанова А., "Российско-белорусская интеграция: современное состояние, проблемы и перспективы", *Научно-аналитический журнал Обозреватель-Obsrerver*, No. 5, 2008.

④ "多元"（многовекторность）外交原则是 1996 年 10 月 19 日由白俄罗斯总统卢卡申科在首届全白俄罗斯大会上首次正式提出的，此后便成为白俄罗斯对外关系的基本原则。

联盟建设。① 可见，加入俄罗斯主导的欧亚经济联盟是白俄罗斯的必然选择。

表 5-7 2004 年至 2015 年白俄罗斯涉及对外政策官方文件
对原苏联地区一体化及欧亚经济联盟立场

时间	文件名称	内容要点
2004 年	《白俄罗斯共和国至 2020 年前社会经济可持续发展国家战略》	在第 5 章第 7 节"加强对外经济政策与国际合作"部分中指出，按照"多元"外交原则，白俄罗斯国际合作的首要优先方向是"在俄白联盟国家、欧亚经济共同体框架内深化与独联体成员国一体化进程，同时在地区一体化组织内建立统一经济空间"。②
2005 年	《白俄罗斯共和国对内与对外政策总体方向》	该文件中并没有明确提到"独联体"，但是在第 28 条"国际经济合作总体方向"中指出，"参与关税同盟、自由贸易区，及与外国其他形式的经济一体化"是国际经济合作的优先方向之一。③
2010 年	《白俄罗斯共和国对外政策优先方向》	该文件把白俄罗斯外交政策明确分为六大优先方向：（1）对俄及对独联体成员国关系；（2）独联体空间区域一体化，即独联体、欧亚经济联盟及集安组织；（3）对欧盟关系；（4）与其他南方国家关系；（5）对美关系；（6）与其他国际组织关系。④
2010 年	《白俄罗斯共和国国家安全构想》	在该文件中，白俄罗斯把推动地区一体化上升到维护国家安全的高度。文件指出，"在欧亚经济共同体框架内建立完全的、没有人为障碍的、高效及互利的关税同盟和统一经济空间"，是维护国家安全不受外部威胁的重要措施之一。⑤

① "Лукашенко：Беларусь будет развивать тесное взаимодействие в ЕАЭС，но незыблемо отстаивая собственные интересы"，БЕЛТА，http：//www. belta. by/president/view/lukashenko-belarus-budet-razvivat-tesnoe-vzaimodejstvie-v-eaes-no-nezyblemo-otstaivaja-sobstvennye-169325-2015/.

② Национальная стратегия устойчивого социально-экономического развития Республики Беларусь на период до 2020 г. Минск：Юнипак，2004，ст. 159.

③ Основные направления внутренней и внешней политики Республики Беларусь（2005）.

④ Приоритетные направления внешней политики Республики Беларусь（2010）.

⑤ Концепция национальной безопасности Республики Беларусь（2010）.

续表

时间	文件名称	内容要点
2010 年	《白俄罗斯共和国 2011 年至 2015 年社会经济发展计划基本纲要》	文件中指出，"更深入参与独联体框架内（俄白联盟国家、欧亚经济共同体、关税同盟、统一经济空间）的经贸合作，以及欧盟的'东方伙伴关系计划'"有助于白俄罗斯解决对外经济关系中的重大战略问题。①
2015 年	《白俄罗斯共和国至 2030 前社会经济可持续发展国家战略》	在第 8 章第 5 节"国际合作与对外经济关系发展"部分中指出，积极参与欧亚经济联盟建设是白俄罗斯中长期对外经济发展的重要任务。第一阶段（2016-2020 年）：在欧亚经济联盟框架下推动经济一体化，建立没有限制的共同市场，消除商品和资本自由流通的障碍，确保获得能源资源与国家采购市场。第二阶段（2021-2030 年）：该阶段的核心目标是进一步推动全方位现代化发展。欧亚经济联盟则是解决这一阶段重要问题的杠杆。②

第三，欧美的长期制裁一定程度上把白俄罗斯推向了俄罗斯和欧亚经济联盟。欧美不满卢卡申科威权政府，批评白俄罗斯国内民主与人权状况，对白俄罗斯采取长期制裁。1996 年，通过全民公投，卢卡申科获得了对宪法的修订权，形成了超级总统制。2004 年，白俄罗斯再次举行全民公决，取消了总统任期限制，卢卡申科的个人权威进一步加强。在此背景下，欧盟 1996 年 12 月叫停了与白俄罗斯签署的《战略合作伙伴条约》，1997 年颁布了《对白俄罗斯关系章程》，明确表示不支持 1996 年的宪法公投，宣布启动对白俄罗斯制裁。2004 年，美国颁布《2004 年白俄罗斯民主报告》，明确反对 2004 年白俄罗斯关于取消总统任期限制的公投结果，对白俄罗斯发起金融制裁，同时加大对反对派的支持力度，这标志着美国正式加入对白俄罗斯制裁的行列，白俄罗斯开始受到美欧的双重制裁压力。2006 年 3 月，卢卡申科第三次当选总统后，美国与欧盟联合对白俄罗斯开始新一轮制裁，其中一条就是限制白俄罗斯高官入境，包括卢卡申科。2008 年至

① *Основные положения программы социально-экономического развития Республики Беларусь на 2011-2015 годы* (2010).

② "Национальная стратегия устойчивого социально-экономического развития Республики Беларусь на период до 2030 г.", *Экономический Бюллетень*, No. 4, 2015.

2010 年欧美与白俄罗斯关系出现短暂缓和，白俄罗斯加入了欧盟主导的
"东部伙伴关系计划"。然而，2010 年 12 月，卢卡申科又一次当选总统后，
欧美以白俄罗斯境内民主、人权状况未见好转为由，2011 年 8 月，美国决
定对白俄罗斯 4 家国企采取制裁；2012 年 10 月，欧盟宣布对白俄罗斯制裁
延长 1 年至 2013 年 10 月 31 日。虽然 2014 年欧盟取消了对白俄罗斯几家私
企的制裁，但欧盟还是决定把制裁再延长 1 年至 2015 年 10 月 31 日。截至
2015 年底，在制裁名单中仍有 18 家白俄罗斯企业。由此可见，欧美对白俄
罗斯制裁的目的是明确的，就是要在外交上孤立卢卡申科政府，以外部施
压、内部渗透的方式，迫使白俄罗斯政府更迭，建立亲西方政权。事实上，
"制裁并不能成为向白俄罗斯总统和现行政治制度施压的有效工具。严厉的
制裁只会把白俄罗斯推向东方"。① 制衡西方制裁，摆脱外交孤立是白俄罗
斯靠近俄罗斯，参与欧亚经济联盟的重要外部因素之一。

二　俄白联盟国家因素

从白俄罗斯角度来看，俄白联盟国家是欧亚经济联盟的基础。所谓
"基础"主要体现在两方面：一是俄白联盟国家为其余地区多边一体化机制
提供了一定的经验借鉴意义，二是打破了原苏联地区不可实现一体化的心
理魔障。1999 年 12 月 8 日，俄白两国总统在莫斯科签署《关于成立联盟国
家条约》，至今俄白联盟国家已经运行了近 16 年。卢卡申科在不同场合表
明，俄白联盟国家是欧亚经济联盟的核心和基础。2011 年 10 月 17 日，卢
卡申科在俄罗斯《消息报》上撰文指出："（俄白）联盟国家可以作为深层
次一体化的催化剂和试验场。"② 2012 年 5 月 31 日，普京第三次当选俄总统
后首访白俄罗斯，卢卡申科在会晤中强调："在原苏联地区没有比（俄白）
联盟国家程度更高的一体化集团了。联盟国家已经成为关税同盟和统一经
济空间的基础。"③

此外，欧亚经济联盟一定程度上激活了俄白联盟国家。尽管俄白联盟

---

① Токарев А. А., "Санкции против Белоруссии привели к тому, чего пытался избежать Запад", http：//www. mgimo. ru/news/experts/document250298. phtml.

② Лукашенко А. Г., "О судьбах нашей интеграции", *Известия*, 17 октября 2011 года.

③ "Путин в Минске：Лукашенко клянется в верности и просит помочь построить АЭС", http：//www. newsru. com/world/31May2012/puluka. html.

国家是原苏联地区一体化进程的经验基础与心理动力，但在现实中，俄白联盟国家的发展却远远没有达到理想水平，[①] 只相当于"俄罗斯在独联体多对双边伙伴关系中的一对而已"。[②] 自 2000 年俄白联盟国家启动以来，两国之间纠纷不断，双边经济一体化进程停滞不前。[③] 欧亚经济联盟的成立反而激活了俄白联盟国家。从功能上看，自 1995 年俄白建立关税同盟以来，两国一直未就统一关税、海关合作等问题达成一致，没能建立商品共同市场。2010 年俄、白、哈关税同盟成立后，俄白联盟国家框架下的经济一体化就转移至关税同盟及后来的欧亚经济联盟。在经济一体化内容转向欧亚经济联盟后，俄白联盟国家将更偏向政治及外交合作。[④] 应该说，在欧亚经济联盟内，俄、白、哈三个核心国之间已经形成了潜在的"2+1"模式，即"俄白+哈"，成为欧亚经济联盟内最为紧密的一对双边政治关系。最典型的例子就是，2015 年哈萨克斯坦加入世贸组织后可能对 3000 多种商品进行单方面降税，这将打破欧亚经济联盟内部的统一关税。2015 年 9 月 18 日，在"第二届俄白地区论坛"上卢卡申科对此指出，"哈萨克斯坦与世贸组织的关税协议对欧亚经济联盟而言确实是个现实问题。我们（俄、白）必须要阻止。哈方与世贸组织协定的关税将对俄白两国市场产生冲击"。[⑤]

三　国内政治因素

目前，白俄罗斯国内的政治环境有利于其参与欧亚经济联盟建设。白俄罗斯国内的政治精英由"中央直属官员派"（简称"中直官员派"，

---

① 参见：Шишков Ю.，"Союзное государство в коме: поиск причин"，*Мировая экономика и международные отношения*，No. 7，2009；Боришполец К.，Чернявский С.，"Российско-белорусские отношения: угрозы реальные и мнимые"，*Мировая экономика и международные отношения*，No. 11，2012.

② Годин Ю. Ф.，*Белоруссия-Это《Брестская крепость》современной России*，Москва：ИТРК，2008，ст. 84.

③ 进入 21 世纪以来，俄白两国相继有过联盟发展方向之争、"天然气战争"、"牛奶战争"，以及 2014 年因西方制裁而引发的贸易战。

④ 参见：Буянов В.，"Проблемы создания Союзного государства: геополитический аспект"，*Безопасность Евразии*，No. 4，2008；Бобков В. А.，*Беларусь в интеграционных проектах*，Минск：Беларуская навука，2011，ст. 33.

⑤ "Рабочий визит в Российскую Федерацию"，http://president.gov.by/ru/news_ru/view/vstrecha-s-prezidentom-rossii-vladimirom-putinym-12139/。

номенклатурная группа），"强力部门派"及"西方派"等三股力量组成，卢卡申科凌驾于三股力量之上。"中直官员派"的代表是米亚斯尼科维奇（М. В. Мясникович）和科比亚科夫（А. В. Кобяков）。米亚斯尼科维奇和科比亚科夫的共同特点是长期从事对俄工作，在俄拥有强大的政治、经济及社会资源，后者还担任过驻俄大使，同时，俄罗斯高层也信任二位。换言之，"能解决好莫斯科的事情，就能在明斯克吃得开"已经成为白俄罗斯官场的潜规则。"强力部门派"的代表人物是卢卡申科的长子——维克托·卢卡申科（В. А. Лукашенко）。维克托·卢卡申科长期执掌白俄罗斯强力部门，主管国家安全事务，较少涉足外交事务。"西方派"的代表人物是外长马克依（В. В. Макей）和前外长马丁诺夫（С. Н. Мартынов）。"西方派"主张白俄罗斯适当实行内部改革，在外交上鼓励向西方靠近。显然，"西方派"在卢卡申科体制下并不得势。从 2012 年马克依从总统办公厅主任下贬到外交部长这件事上就能看出这点。通过以上分析，应该说，"中直官员派"是卢卡申科体制的中坚力量，这也是白俄罗斯对俄、对欧亚经济联盟政策保持稳定与连贯的国内政治条件。尽管 2018 年 8 月 18 日总统卢卡申科"闪电式"解散科比亚科夫政府，组建新的鲁马斯（С. Н. Румас）政府，[①] 然而"中直官员派"在白俄政坛依旧占主导。鲁马斯的父亲曾先后在克比奇（В. Ф. Кебич）时期和卢卡申科时期担任财政部副部长，并与米亚斯尼科维奇交好。鲁马斯是白俄罗斯"中直官员派"二代的代表。

第四节　亚美尼亚加入欧亚经济联盟的地缘政治因素

一　维护国家安全

亚美尼亚地处南高加索地区，同在该地区的还有阿塞拜疆和格鲁吉亚。尽管南高加索地区面积不大，但它却是连接欧亚大陆的"瓶塞"，是基督教

---

① "Кто такой Сергей Румас? Банкир, либерал, футбольный болельщик, охотник, многодетный отец", https://www.kp.by/daily/26870.7/3912779/; "Принятие кадровых решений", http://president.gov.by/ru/news_ru/view/prinjatie-kadrovyx-reshenij-19323/.

与伊斯兰教的交汇点，是俄罗斯与伊朗、土耳其及欧美利益的碰撞带，地缘政治地位十分显要。

应该说，虽然三国共处一个地区，但是它们的地缘政治环境却有天壤之别。三国中，阿塞拜疆的地缘政治环境较为优越。阿塞拜疆依托丰富的油气资源，在俄欧之间搞平衡，同时又积极参与里海地区事务，外交迂回空间比较宽广。格鲁吉亚的地缘政治环境次之。2003 年"玫瑰革命"后，格鲁吉亚奉行"一边倒"外交战略，完全倒向欧美。与此同时，格鲁吉亚坐拥黑海入海口，是里海油气资源进入土耳其、欧洲的必经要道，能源过境地位显要。2008 年 8 月，俄格战争后，两国一度断交。2014 年以来，俄格两国正在努力恢复双边外交与经贸联系，但离关系正常化仍有一段距离。①

与阿、格两国相比，亚美尼亚的地缘政治环境并不算优越。长期以来，亚美尼亚主要面临来自三方面的地缘政治压力。首先是由于纳卡问题一直悬而不决，与阿塞拜疆处于"无战争，无和平"的敌对状态。1992 年至1994 年纳卡冲突后，阿、亚两国一直保持僵持状态，时而擦枪走火，导致地区局势紧张。比如，2014 年 11 月，亚美尼亚一架米－24 军用直升机在纳卡地区被阿塞拜疆击落，阿、亚两国互相指责，纳卡地区局势再次出现动荡；② 2016 年 4 月初，阿、亚两国在纳卡地区又爆发武装冲突，并造成大量人员伤亡。其次，因为历史恩怨，与土耳其保持僵持关系。1915 年至 1917年奥斯曼帝国（土耳其）对境内亚美尼亚人进行"大屠杀"，史称"亚美尼亚大屠杀"（Геноцид Армении）。土耳其历届政府均不承认"大屠杀"的

---

① 近年来，俄格两国专家间的"二轨外交"一直没有间断。俄方由莫斯科国际关系学院牵头与格方专家多次举办研讨会。根据笔者旁听会议的感受来看，俄格均表示愿意从经贸合作入手改善双边关系，但是当两国专家谈到阿布哈兹和南奥塞梯问题时往往不欢而散。

② 本次纳卡危机爆发后，2014 年至 2015 年间，欧安组织明斯克小组多次努力斡旋阿亚关系。2014 年 8 月 11 日，俄罗斯总统普京同时邀请阿塞拜疆总统阿利耶夫、亚美尼亚总统萨尔基访问俄罗斯索契，并就纳卡问题举行三边对话；2015 年 5 月 25 日，俄罗斯外长拉夫罗夫明确指出，解决纳卡地区问题是俄罗斯对外政策的一个优先方向；2015 年 7 月 20 日，欧安组织明斯克小组组长美国外交官沃里克（James Warlick）赴亚美尼亚首都埃里温，与亚美尼亚总统、外长分别举行会面，为新一轮阿亚对话做先期准备工作。参见："Мир для Карабаха", *Российская газета*, 11 августа 2014 года；"Лавров: договоренности по карабаху-один из приоритетов России", http://ria.ru/world/20150525/1066333081.html；"Джеймс Уорлик проведет переговоры по Карабаху в Ереване", http://ria.ru/world/20150719/1137029898.html。

存在，而亚美尼亚则坚持这是土耳其人对亚美尼亚人实施的"种族屠杀"，并在每年 4 月 24 日举行纪念活动。这一历史伤疤成了亚、土两国互不信任，双边关系停滞不前的重要缘由。最后是欧美的渗透。格鲁吉亚在俄格战争中遭惨败后，美国与欧盟认为，在南高加索地区格鲁吉亚已经难以成为制衡俄罗斯的桥头堡，所以应该加强对亚美尼亚外交力度，把亚美尼亚纳入欧盟"东部伙伴关系计划"和《联系国协定》，努力将亚美尼亚拉入欧盟轨道，构建新的战略前沿。① 在这样的地缘政治环境里，为确保与阿塞拜疆的军事实力均衡，南部边界安全及抵御西方势力渗透，亚美尼亚把俄罗斯定位为"最可信的盟友"。除了俄罗斯与集安组织，欧盟也好，北约也罢，都不能在纳卡问题上给亚美尼亚提供安全保障。② 因此，有学者认为，亚美尼亚加入欧亚经济联盟的首要驱动力是维护国家安全利益。

就目前而言，俄亚双边军事合作内容包括：俄军驻亚美尼亚久姆里的 102 军事基地，2010 年 8 月 20 日俄亚两国总统决定该基地延长至 2044 年；俄边防部队负责亚美尼亚与土耳其 345 公里、与伊朗 45 公里的边境保护，俄联邦安全局边防署在亚美尼亚久姆里、阿尔塔沙特、阿尔马维尔、梅格丽等地设立分支机构，还在埃里温国际机场设立检查站，目前在亚美尼亚的俄罗斯边防部队人数达 4.5 万人左右；在军事技术合作上，从 1991 年至 2014 年，俄向亚美尼亚提供了价值 5.21 亿美元的各类军事装备。由此可见，俄罗斯为亚美尼亚提供了全方位的安全保障。亚美尼亚更是高度重视与俄罗斯的政治军事盟友关系，并认为，如果俄军撤出亚美尼亚会引起整个南高加索地区不稳定，甚至会有重蹈叙利亚、伊拉克、黎巴嫩局势覆辙的危险。③ 因此，有分析指出，亚美尼亚加入欧亚经济联盟首要考虑的是强化与俄罗斯政治盟友关系，维护国家安全，其次才是经济利益。④

---

① Крылов А., Накопия Б., "Россия-Армения: сохранить взаимное доверие", *Россия и новые государства Евразии*, No. 1, 2015.

② Федоровская И., "Армения и Таможенный союз", *Россия и государства Евразии*, No. 1, 2014.

③ Крылов А., Накопия Б., "Россия-Армения: сохранить взаимное доверие", *Россия и новые государства Евразии*, No. 1, 2015.

④ 参见：Dobbs J., *The Eurasian Economic Union: A Bridge to Nowhere?* London: European Leadership Network-Policy Brief, No. 3, 2015；Федоровская И., "Вступление Армении в ЕАЭС", *Россия и новые государства Евразии*, No. 2, 2015.

二　国内政治因素

现政权的"亲俄"立场是亚美尼亚选择欧亚经济联盟的重要国内政治动因。与许多原苏联地区国家一样，独立初期的亚美尼亚把脱离俄罗斯，加入欧洲一体化作为施政目标。但是，这种趋势在 1997 年与俄罗斯签署《友好、合作及互助条约》后得到了遏制，在 1998 年"亲俄"的科恰良（Р. С. Кочарян）当选总统后得到彻底扭转。之后，亚美尼亚开始奉行"亲俄"政策。在科恰良时期（1998 年至 2008 年），俄亚关系在经济、国防、能源、交通等领域得到全面发展。此外，亚美尼亚还积极参与俄罗斯主导的各类区域一体化机制，如欧亚经济共同体、集安组织、欧亚开发银行等。2008 年科恰良卸任后依旧与俄罗斯保持着紧密联系，2009 年他出任俄罗斯金融集团——"系统"（АФК《Система》）的独立董事。

2008 年，谢尔日·萨尔基相（С. А. Саргсян）当选为总统后继续奉行"亲俄"政策。这主要体现在以下方面：（1）俄罗斯政权党——统俄党是亚美尼亚执政党——共和党的重要合作伙伴。[①] 自 1990 年成立以来，亚美尼亚共和党已经与各国政党建立起了党际交流关系，其中包括俄罗斯的统俄党、中国共产党、欧洲人民党等。在诸多党际关系中，亚美尼亚共和党目前只与统俄党建立起了机制化的合作关系。两党多次举行议会间、青年组织间交流。两党还在独联体议会大会、集安组织、欧安组织等国际组织内保持良好互动。与此同时，俄罗斯也可以通过党际交流对亚美尼亚国内政治进程施加影响。（2）亚美尼亚认为，加入欧亚经济联盟能够推动纳卡地区经济发展，有助于最终解决纳卡问题。[②] 在"亲俄"立场下，亚美尼亚在欧盟《联系国协定》与欧亚经济联盟之间选择了后者。

2018 年 3 月，阿尔缅·萨尔基相（А. В. Саркисян）高票当选亚美尼亚新一届总统，支持他的有共和党、亚美尼亚革命联合会"达什纳克楚琼""察鲁基扬"集团，投反对票的是"出路"联盟。5 月，反对派领导人帕希

[①] 亚美尼亚共和党是执政党，党魁是现任总统萨尔基相，在亚美尼亚国内政治中代表保守派力量。相关信息可以查看亚美尼亚共和党官网：http://www.hhk.am/ru/。

[②] Тавадян А., "Интеграционные приоритеты Армении: взгляд из Еревана", *Россия и новые государства Евразии*, No. 2, 2014.

尼扬（Н. Пашинян）当选亚美尼亚总理。尽管总统和总理来自不同阵营，但是对俄罗斯及欧亚经济联盟的态度都是积极的。当选后短短 4 个月里，帕希尼扬四次赴俄罗斯，与总统普京会晤三次，与总理梅德韦杰夫会晤一次，主张与俄罗斯在双边及多边层面加强战略合作，积极参与欧亚经济联盟建设。应该说，亚美尼亚没有因国内政局变化而改变对俄罗斯、欧亚经济联盟的态度和立场。

第五节　吉尔吉斯斯坦加入欧亚经济联盟的地缘政治因素

一　维护国家安全

安全问题一直是笼罩在吉尔吉斯斯坦上空的阴霾。在传统安全方面，与乌兹别克斯坦边界问题一直未能得到合理解决，局部冲突时常发生。[①] 在非传统安全方面，"三股势力"、非法毒品交易等威胁有进一步蔓延之势。[②] 除此之外，抵御西方势力渗透，维护政权稳定也是吉尔吉斯斯坦面临的重要安全议题。在此背景下，2011 年上台的阿坦姆巴耶夫（А. Ш. Атамбаев）一改前任巴基耶夫（К. С. Бакиев）的"亲西方"政策及 2010 年"四月革命"[③] 后奥拓巴耶娃（Р. И. Отунбаева）临时政府对俄模糊的态度，[④] 决定积极向俄靠拢，加强与俄在双边及多边层面的互动，全面提升俄吉关系。

---

① 最近一次吉乌边界冲突发生在 2010 年 5 月底。参见："Конфликт на границе Киригизии и Узбекистана"，РИА-Новости，http：//ria. ru/trend/kirgizia _ uzbekistan _ comflict _ 31052010/。

② Михайлов Г.，"Киргизия становится зоной действий《Исламского государства》：Радикалы активно вербуют население и наказывают противников"，*Независимая газета*，02 декабря 2015 года.

③ 有学者把 2010 年"四月革命"称为"俄色革命"，是俄罗斯对 2005 年西方导演的"郁金香革命"的反制措施，意在扶植亲俄政权。在整个过程中，俄罗斯在台前幕后扮演了十分重要的角色。2010 年初，俄罗斯通过在吉尔吉斯斯坦境内的卫星电视大量曝光时任总统巴基耶夫的贪腐行为，一定程度上对"四月革命"爆发起到了推波助澜的作用。参见：Nixey J.，*The Long Goodbye：Waning Russian Influence in the South Caucasus and Central Asia*，London：Chantham House Briefing Paper，No. 6，2012。

④ Сыроежкин К. Л.，*Центральная Азия сегодня：вызовы и угрозы*，Алматы：КИСИ при Президенте РК，2011，ст. 265.

为了显示诚意，阿坦姆巴耶夫要求美军于 2014 年完全撤出玛纳斯基地。近年来，双方在安全合作领域已经取得了实质进展。2012 年，俄吉双方还签署了《俄罗斯驻吉尔吉斯斯坦联合军事基地地位与条件协议》，根据该协议俄军在吉的军事基地自 2017 年 1 月 29 日起可驻扎 15 年，在必要情况下可顺延 5 年。2013 年俄决定向吉提供 11 亿美元的军事装备援助。俄方还承担起了玛纳斯机场与奥什机场的现代化改造工程。

二 国内政治因素

南北地方派系间矛盾长期不可调和是吉尔吉斯斯坦国内政治的鲜明特点。[①] 在国家层面，独立以来，吉尔吉斯斯坦政权一直处在南北交替执政的循环中，经历了 1991 年至 2005 年阿卡耶夫（A. A. Акаев）"北方"政权，2005 年至 2010 年通过"郁金香革命"上台的巴基耶夫"南方"政权，2011 年至今的阿坦姆巴耶夫"北方"政权。通过考察吉尔吉斯斯坦国内政治发展进程就不难发现，吉尔吉斯斯坦政治精英的构成具有明显的地域或血缘联系。吉尔吉斯斯坦的政党与一般意义上的政党不同。在吉尔吉斯斯坦的政党中，骨干成员不是亲属，就是同乡。[②] 政党首先代表本氏族或地方局部利益，并不代表全体民众及国家利益。当出现政党争斗时，南北政党间矛盾就成了主要矛盾，本地区内政党间矛盾则成了次要矛盾，形成了"吉尔吉斯斯坦特色"的政党体制。在政权构成中，南北分野依旧存在。比较典型的是"南方"的巴基耶夫政府和"北方"的阿坦姆巴耶夫政府。在巴基耶夫执政时期，巴基耶夫家族几乎控制了国家经济命脉，把持着政府重要部门。[③] 尽管阿坦姆巴耶夫宣称其政府为"南北联合政府"，但要害部门的领导岗位依旧由来自北方的政治精英担任，比如，国家安全委员会主席谢济兹巴耶夫（A. K. Сегизбаев）、国家国防事务委员会主席肯日萨利耶夫

---

① 吉尔吉斯斯坦共有 7 个州和 2 个市，其中属于北部的有 4 个州和 1 个市，分别是楚河州、塔拉斯州、伊塞克湖州、纳伦州和比什凯克市，属于南部的有 3 个州和 1 个市，分别是巴特肯州、奥什州、贾拉拉巴德州和奥什市。

② Богатырев В., *Место и роль политических партий в киргизском обществе*：*Политическая партия в Киргизстане*，Бишкек：Институт общественной политики. 2006，ст. 8.

③ Акаева Б. А.，Коротаев А. В.，Исаев Л. М.，Шишкина А. Р.，*Системный мониторинг глобальных и региональных рисков*：*Центральная Азия*：*Новые вызовы*，Москва：ЛЕНАНД，2013，ст. 299.

（М. С. Кенжисариев）、总统办公厅主任尼亚索夫（Ф. А. Ниязов）、政府总理萨里耶夫（Т. А. Сариев）、内务部部长图尔干巴耶夫（М. Т. Турганбаев）、财政部部长卡瑟马里耶夫（А. А. Касымалиев）等。来自南部的政治精英只能担任重要部门的副职或在非强势部门担任领导。就性质而言，阿坦姆巴耶夫政府是"北方为主，南方为辅"的非均衡联合政府。客观地说，这虽然与巴基耶夫治下的清一色"家族式"政府相比是一种进步，是促进南北团结，维护国家统一的改良之举，但是南北间政治裂痕依旧存在，国家仍然面临着南北政治冲突的危险。最典型的是，2014 年以来，南部反对派出现抬头之势，标志性事件是 2014 年 2 月 12 日，"人民民主党"（Народно-демократическая партия Кыргызстана）、"故乡党"（Ата-Журт）及前内务部部长苏瓦纳利耶夫（О. И. Суваналиев）联合组建反对派联盟——"吉尔吉斯斯坦爱国主义力量"（Патриотические силы Кыргызстана）。该联盟核心成员均来自南方，但为了凸显其全国意义，当时邀请来自北方的杰叶恩别科夫（Р. Джеенбеков）担任领导。[①] 该联盟反对阿坦姆巴耶夫政府，反对与俄罗斯走近及加入欧亚经济联盟，[②] 崇尚西方式民主、自由、市场经济，主张奉行"亲西方"政策。[③]

综上可知，对阿坦姆巴耶夫而言，维护现政权安全与稳定，进一步推动南北和解是其执政的重要目标。从这个意义上讲，俄罗斯自然是阿坦姆巴耶夫"最重要、最亲密的战略盟友"。[④] 历史地看，早在沙俄帝国和苏联时期，俄罗斯族人就主要在吉尔吉斯斯坦北部地区经营，因此北部地区工业基础较好，城市发展和居民生活水平明显高于南部地区。与此同时，北部吉尔吉斯人的"俄罗斯化"水平比较高，有"亲俄"倾向。而南部地区居住着大量乌兹别克人，与乌兹别克斯坦关系紧密，与俄罗斯关系相对疏

---

① Ионова Е. П., "Политическая ситуация в Киргизии", *Россия и новые государства Евразии*, No. 2, 2014.

② 杰叶恩别科夫提出，吉尔吉斯斯坦是自由国家，而俄罗斯和哈萨克斯坦是威权国家。国家政治体制不同，不宜共同参与地区一体化。参见：Панфилова В., "Киргизию тянут в Таможенный союз", *Независимая газета*, 14 июня 2012 года.

③ Михайлов Г., "Киргизская оппозиция готовится к митингам: выборы в парламент республики могут состояться досрочно", *Независимая газета*, 19 февраля 2015 года.

④ "Встреча с Президентом Киргизии Алмазбеком Атамбаевым", http://www.kremlin.ru/events/president/news/49736.

远。由此可见，阿坦姆巴耶夫为首的"北方"政府采取"亲俄"政策与巴基耶夫为首的"南方"政府采取"疏俄"政策是有根深蒂固的历史原因的。现实地看，2005 年"郁金香革命"是南方地区派系与西方势力相勾结的结果。[1] 时至今日，南部反对派力量依然与西方支持的非政府组织有着千丝万缕的联系。因此，强化与俄罗斯盟友关系，加入欧亚经济联盟，对巩固阿坦姆巴耶夫"北方"政权，解决国内民生问题，遏制南方反对派势力坐大及西方势力渗透有着十分重要的战略意义。[2] 应该说，加入欧亚经济联盟是阿坦姆巴耶夫的必然选择。

2017 年 10 月，来自阿坦姆巴耶夫的社会民主党候选人热恩别科夫（С. Ш. Жээнбеков）当选吉尔吉斯斯坦新一任总统。尽管新当选的热恩别科夫与前任总统阿坦姆巴耶夫在国内政治问题上存在立场分歧，但在推动欧亚经济联盟发展上，热恩别科夫延续了阿坦姆巴耶夫的政策，继续积极参与和推动欧亚经济联盟发展。在 2018 年 12 月的欧亚经济联盟最高欧亚经济委员会例行会议上，热恩别科夫提出，欧亚经济联盟对欧亚空间中每个国家而言都具有巨大的经济发展潜力，但是这个潜力还尚待继续挖掘。2019 年应在更多领域推行统一的经济政策，加强在农业领域的合作，应更多关注边境贸易竞争问题。[3]

---

[1] Акаева Б. А.，Коротаев А. В.，Исаев Л. М.，Шишкина А. Р.，*Системный мониторинг глобальных и региональных рисков：Центральная Азия：Новые вызовы*，Москва：ЛЕНАНД，2013，ст. 292.

[2] 根据吉尔吉斯斯坦现行宪法，总统不能获得连任。因此，如何安排"后阿坦姆巴耶夫时期"的国内政治格局，维护"阿坦姆巴耶夫集团"政权利益已经提上日程。阿坦姆巴耶夫借反腐塑造正面形象，同时又加入欧亚经济联盟，加强与俄关系来树立自身权威。杜博诺夫（А. Дубнов）认为，如果阿坦姆巴耶夫能完成这两个任务，那么他的继任者就算不是他想选的，那么也会来自他的周围，能维护他的个人利益，以及按他的政策方针，积极开展对俄关系。参见：Дубнов А.，*Почему Киргизия денонсирует соглашения с США*，Москва：Московский Центр Карнеги，24 июля 2015 года.

[3] 《Жээнбеков предложил устранять экономические препятствия в странах ЕАЭС》，https：//ru. sputnik. kg/economy/20181206/1042313687/kyrgyzstan-russia-eaehs-predlozhenie. html.

第六章 欧亚经济联盟形成的外因

本章从国际与地区两个层面来探讨欧亚经济联盟形成的外因。在国际层面，国际经济地位日渐边缘化是成员国决定加速组建欧亚经济联盟的重要外因。俄罗斯总统一体化事务顾问格拉济耶夫指出："在新技术革新的推动下，我们（欧亚经济联盟）的周边国家已经步入新的经济增长周期，而我们依然是衰退，问题在于就算我们掌握技术，也无法影响世界市场，保障自身经济增长。这个问题需要通过一个综合性机制来解决。"① 在地区层面，在后冷战时期，随着全球化、地区化发展不断深入，地区一体化机制如雨后春笋般迅速崛起。尤其是 2008 年世界金融危机后，不管是发达国家，还是发展中国家及新兴经济体都面临经济增长乏力、资金来源不足等问题。在这样的背景下，世界主要经济体把推动地区一体化视作重振经济、改善资源配置的最佳途径之一。随之而来的是，地区一体化机制之间的竞争愈演愈烈，主导权之争、规则之争成为国与国之间，一体化机制之间关系的主要议题。可以说，欧亚经济联盟是成员国为摆脱国际经济边缘地位而"抱团取暖"的结果，也是应对周边地区一体化机制及倡议竞争的重要举措。

第一节 国际层面：受国际经济地位边缘化冲击

一 国际贸易格局

（一）国际贸易增长与欧亚经济联盟

二战结束以来，除了在经济危机时期，国际贸易增长受到短暂挫折外，

---

① "Промышленная кооперация: в поисках взаимовыгодных решений", *Вестник Совета Федерации*, No. 8, 2015.

国际贸易一直保持增长状态。2010 年至 2014 年，国际贸易的增长速度虽然有所放缓，但总体增长的趋势未变（见表 6-1）。2010 年，世界商品贸易增幅为 13.9%；2011 年增幅下降，仅为 5.3%；2014 年维持 2013 年的增长率，为 2.5%。但是，不同国家及地区的增长速度却不同。从出口来看，北美地区和新兴经济体较为集中的亚洲地区（不包括独联体地区的亚洲国家）增长势头强劲，2014 年分别为 4.2% 和 4.7%。相比之下，独联体地区的表现则显得暗淡了一些。在 2010 年国际商品出口高速增长的年代，独联体地区的出口增长率仅为 6.3%，略低于非洲地区，排在倒数第三。2014 年，独联体地区出口增长为零。从进口方面来看，北美地区、非洲地区和亚洲地区表现不俗，一直保持增长态势。而独联体地区则跌幅最大，从 2010 年的增长18.2% 跌至 2014 年的负增长 9.8%。数据表明，汇聚独联体地区三大经济体——俄罗斯、哈萨克斯坦、白俄罗斯的欧亚经济联盟在国际贸易增长上的贡献不足，增长滞后严重。这意味着，一方面，欧亚经济联盟在国际商品市场中的份额在不断缩小；另一方面，也是最重要的，就是对外贸易低迷的消极影响能传导到成员国内经济各个部门，制约成员国国内经济增长。

表 6-1　2010 年至 2014 年世界商品贸易增幅

单位：%

	2010	2011	2012	2013	2014
世界商品贸易增幅	13.9	5.3	2.2	2.5	2.5
出口					
发达国家	13.4	5.1	1.1	2.2	2.0
发展中国家和新兴经济体	15.2	5.9	3.7	3.8	3.1
北美地区	14.9	6.6	4.4	2.7	4.2
南美和中美地区	4.5	6.4	0.9	1.9	-1.3
欧洲地区	11.5	5.5	0.8	2.4	1.6
独联体地区	6.3	1.6	0.8	1.1	0.0
非洲地区	6.5	-7.3	6.6	-2.0	-3.3
中东地区	5.3	7.9	4.8	1.7	0.7
亚洲地区	22.8	6.4	2.7	5.0	4.7

续表

	2010	2011	2012	2013	2014
进口					
发达国家	10.9	3.4	0.0	-0.1	2.9
发展中国家和新兴经济体	18.2	7.7	4.9	5.2	1.8
北美地区	15.8	4.3	3.2	1.2	4.6
南美和中美地区	21.8	12.1	2.3	3.4	-2.4
欧洲地区	9.9	3.2	-1.8	-0.2	2.3
独联体地区	18.2	16.9	6.5	-1.2	-9.8
非洲地区	8.0	4.0	13.3	5.0	4.2
中东地区	8.4	4.4	9.9	7.4	1.8
亚洲地区	18.3	6.5	3.7	4.8	3.4

资料来源：WTO，*World Trade Report* 2015，No. 21，2015。

（二）国际贸易流向与欧亚经济联盟

国际贸易流向既是地理空间概念，也是历史时空概念。16 世纪地理大发现后，国际贸易中心从地中海沿岸，转移到以英国为核心的西欧地区。在 18 世纪至 19 世纪产业革命推动下，国际贸易中心继续扩展至西欧与北美地区。在 20 世纪东西方冷战格局下，国际贸易中心分为以西欧、北美为核心的市场经济贸易体系，以及以苏联为核心、经互会为区域经济一体化平台的计划经济贸易体系。冷战结束、苏联解体后，取而代之的是经济全球化快速发展，国际分工不断加深，新兴经济体群体性崛起。当前国际贸易格局中形成了亚太地区和北大西洋地区两大中心地区，两大地区内贸易及跨地区贸易成为国际贸易的主要流向。从表 6-2 中一目了然，2014 年度，进出口总额排在前 10 位的国家（地区）均来自亚太地区和北大西洋地区。在出口方面，10 国（地区）占到世界出口总额的 50.6%，其中中国的出口量最大，为 2.342 万亿美元，所占比重为 12.4%。美国、德国次之。作为欧亚经济联盟主导国的俄罗斯仅排在第 11 位，出口额为中国的 21.3%，占世界出口总额的比重只有 2.6%。在进口方面，10 国（地区）占到世界进口总额的 52.5%，其中美国进口量最大，为 2.413 万亿美元，比重为 12.7%。中国、德国次之。俄罗斯仅排在第 17 位，进口总额为 0.308 万亿美元，占世界进口总额的比重为 1.6%。与之相适应的是，10 国（地区）之间形成了互为重要贸易伙伴国关系，也是俄罗斯的最重要贸易伙伴，尤其是中国和德国。但是，俄罗斯在 10 国（地区）的贸易伙伴名单中排名靠后。[1] 也就是说，从国际贸易流向来看，欧亚经济联盟是处在亚太和北大西洋两大国际贸易中心区域之间的边缘地带，其内部市场逐步被两大中心区域所吸收。

表 6-2　2014 年度世界主要国家进出口总额及占世界进出口总额比重

单位：万亿美元，%

排名	国别	出口总额	比重	排名	国别	进口总额	比重
1	中国	2.342	12.4	1	美国	2.413	12.7
2	美国	1.621	8.6	2	中国	1.959	10.3
3	德国	1.508	8.0	3	德国	1.216	6.4
4	日本	0.684	3.6	4	日本	0.822	4.3
5	荷兰	0.672	3.6	5	英国	0.684	3.6
6	法国	0.583	3.1	6	法国	0.678	3.6
7	韩国	0.573	3.0	7	中国香港	0.601	3.2
8	意大利	0.529	2.8	8	荷兰	0.588	3.1
9	中国香港	0.524	2.8	9	韩国	0.526	2.8
10	英国	0.506	2.7	10	加拿大	0.475	2.5
11	俄罗斯	0.498	2.6	17	俄罗斯	0.308	1.6

资料来源：WTO, *World Trade Report* 2015, No. 26, 2015。

---

[1] 根据欧亚经济委员会数据，2015 年欧亚经济联盟对外贸易伙伴前五国分别是中国（13.61%）、德国（8.81%）、荷兰（8.75%）、意大利（7.06%）、其余独联体国家（5.7%）。因此，俄罗斯在其他国家贸易伙伴排序中的位置很大程度上决定了欧亚经济联盟在排序中的位置。中国的对外贸易伙伴排前三的是欧盟、美国、东盟，俄罗斯为第九位。法国、荷兰、中国是德国前三大贸易伙伴国。欧盟是欧亚经济联盟最大贸易伙伴组织，占欧亚经济联盟对外贸易总额的 48.85%。俄罗斯占欧亚经济联盟对外贸易总额的 83.5%。俄罗斯是欧盟第三大商品进口来源国，也是第五大商品出口目的地国。关于欧亚经济联盟对外贸易详细数据可参见："Евразийская экономическая комиссия. Внешняя торговля ЕАЭС по странам（2015）"，http：//www. eurasiancommission. org/ru/act/integr_ i_ makroec/dep _ stat/tradestat/tables/extra/Documents/2015/12/E201512_ 2_ 1. pdf；European Commission, "Client and Supplier Countries of the EU28 in Merchandise Trade（2015）"，http：// trade. ec. europa. eu/doclib/docs/2006/september/tradoc_ 122530. pdf。

（三）欧亚经济联盟的对外贸易结构

最新数据表明，欧亚经济联盟对外贸易结构的特点是：出口以燃料资源、石油及其加工产品、黑色金属矿、肥料等原材料为主，进口以机械产品、电子设备、交通工具等科技附加值较高的产品为主（见表 6-3）。为了更好地说明这点，在此有必要做一个横向比较，考察中国、美国、欧盟的对外贸易结构。中国的出口以机电产品为主，要占到出口总额比重的 56%，而且增长势头依旧迅猛；进口以机电产品、高新技术产品、原油为主，近年来先进技术设备进口一直保持较高增长率。[1] 美国的进出口商品以资本密集型商品、工业制成品、消费品为主。欧盟传统出口商品是工业制成品；进口商品以工业制成品、能源等为主。[2] 通过横向比较可知，市场竞争力高、技术含量高的工业制成品是当前贸易大国之间的主要流通商品，而欧亚经济联盟在国际贸易格局中主要提供初级原材料，高科技产品比例低，大多依赖进口。因此，欧亚经济联盟对外贸易竞争力不足。在俄罗斯有观点认为，欧亚经济联盟是中国和欧盟的"能源附庸"。

表 6-3　2015 年欧亚经济联盟进出口商品占对外贸易总额的比重

单位：%

	出口			进口	
	商品	比重		商品	比重
1	燃料资源、石油、石油加工产品	64.58	1	核反应堆、锅炉、机械产品	19.91
2	黑色金属	4.38	2	机电设备	11.86
3	肥料	3.19	3	陆上交通工具（轨道交通工具除外）	7.92
4	铝及铝制品	1.92	4	药品	5.09
5	木材、木制品、木炭	1.73	5	塑料制品	4.14

资料来源：ЕАЭС. Экспорт ЕАЭС по группам ТН ВЭД ЕАЭС в торговле с третьими странами за январь-декабрь 2015 года；ЕАЭС. Импорт ЕАЭС по группам ТН ВЭД ЕАЭС в торговле с третьими странами за январь-декабрь 2015 года。

[1] "2014 年中国对外贸易发展情况"，http://zhs.mofcom.gov.cn/article/Nocategory/201505/20150500961314.shtml。

[2] "欧盟 27 国主要商品进出口金额"，http://eu.mofcom.gov.cn/article/jmjg/tzzhch/201108/20110807718529.shtml。

二　国际货币格局

理性地看，中短期内国际货币体系①中美元本位的地位依旧稳固。当前国际货币体系中，美元处于中心地位，充当世界货币角色。1982 年，麦金农（Ronald I. Mckinnon）把这一现象称为"美元本位"。② 在美元本位的国际货币体系中，世界其他国家尤其是新兴经济体、发展中国家货币处在边缘地带，不能用于国际支付。因此，美国可以通过购买商品及服务来输出美元，或向边缘国家投资来输出美元。新兴经济体和发展中国家则通过商品输出来获得美元，之后它们用这些美元购买美元债券，美元又回到美国。这样周而复始的美元循环构成了"美元环流"。美元本位、美元环流对国际金融，尤其对广大新兴经济体和发展中国家带来了深远影响。欧亚经济联盟也不例外。

在美元本位下，美元—石油价格—卢布、坚戈之间形成了紧密的关联度。近年来，造成国际石油价格大跌除了供需关系变化、"页岩革命"为代表的新技术突破及市场份额争夺等原因外，美元汇率走强也是重要因素。③正如斯特兰奇（Susan Strange）所言，"在世界市场经济中有两种容易波动的价格在起作用，一种是石油价格，另一种是美元汇率，影响着出口国和进口国的财富"。④ 具体而言，克林顿执政时期，美国经济形势良好，奉行强势美元政策，美元汇率保持坚挺，国际油价低迷；小布什总统任内，美国经济趋于低迷，美联储采取量化宽松政策，美元汇率下跌，国际油价上涨；近年来，美国经济逐步摆脱金融危机阴霾，开始出现上扬势头，美联储随即放弃量化宽松政策，美元汇率一路走强。美元日益强势，其结果是降低了以美元结算的国际大宗商品的价格。在这样的条件下，国际石油价

---

① 国际货币体系的概念：国际货币体系又称"国际金融制度"或"国际货币制度"。托马斯·迈耶（Thomas Mayer）的定义是，国际货币体系是一种使得一国居民能够对其他国家居民进行支付的机制。参见：〔美〕托马斯·迈耶等《货币、银行与经济》，中国金融出版社，1990，第 630 页。

② Mckinnon R., "Currency Substitution and Instability in the World Dollar Standard", *American Economic Review*, No. 3, 1982.

③ 米军等《国际石油价格波动与俄罗斯经济增长》，《欧亚经济》2015 年第 5 期；庞昌伟：《美元贬值是油价飙升主因》，《国际融资》2008 年第 6 期。

④ 〔英〕苏珊·斯特兰奇：《国家与市场》，上海人民出版社，2006，第 204 页。

格自然下跌。① 值得注意的是，欧亚经济联盟中两大经济体——俄罗斯、哈萨克斯坦都是能源型经济。虽然俄、哈都是原油出口大国，但是两国均没获得石油定价权和外汇交易的结算权，原油出口仍以美元结算为主。国际油价大跌直接导致俄罗斯卢布、哈萨克斯坦坚戈的大幅贬值。自 2014 年 7 月以来，卢布贬值超过 57%，2015 年坚戈贬值了 85.2%。货币大幅贬值又进而影响国家财政收入和实体经济。俄、哈两国在 2008 年受世界金融危机冲击后又一次陷入经济困境。欧亚经济联盟在国际货币体系中的边缘地位是显而易见的。

三　国际科技格局

在当代，科技是一国综合国力的重要组成部分，② 科技实力强弱是一国综合国力高低的体现。在科技发展日新月异的今天，国家间科技竞争如火如荼。二战后，美苏是世界科技竞争中的两强，处于第一梯队。苏联解体后，原来统一的科技研发与生产体系也不复存在，俄罗斯的科技实力一落千丈。当前，美、欧、日在国际科技格局中处在优势地位，欧亚经济联盟则处于劣势地位。为了更直观地说明这一现象，本书将选取研发投入、科研人员、研发产出为指标，比较欧亚经济联盟主导国俄罗斯与世界主要经济体之间的科研实力差别。

第一，研发投入。从表 6-4 中可知，俄罗斯研发投入占 GDP 的比重只有发达国家的一半左右，略高于巴西，明显高于印度。中国后来居上，2004

---

① 透过美元汇率与石油价格间的关系，我们还可以看到更深层次的含义。我国学者张宇燕、李增刚认为，对美国来说，以美元作为国际石油交易的计价货币，重要的不是汇率的高低，而是美元作为交易媒介的垄断地位，这就巩固了美元的霸权地位。从这个意义上讲，石油美元计价机制是巩固美元本位、保持美元环流的重要举措。学者们进一步指出，石油美元计价机制可以给美国带来的好处有：（1）征收国际铸币税；（2）影响和控制油价；（3）通过垄断像石油这样的大宗商品的交易计价权，就保证了美元在国际货币体系中的霸权地位。参见：张宇燕、李增刚：《国际经济政治学》，上海人民出版社，2008，第 362 页。

② 关于科技在综合国力中的地位，我国学者已有明确认识。详见：黄硕风：《综合国力论》，中国社会科学出版社，1992，第 109~111 页；黄硕风：《综合国力新论：兼论新中国综合国力》，中国社会科学出版社，1999，第 12~13 页；黄硕风：《大国较量：世界主要国家综合国力国际比较》，世界知识出版社，2006，第 26~27 页；王诵芬：《世界主要国家综合国力比较研究》，海南出版社，1996，第 29~30 页；中国现代国际关系研究所课题组《世界主要国家综合国力评估》，《国际资料信息》2000 年第 7 期。

年后研发投入比重开始明显高于俄罗斯。

表 6-4 1996~2007 年俄罗斯与其余金砖三国、经合组织国内
研发投入占 GDP 比重

单位：%

	1996	1997	1998	1999	2000	2001	2002	2003	2004	2005	2006	2007
巴西	0.71	—	—	—	0.94	0.96	0.90	0.88	0.83	0.96	1.02	1.10
中国	0.57	0.64	0.65	0.75	0.90	0.95	1.07	1.13	1.22	1.33	1.41	1.48
印度	0.64	0.69	0.71	0.73	0.77	0.74	0.73	0.71	0.68	0.80	0.79	0.80
俄罗斯	0.96	1.04	0.95	0.99	1.04	1.17	1.24	1.28	1.15	1.06	1.07	1.12
经合组织	2.08	2.10	2.12	2.16	2.19	2.23	2.20	2.20	2.17	2.21	2.24	2.28

资料来源：潘教峰：《国际科技竞争力研究——聚焦金砖四国》，科学出版社，2012，第 45 页。

第二，科研人员。科研人员是一国科技体系的重要组成部分。科研人员的规模和素质直接影响一国科技创新能力。由于苏联解体，国家经济衰退，俄罗斯对科研的投入大幅降低。与发达国家和其他新兴经济体的科研人员数量逐年上升相反，俄罗斯的科研人员数量却一直走下坡路，1994 年至 2010 年，俄罗斯的科研人员每年减少 42 万人。[1] 其中，1996 年至 2007 年，俄罗斯科研人员数量的年均增长率为-1.6%，远远低于世界平均增长率 3.3%。同为"金砖国家"，中国与巴西的科研人员数量增长最快，分别为 9.1% 和 10.8%。[2] 还有一个更严重的问题，那就是科研人员老龄化严重。1994 年至 2002 年，俄罗斯 30~39 岁年龄段的科研人员数量占科研人员总数的比重从 24% 降至 13.6%；40~49 岁年龄段的科研人员比重从 31.7% 降至 23.7%；60 岁以上年龄段的科研人员比重却从 9% 激增至 21.8%。[3] 无独有偶，2007 年哈萨克斯坦理学领域科学博士占 27.6%，其中 60 岁以上年龄段的比重是 13.3%，40~59 岁年龄段的比重是 13.7%，40 岁

---

[1] 白春礼：《世界主要国立科研机构概况》，科学出版社，2013，第 313 页。
[2] 潘教峰：《国际科技竞争力研究——聚焦金砖四国》，科学出版社，2012，第 60 页。
[3] 〔俄〕И. 杰日娜：《俄罗斯的科研人才结构变化与国家政策》，《国外社会科学》2007 年第 3 期。

以下年龄段的比重是 0.6%；副博士占 72.4%，其中 60 岁以上年龄段的比重是 15.1%，40~59 岁年龄段的比重是 38.5%，40 岁以下年龄段的比重是 18.8%。[①] 相比之下，中国科研人员年轻化趋势明显，如中科院 35 岁以下科研人员占比是 54.3%。[②]

第三，研发产出。在研发投入、科研人员指标双双下滑情况下，研发产出效果自然不理想。以学术论文数量为例。1996 年至 2009 年，G7 国家论文总数占世界论文总数的比重从 71.6% 下降至 53.9%。此消彼长，中国同期论文总数占世界论文总数比重从 2.3% 升至 12.6%，印度同期论文总数比重从 2.6% 升至 3.9%，巴西同期论文总数比重从 0.8% 升至 2.9%。同为"金砖国家"，俄罗斯同期的论文总数占世界论文总数比重却一直下滑，从 3.8% 下降至 2.6%。[③]

四 国际投资格局

国际投资，也称"跨国投资"，一般分为两类：直接投资和间接投资。直接投资指的是"投资者在本国之外以控制企业部分产权、直接参与经营和管理从而获得利润的资本对外输出；[④] 间接投资主要是指用于购买外国公司的股票、其他证券的投资及中长期国际信贷，因此又称为'证券投资'"。[⑤] 相比之下，直接投资更被国家所青睐，是因为一方面它不需要还本付息，能够弥补国内经济发展的资金缺口；另一方面它还可以引进先进的技术和管理经验。[⑥] 而跨国公司则是对外直接投资的载体。下文从直接投资的资金规模和跨国公司数量等两方面来考察欧亚经济联盟在国际投资格局中的地位。

---

① 联合国教科文组织：《联合国教科文组织科学报告 2010——全球科学发展现状》，中国科学技术出版社，2012，第 239 页。
② "中科院队伍年轻化：35 岁以下科技人员过半"，http://scitech.people.com.cn/n/2015/0525/c1007-27053359.html。
③ 潘教峰：《国际科技竞争力研究——聚焦金砖四国》，科学出版社，2012，第 81 页。
④ 根据国际货币基金组织（IMF）定义，控制 10% 或 10% 以上的股权可认定为直接投资，低于 10% 股权的投资是证券投资。参见：International Monetary Fund, *Balance of Payments Manual*, Washington D. C.：IMF, 1993, p.86。
⑤ 王正毅：《国际政治经济学通论》，北京大学出版社，2010，第 393~394 页。
⑥ 张宇燕、李增刚：《国际经济政治学》，上海人民出版社，2008，第 322 页。

表 6-5　2015 年度欧亚开发银行与其他多边金融机构
在原苏联地区投资规模对比

单位：亿美元，%

	第一季度		第二季度		第三季度		第四季度	
	总额	占比	总额	占比	总额	占比	总额	占比
欧亚开发银行	0.03	0.8	0.2	3.9	0.22	1.6	0.44	4.3
欧洲复兴开发银行	3.18	97	2.94	57	9.80	71	4.16	41.3
欧洲投资银行	—	—	—	—	—	—	5.20	51
亚洲开发银行	—	—	1.0	19.5	2.50	18.2	—	—
黑海贸易与开发银行	—	—	0.70	13.6	0.87	6.3	0.30	3

资料来源：Евразийский банк развития，"Краткие итоги инвестиционной деятельности МБР в I，II，III，IV кварталах 2015 года"，http：//www. eabr. org/r/research/publication/monitor/ObzoryMBR/。

　　首先，与其他地区金融组织相比，欧亚经济联盟资金来源缺乏。欧亚经济联盟中直接投资主要靠欧亚开发银行来完成。与欧洲投资银行、欧洲复兴开发银行相比，欧亚开发银行的投资规模和投资项目数量都不占优。从表 6-5 中可知，在原苏联地区的主要投资方是欧洲复兴开发银行、欧洲投资银行，而欧亚开发银行投资规模则要小得多。

　　其次，跨国公司是对外直接投资的载体。从一国跨国公司的实力强弱可以看出该国对外直接投资的能力高低。根据 2015 年财富世界 500 强企业排名，美国入围企业 128 家，位居世界第一。中国次之，入围企业数量有 106 家。而欧亚经济联盟中，只有俄罗斯的 5 家企业进入世界 500 强，它们是：俄天然气集团公司（第 26 名）、卢克石油公司（第 43 名）、俄石油公司（第 51 名）、俄联邦储蓄银行（第 177 名）、俄对外贸易银行（第 404 名）。[1]

---

[1] 《2015 年财富世界 500 强排行榜》，财富中文网，http：//www. fortunechina. com/fortune500/c/2015-07/22/content_ 244435. htm。

第二节 地区层面：应对周边地区一体化机制或倡议的竞争

一 欧盟"东部伙伴关系计划"与欧亚经济联盟

(一) 欧盟对欧亚经济联盟的认知

就目前而言，因乌克兰危机尚未得到解决，俄罗斯与欧盟关系依旧紧张，因此欧盟官方对欧亚经济联盟并没过多表态，两大地区机制间合作还未迈出实质性步伐。然而，欧盟学者已经开始关注欧亚经济联盟动向。欧盟学者对欧亚经济联盟的认识主要有以下方面。

第一，欧亚经济联盟是俄罗斯在原苏联地区重塑领导地位的工具。进入 21 世纪以来，经济全球化不断加深，中亚、南高加索及东欧地区国家依托自身地缘及资源优势逐渐成为国际经济分工体系中不可或缺的一分子，与域外经济体建立起了务实的合作关系，"俄罗斯在大部分原苏联地区国家（除白俄罗斯）对外经贸中的支配地位已经丧失"（见表 6-6）。① 因此，通过欧亚经济联盟，"莫斯科决定用政治力量来弥补经济式微的态势"，② "阻止自身影响力在后苏联空间逐步丧失"。③ 因此，波兰学者维斯涅斯卡（Iwona Wisniewska）指出，欧亚经济联盟将是未来 10 年俄罗斯外交的"旗舰"（flagship）。④

第二，俄罗斯主导建立欧亚经济联盟意在阻击欧盟"东部伙伴关系计划"。2009 年欧盟在瑞典和波兰的倡议下推出"东部伙伴关系计划"，该计划由欧盟和白俄罗斯、摩尔多瓦、乌克兰、亚美尼亚、格鲁吉亚、

---

① Popescu N., *Eurasian Union: the real, the imaginary and the likely*, Paris: EU Institute for Security Studies, No. 132, 2014.

② Popescu N., *Eurasian Union: the real, the imaginary and the likely*, Paris: EU Institute for Security Studies, No. 132, 2014.

③ Dragneva R., Wolczuk K., *Russia, the Eurasian Customs Union and the EU: Cooperation, Stagnation or Rivalry?* London: Chatham House Briefing Paper-REP, No. 1, 2012.

④ Wisniewska I., *Eurasian Integration: Russia's Attempt at the Economic Unification of the Post-Soviet Area*, Warsaw: Centre of Eastern Studies, No. 44, 2013.

阿塞拜疆等6国组成。如果说俄罗斯尚能忍受21世纪以来欧盟的三轮东扩，[①] 那么欧盟借助"东部伙伴关系计划"，直接染指原苏联地区国家，促其"脱俄入欧"是俄罗斯所无法接受的。俄罗斯认为，欧盟的做法是对俄罗斯特殊利益地区的侵犯，已经威胁到俄罗斯的国家安全。俄罗斯的反应是，加快推进欧亚一体化进程，成立欧亚经济联盟进行反制。欧盟认为，欧亚经济联盟的政治意图多于经济内涵，[②] 是对"东部伙伴关系计划"的阻击。[③]

表6-6 2012年白、哈、亚、吉与俄罗斯贸易及与欧盟和其他国家贸易比重对比

%

欧亚经济联盟成员国	2012年与俄罗斯贸易比重	2012年与欧盟和其他国家贸易比重
白俄罗斯	47	欧盟29、乌克兰8.5
哈萨克斯坦	19	欧盟32、中国23
亚美尼亚	23	欧盟29、中国7.6
吉尔吉斯斯坦	17	中国51、哈萨克斯坦7、欧盟5.5

资料来源：根据欧盟委员会数据统计，参见：Popescu N., *Eurasian Union：the real，the imaginary and the likely*，Paris：EU Institute for Security Studies，No. 132，2014。

第三，欧亚经济联盟还是普京个人政治抱负的载体。普京一直把重新整合原苏联地区国家视为己任，如果不能全部整合，那么整合部分可以整合的国家也算是阶段性成果。在普京的对外政策中很难找到经济逻辑，其主线往往是对外拓展地缘政治利益，对内维护国内政治稳定。[④] 欧亚经济联

---

① 李兴教授认为，在北约东扩和欧盟东扩之间，俄罗斯所采取的态度及策略均不相同。基于历史、文化及现实外交战略的考量，俄罗斯原则上支持欧盟东扩，反对北约东扩。参见：李兴：《北约欧盟双东扩：俄罗斯不同对策及其原因分析》，《俄罗斯东欧中亚研究》2005年第2期；李兴：《亚欧中心地带：俄美欧博弈与中国战略研究》，北京师范大学出版社，2013，第329~349页。

② Dobbs J.，*The Eurasian Economic Union：A Bridge to Nowhere?* London：European Leadership Network Policy Brief，No. 3，2015.

③ Zahorka H.，Sargcyan O.，"The Eurasian Customs Union：an alternative to the EU's Association Agreements?"，*European View*，No. 13，2014.

④ Popescu N.，*Eurasian Union：the real，the imaginary and the likely*，Paris：EU Institute for Security Studies，No. 132，2014.

盟就是在这样的背景下提出来的。

　　第四，从一体化内涵来看，欧盟在"欧洲睦邻政策"（ENP）框架下推行"东部伙伴关系计划"的目的是推广欧盟治理模式，推动参与国政治、经济、社会改革，在周边地区构建"类欧盟"地区。通过签署《联系国协定》和建立"深入全面的自由贸易区"（DCFTA），欧盟可以与东部伙伴国建立商品共同市场，改善投资环境。而欧亚经济联盟并没对一体化做出高标准，其一体化水平比欧盟"东部伙伴关系计划"要低得多。在一体化动力方面，欧盟更多用制度、法律为推手，而俄罗斯更多地使用非正式手段，如政商关系、文化背景、寡头势力等，结果是欧亚经济联盟将会是内部等级森严、政商关系复杂、充满寡头势力的一体化机制，这不仅不会推动成员国现代化发展，反而会导致经济持续衰退。[①]

　　第五，乌克兰危机是阻碍欧盟改善对俄关系及与欧亚经济联盟对接的绊脚石。理性地看，俄欧双方都有建立"共享周边"（shared neighbourhood）的主观诉求，都不希望把"共同周边"（common neighbourhood）恶化成"分裂周边"（divided neighbourhood）。[②] 乌克兰危机以来，欧盟在德、法推动下一直在探索与俄罗斯对话的切入点，[③] 可是在危机冲击下，后冷战时期俄欧双方建立起来的一系列对话机制基本失效。[④] 在这样的尴尬背景下，欧盟内部一致认为，是时候与俄罗斯签订新的"契约"，[⑤] 引导未来俄欧关系走向。欧盟承认，欧亚经济联盟或许可以成为欧洲的第二支柱，[⑥] 实现欧盟与欧亚经济联盟对接可以超脱现有失效的俄欧沟通机制，进而建立新的对

①　Zahorka H., Sargcyan O., "The Eurasian Customs Union: an alternative to the EU's Association Agreements?", *European View*, No. 13, 2014.

②　Delcour L., Kostanyan H., *Towards a Fragmented Neighbourhood: Policies of the EU and Russia and their consequences for the area that lies in between*, Brussels: CEPS Essay, No. 17, 2014.

③　Dragneva R., Wolczuk K., *Trade and Geopolitics: Should the EU engage with the Eurasian Economic Union*, Brussels: European Policy Centre Policy Brief, No. 4, 2015.

④　Dobbs J., *The Eurasian Economic Union: A Bridge to Nowhere?*, London: European Leadership Network Policy Brief, No. 3, 2015.

⑤　Dragneva R., Wolczuk K., *Trade and Geopolitics: Should the EU engage with the Eurasian Economic Union*, Brussels: European Policy Centre Policy Brief, No. 4, 2015.

⑥　Popescu N., *Eurasian Union: the real, the imaginary and the likely*, Paris: EU Institute for Security Studies, No. 132, 2014.

话平台。① 未来俄欧关系应该以"大欧洲"原则为基础，避免在"共同周边"地区展开竞争。②

但是，欧盟认为，在当下乌克兰危机尚未得到合理解决前，欧盟与欧亚经济联盟是不可能实现对接的。欧盟主要有以下三方面考虑：③（1）欧亚经济联盟本身前途如何，会不会像以往俄罗斯主导下的区域一体化机制那样半途而废。在国际油价暴跌、西方经济制裁、俄罗斯本身经济结构畸形的情况下，俄罗斯经济大幅下滑，并波及其他成员国。俄罗斯经济的脆弱性直接影响到欧亚经济联盟的坚固性。欧盟对俄罗斯经济形势及欧亚经济联盟的前景认识悲观，合作信心不足。（2）在乌克兰危机及俄欧关系波动的背景下，欧盟不宜与欧亚经济联盟对接。如果对接，那么欧盟就间接认可了俄罗斯在原苏联地区的扩张，承认了俄罗斯在乌克兰的所作所为，并为"风雨飘摇"的俄罗斯经济及欧亚经济联盟输血，反而为欧亚经济联盟拓展了国际合作空间，助长了俄罗斯的自信心。这于欧盟不利。（3）面对能源安全、地区冲突、制衡美国等现实问题，欧盟认识到长期排斥欧亚经济联盟不是明智之举，但基于以上顾虑，欧盟又不可能在短时间内与欧亚经济联盟对接。因此，欧盟意图把乌克兰危机作为与俄罗斯及欧亚经济联盟谈判的筹码，表面上声称"要彻底结束共同周边国家在欧洲一体化和欧亚一体化之间抉择的困境"，实际上欧盟试图"绑架"乌克兰，迫使俄罗斯做出更多让步，让俄罗斯在乌克兰与欧亚经济联盟之间做出选择。应该说，尽管俄欧之间阻碍重重，但是欧盟还是认为，俄欧始终是共同周边地区治理的两个支撑力量。解决乌克兰危机及实现欧盟与欧亚经济联盟对接之所以是核心节点，原因在于俄欧双方要寻找到治理共同周边地区的新方案，重

---

① Dobbs J., *The Eurasian Economic Union：A Bridge to Nowhere?*, London：European Leadership Network-Policy Brief, No. 3, 2015; Krastev I., Leonard M., *The New European Disorder*, Brussels：European Council of Foreign Relations Essay, No. 117, 2014.

② Kempe I., *The South Caucasus Between the EU and the Eurasian Union*, Zurich：Center for Security Studies, No. 51-52, 2013.

③ 参见：Dobbs J., *The Eurasian Economic Union：A Bridge to Nowhere?*, London：European Leadership Network-Policy Brief, No. 3, 2015; Krastev I., Leonard M., *The New European Disorder*, Brussels：European Council of Foreign Relations Essay, No. 117, 2014; Dragneva R., Wolczuk K., *Trade and Geopolitics：Should the EU engage with the Eurasian Economic Union*, Brussels：European Policy Centre Policy Brief, No. 4, 2015.

建政治互信，而不是简单地划分势力范围。

综上所述，欧盟学者对欧亚经济联盟的定性是，俄罗斯主导的集政治、经济、意识形态为一体的一体化项目，目的是制衡外部力量对俄罗斯传统势力范围的渗透，在周边地区推广"俄式"价值观来应对西方价值观的挑战，彰显自己"全球独立政治力量"的地位。[①] 对欧盟而言，欧亚经济联盟既是对手，又是伙伴；既要制衡，又要对接。

（二）欧盟"东部伙伴关系计划"与欧亚经济联盟的关系

与民族国家的"国家对国家"（Country to Country）为主线，通过双边关系构建多边机制的外交战略不同，欧盟的外交战略是以"地区对地区"（Region to Region）为核心，[②] 通过制定地区政策，与其余地区或地区多边机制建立关系，目的是为欧洲一体化发展创造良好的外部环境，推广欧盟的地区治理模式。可以说，"地区对地区"关系是欧盟对外政策和强化其国际行为体地位的基石，[③] 原因在于跨地区关系能推广欧洲价值观，塑造欧盟的国际政治经济行为体身份，并增强自身实力。[④] 2004 年欧盟完成历史上最大规模扩员，成员国从 15 个增加到 25 个，2007 年保加利亚、罗马尼亚加入，2013 年克罗地亚加入，欧盟成员国达到 28 个（2017 年英国启动"脱欧"程序）。在此背景下，欧盟开始注重与周边地区建立新型合作关系，在周边地区推行"欧盟化"改造，使其"从传统意义上的国界线转变为相互交流和互动的中间带"，[⑤] 构建起类己的，而非异己的周边。2004 年欧盟推出的"欧洲睦邻政策"就是这一转变的拐点。学者把"欧洲睦邻政策"定义为，"以欧盟条件为前提，通过推广价值与规范来影响和塑造周边国家，

①　Zahorka H., Sargcyan O., "The Eurasian Customs Union: an alternative to the EU's Association Agreements?", European View, No. 13, 2014.

②　参见：Delcour L., *Shaping the Post-Soviet Space? EU Policies and Approaches to Region-Building*, Surrey: Ashgate, 2011.

③　Delcour L., *Shaping the Post-Soviet Space? EU Policies and Approaches to Region-Building*, Surrey: Ashgate, 2011, p.7.

④　Soderbaum F., Langenhove L., *The EU as a Global Player: The Politics of Interregionalism*, London, New York: Routledge, 2006, pp.120-129.

⑤　张学昆：《论欧盟邻国政策的形成》，《国际政治研究》2009 年第 3 期。

实现从'扩大式欧洲化'到'睦邻式欧洲化'转移"。①

　　欧洲政策研究中心（CEPS）研究员爱默生（Michael Emerson）把欧盟的周边地区分为三大板块：北美板块、大中东板块（地中海东部与南部、海湾地区、阿富汗、中亚地区）、俄罗斯及其余欧洲国家板块（见图6-1）。北美板块与欧盟同属北大西洋地区，价值观和政治传统相同或相似，因此两者之间并无间隙。大中东板块被欧盟视为安全威胁的发源地，如恐怖主义、宗教极端主义、非法毒品交易等均来源于此。大中东板块又是欧盟油气资源的来源地。与美国、俄罗斯、中国等其余国际政治力量一起进行危机管控，维护地区稳定的同时，积极开发该地区自然资源，实现能源进口多元化是欧盟的关切所在。最让欧盟纠结的是俄罗斯及其余欧洲国家板块。在欧盟意识里，欧盟和俄罗斯及其余欧洲国家都属"大欧洲"地区。如果说北美是欧盟的近亲和远邻，那么俄罗斯及其余欧洲国家则既是近亲，又是近邻，历史与现实关系非同一般。特别是俄罗斯，欧盟认为，俄罗斯与欧盟是"大欧洲"地区的两大支柱。从这个意义上说，欧盟对俄罗斯及其余欧洲国家板块的政策的实质是对该地区进行"欧盟化"改造，培育"类己化"地区，不允许出现"异己化"，而造成地区分裂。

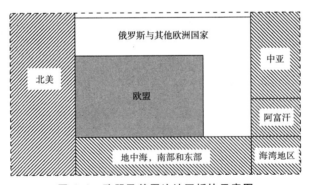

图 6-1　欧盟及其周边地区板块示意图

资料来源：Emerson M., *The Wider Europe Matrix*, Brussels：Centre for European Policy Studies, 2004, p. 16。

---

　　① 宋黎磊：《欧盟"东部伙伴关系"计划：意图、推进与问题》，《国际问题研究》2015 年第 2 期。

　　"欧洲睦邻政策"的两大支柱分别是针对东部周边的"东部伙伴关系计划"和针对南部周边的"地中海联盟计划"。欧盟周边外交战略的核心是，在不给入盟许诺的前提下，充分发挥自身优势，利用价值影响力和制度牵引力，严格规范和塑造周边国家，推动周边邻国进行"欧盟化"改造，构建"类欧盟"周边地区，实现对周边地区的"地区构建"。就拿东部周边来说，2008年俄格战争、2009年俄乌"斗气"进一步坚定了欧盟介入东部周边的决心。2008年波兰和瑞典要求在"欧洲睦邻政策"框架基础上加强与东部邻国的政治、经济对话。[①] 2009年，欧盟与白俄罗斯、乌克兰、摩尔多瓦、格鲁吉亚、亚美尼亚、阿塞拜疆等6个国家的政府签署了"东部伙伴关系计划"。"东部伙伴关系计划"在经济层面，要求参与国与欧盟签订双边《联系国协定》，通过建立自贸区，将东部邻国纳入欧盟经济空间；在政治层面，按照欧盟标准，推动参与国政治改革；在社会层面，降低签证门槛，积极在参与国培育欧盟式的公民社会；在多边层面有东部伙伴关系峰会、年度部长会议、欧盟-东部邻国年度会议等。"东部伙伴关系计划"的实质是欧盟对东部邻国的政治、经济、社会进行欧盟式的规范化改造，是欧盟"内部政策的外部扩展"。[②] "东部伙伴关系计划"是苏联解体以来欧盟第一个针对原苏联地区的"地区构建"计划。从这个角度看，欧亚经济联盟是"欧盟式"地区发展模式的竞争者。

　　事实上，欧亚经济联盟已经对欧盟"东部伙伴关系计划"起到了制衡作用，迫使欧盟重新思考"东部伙伴关系计划"的实施。当前，欧盟把"东部伙伴关系计划"的6个参与国分成了三类：第一类是乌克兰、摩尔多瓦、格鲁吉亚。这类国家已经与欧盟签署了《联系国协定》，目标是加入欧

①　波兰和瑞典是"东部伙伴关系计划"倡议者，而波兰最为积极。波兰把自己定位为中东欧地区的领导力量，早在2000年初，波兰就提出欧盟应该针对东部伙伴制定相应的政策。"东部伙伴关系计划"遭到了德国的反对。德国主张，在欧盟对东部邻国政策中应该充分考虑俄罗斯因素。德国认为，应该适当制衡一下波兰在欧盟对东部邻国政策中的分量。参见：Delcour L., Tulmets E. Pioneer Europe? Testing European Foreign Policy in the Neighbourhood, Baden-Baden: Nomos, 2008, pp. 57 - 76; Copsey N., Pomorska K., "Poland's Power and Influence in the European Union: The Case of its Eastern Policy", Comparative European Politics, No. 3, 2010。
②　宋黎磊：《欧盟"东部伙伴关系"计划：意图、推进与问题》，《国际问题研究》2015年第2期。

盟。第二类是白俄罗斯、亚美尼亚。两国已经加入了俄罗斯主导的欧亚经济联盟，不可能与欧盟签署《联系国协定》。第三类国家是阿塞拜疆。阿塞拜疆拒绝与欧盟签署《联系国协定》，同时也明确表示不谋求加入欧亚经济联盟。

有分析指出，"以不变应万变"（one-size-fits-all）的欧盟邻国政策已经不符合现实需要。① 在欧亚经济联盟背景下，欧盟"东部伙伴关系计划"将来可采取"3-2-1"政策，针对不同的国家采取不同的政策。② 首先，针对乌克兰、摩尔多瓦、格鲁吉亚，在不许诺扩员的前提下，巩固现有成果。解决乌克兰危机是欧盟"东部伙伴关系计划"的首要关切。但是，当下欧盟内忧重重，债务危机尚未平息，一时间拿不出足够的资金去援助乌克兰。对欧盟来说，希腊债务危机与欧元区稳定比东部邻国所带来的挑战更为严峻，前者是生存问题，后者只是发展问题。在此背景下，欧盟采取以国际货币基金组织（IMF）为主，欧盟为辅的援助策略。为了稳定乌克兰经济与金融体系，2014年3月欧盟委员会决定向乌克兰提供110亿欧元的中短期援助。③ 国际货币基金组织的援助力度比欧盟要大得多。2014年4月，国际货币基金组织决定向乌克兰提供170.1亿美元的特别提款权，为期2年。④ 2015年2月国际货币基金组织加大对乌克兰的支持力度，决定在今后4年内向乌克兰提供175亿美元援助资金，帮助其推行经济改革。⑤ 在索罗斯（G. Soros）看来，欧盟所提供的资金支持对解决乌克兰危机来说实在是杯水车薪。⑥ 对摩尔多瓦、格鲁吉亚，欧盟的政策重点是巩固现有成果，落实

① Delcour L., Kostanyan H., *Towards a Fragmented Neighbourhood：Policies of the EU and Russia and their consequences for the area that lies in between*, Brussels：CEPS Essay, No. 17, 2014.
② Hug A., *Trouble in The Neighborhood? The Future of The EU's Eastern Partnership*, London：The Foreign Policy Centre, 2012, pp. 8-20.
③ "European Commission's support to Ukraine", http：//europa. eu/rapid/press-release_ MEMO-14-159_ en. htm? locale = en.
④ "IMF Executive Board Approves 2-year US＄17.01 Billion Stand-By Arrangement for Ukraine, US＄3.19 Billion for immediate Disbursement", http：//www. imf. org/external/np/sec/pr/2014/pr14189. htm.
⑤ 《国际货币基金组织计划向乌克兰提供175亿美元资金援助》，联合国官网，http：//www. un. org/chinese/News/story. asp? NewsID = 23456。
⑥ Soros G., "A New Policy to Rescue Ukraine", http：//www. nybooks. com/articles/archives/2015/feb/05/new-policy-rescue-ukraine/.

《联系国协定》，积极推进"欧盟化"改造，避免因国内政治变化而影响摩、格两国"欧盟化"取得的成果，同时防止俄罗斯干涉两国政治及经济发展，改变两国"欧盟化"发展道路。①

其次，针对白俄罗斯和亚美尼亚，欧盟采取保持接触的策略。两国已经是欧亚经济联盟成员国，在对外政策、经济发展上脱离了"东部伙伴关系计划"，但是，欧盟并没因此而停止与两国互动，而是继续推动高层对话，保持社会层面接触，寻求建立新型伙伴关系。对亚美尼亚关系方面，2014 年 1 月双方签署的《简化签证与遣返协议》如期生效，最终目标是双方互免签证；2015 年 7 月欧盟理事会主席图斯克（Donald Tusk）访问亚美尼亚，双方希望尽早启动双边关系新法律文件谈判，欧盟也将继续支持亚美尼亚在开放市场、民主改革、经济发展、区域一体化、改善投资环境、可持续发展等领域的发展。② 由此看出，欧盟并没有因为亚美尼亚加入欧亚经济联盟而放弃之，而是采取盯紧、接触的策略，伺机而动，等待"亚美尼亚内部以寡头为主导的半威权政治体制发生变化，以及俄罗斯对亚美尼亚及地区政策的变化"。③ 相比之下，欧盟与白俄罗斯关系中的限制因素更多。欧盟依旧认为，卢卡申科是欧洲最后的"独裁者"，并对其加以制裁。尽管如此，欧盟还是希望在有限的条件下与白俄罗斯保持接触，不采取直接介入的方式，而是逐步向社会渗透。在这方面，波兰对白俄罗斯西部地区的渗透一直没有停止。

最后是阿塞拜疆。阿塞拜疆在与欧盟关系中有更多的谈判筹码和自主性，因为它是 5 个东部伙伴关系国中唯一一个能向欧盟提供油气资源的国家。2014 年 9 月，"南方天然气走廊"④ 正式动工，这意味着从阿塞拜疆，经格鲁吉亚和土耳其，到欧洲的天然气管道将最终贯通，欧盟油气进口来

① Hug A., *Trouble in The Neighborhood? The Future of The EU's Eastern Partnership*，London：The Foreign Policy Centre，2012，pp. 8-20.

② "Совместная пресс-конференция Президента РА и Председателя Европейского Совета"，http：//www. president. am/ru/interviews-and-press-conferences/item/2015/07/20/President-Serzh-Sargsyan-answers-at-press-conference-with-Donald-Tusk/.

③ Hug A., *Trouble in The Neighborhood? The Future of The EU's Eastern Partnership*，London：The Foreign Policy Centre，2012，pp. 8-20.

④ "南方天热气走廊"包括：跨亚得里亚海天然气管道（TAP）、跨安纳托利亚管道（TANAP）、土耳其-希腊-意大利管道（ITGI）等。

源将进一步实现多元化。由此可见，阿塞拜疆在参与欧盟"东部伙伴关系计划"时有能力保持更多的自主性。为了不成为第二个乌克兰，阿塞拜疆并不打算完全按照欧盟所提出的标准执行，拒绝签署《联系国协定》。阿塞拜疆只打算通过参与"东部伙伴关系计划"获取更多经济发展机会，但不想为此付出任何政治代价，反对欧盟对阿塞拜疆内政及人权事务的指责。与此同时，阿塞拜疆也不谋求加入欧亚经济联盟，不愿成为第二个白俄罗斯，完全置身于俄罗斯影响下，而是与俄罗斯保持一种良性的双边战略伙伴关系。① 应该说，以能源做战略支撑，在俄欧之间寻求平衡，不以政治牺牲为代价，尽可能获得最大经济利益是阿塞拜疆的意图所在。在这样的条件下，欧盟一方面加强与阿塞拜疆在能源领域的务实合作，进一步摆脱对俄罗斯油气资源的高度依赖；另一方面与对待亚美尼亚和白俄罗斯一样，对阿塞拜疆也采取不温不火的长期渗透策略，把政治与能源、经济脱钩，不因政治对抗（如人权、民主、政治改革等问题）影响双方能源合作。②

二 美国"新丝绸之路计划"与欧亚经济联盟

（一）美国对欧亚经济联盟的认知

2015 年 3 月 2 日，欧亚经济联盟欧亚经济委员会工作会议委员瓦洛娃娅（Т. Д. Валовая）在美国哥伦比亚大学发表学术演讲，目的是向美国学界传递"欧亚经济联盟是纯粹的经济组织，并非政治集团"③ 的信号，希望美方能够多从经济发展角度积极地看待欧亚经济联盟。显然，瓦洛娃娅的呼吁没能与美国学界产生共鸣。美国战略与国际研究中心研究员曼可夫（Jeffrey Mankoff）认为，除了经济内容以外，高度政治化和俄罗斯的主导作用是欧亚经济联盟的另外两大特性。不管欧亚经济联盟未来朝什么方向发

---

① Kempe I., *The South Caucasus Between the EU and the Eurasian Union*, Zurich：Center for Security Studies, No. 51-52, 2013.

② Hug A., *Trouble in The Neighborhood？ The Future of The EU's Eastern Partnership*, London：The Foreign Policy Centre, 2012, pp. 8-20.

③ 2015 年 3 月 2 日，欧亚经济委员会工作会议委员瓦洛娃娅（Т. Д. Валовая）在美国哥伦比亚大学的演讲。

展，都充分体现出俄罗斯的战略意图远不止取消贸易壁垒那么简单。① 科恩（Ariel Cohen）更是直接地把欧亚经济联盟看作是美国利益的新威胁。他认为，欧亚经济联盟与欧盟不同，前者在俄罗斯的主导下将威胁东欧、中亚国家的民主自由、地区稳定，损害周边国家的政治独立与国家主权，这显然不符合美国在欧亚地区的利益。②

对美国而言，首先，欧亚经济联盟的成立意味着在欧亚地区重新出现了一个威权的反西方的国家集团，将对美国治下的国际秩序构成挑战。具有军方背景的学者布兰克（Stephen Blank）提出，欧亚经济联盟是俄罗斯新帝国主义的再现。他认为，俄罗斯政治精英的"帝国"意识根深蒂固，"如果俄罗斯现在不是强国，那么在未来也不会是，而将会是一个中世纪刚刚诞生的公国"。③ 因此，"俄罗斯是不允许自己失去帝国地位的国家……如果在俄罗斯周围没有一个在自己领导下的新帝国集团，那么俄罗斯国家的延续性将面临威胁"。④ 布兰克进一步指出，"俄罗斯主导的区域一体化进程不单是经济或军事一体化，而是俄罗斯企图把主权凌驾于其他独联体国家之上，具有新帝国主义特征的势力范围划分政策……今天的一体化项目就是俄罗斯帝国的化身"。⑤ 换句话说，增加周边国家对俄罗斯的依赖度，并借此影响周边国家内政与外交是俄罗斯区域一体化战略中的重要内容。⑥ 有学者担忧，欧亚中心地区或许会再次回到"19 世纪罗曼诺夫王朝与大英帝

---

① Mankoff J. , *Eurasian Integration*: *The Next Stage*, Washington D. C. : GWU-Elliot School of International Affairs, Central Asia Policy Brief, Central Asia Policy Brief, No. 13, 2013.

② Roberts J. , Cohen A. , Blaisdel J. , *The Eurasian Union*: *Undermining Economic Freedom and Prosperity in the South Caucasus*, Washington D. C. : The Heritage Foundation-Special Report, No. 148, 2013; Cohen A. , *Russia's Eurasian Union Could Endanger the Neighborhood and U. S. Interests*, Washington D. C. : The Heritage Foundation-Backgounder, No. 2804, 2013.

③ Starr S. F. , Cornell S. E. , *Putin's Grand Strategy*: *The Eurasian Union and Its Discontents*, Washington D. C. : SAIS, 2014, p. 17.

④ Starr S. F. , Cornell S. E. , *Putin's Grand Strategy*: *The Eurasian Union and Its Discontents*, Washington D. C. : SAIS, 2014, pp. 2, 15.

⑤ Starr S. F. , Cornell S. E. , *Putin's Grand Strategy*: *The Eurasian Union and Its Discontents*, Washington D. C. : SAIS, 2014, pp. 2, 28.

⑥ Mankoff J. , "What a Eurasian Union Means for Washington: Putin's attempts to bolster regional ties have many in the West concerned", http: //nationalinterest. org/commentary/what-eurasian-union-means-washington-6821.

国间的博弈及 20 世纪冷战"① 的局面。

其次，欧亚经济联盟不会是第二个欧盟。从内部贸易结构上看，欧盟的内部贸易额远大于欧亚经济联盟的内部贸易额，后者的主要贸易伙伴是域外经济体。更何况，俄罗斯衰弱的经济实力也难以支撑起欧亚经济联盟，满足其他成员国的利益诉求。面对这一现实，约翰·霍普金斯大学的奥尼尔（Molly O'Neal）指出，欧亚经济联盟最好采取开放地区主义模式，走"北美自由贸易区"的发展路子，实现成员国间贸易与对外贸易同时增长。② 曼可夫也提出，封闭式的一体化进程不能算是成功的一体化，"欧亚一体化应该借鉴东盟模式，奉行开放地区主义"。③

最后，值得注意的是，美国对欧亚经济联盟也有一定"容忍度"，那就是一定程度上默许欧亚经济联盟推动经贸一体化，夯实市场经济基础，发展地区经济，强化地区稳定。这对美国有利。通过欧亚经济联盟，俄罗斯可以有效遏制宗教极端势力、恐怖主义向北扩张，打击恐怖主义、非法武器及毒品交易。④ 此外，欧亚经济联盟也可以成为制衡欧盟和中国影响力在欧亚中心地区扩张的屏障。近年来，欧盟通过"东部伙伴关系计划"积极向东欧及南高加索地区渗透；中国在经济上也已经超过俄罗斯，成为大部分中亚国家的重要经济伙伴。从 2002 年到 2012 年的 10 年里，中国占中亚国家对外贸易总比重从 5.7% 上升至 20%，而俄罗斯的比重从 18.2% 降至15.7%（见表 6-7、图 6-2）。因此，斯塔尔（Frederick Starr）和康奈尔（Svanta Cornell）指出，如果不尽快成立欧亚经济联盟，那么俄罗斯西边的势力范围会让给欧洲，东边的会让给中国。⑤ 但是，美国坚决反对欧亚经济联盟"政治化"，最终成为反西方的政治、军事联盟。

---

① Cohen A., *Russia's Eurasian Union Could Endanger the Neighborhood and U.S. Interests*, Washington D. C.: The Heritage Foundation-Backgounder, No. 2804, 2013.

② Central Asia and the Eurasian Economic Union: The Global Picture and Country Perspectives [R], Washington D. C.: GWU-Central Asia Policy Brief, 2015, (21).

③ Mankoff J., Eurasian Integration: The Next Stage [R], Washington D. C.: GWU-Elliot School of International Affairs, Central Asia Policy Brief, 2013, (13).

④ Cohen A., Russia's Eurasian Union Could Endanger the Neighborhood and U.S. Interests [R], Washington D. C.: The Heritage Foundation-Backgounder, 2013, (2804).

⑤ Starr S. F., Cornell S. E. Putin's Grand Strategy: The Eurasian Union and Its Discontents [C], Washington D. C.: SAIS, 2014. 80.

表 6-7　2002 年、2007 年、2012 年中、俄在中亚国家
对外贸易总额中的比重对比

单位：%

国家	2002 年	2007 年	2012 年
中国	5.7	10.2	20.0
俄罗斯	18.2	19.3	15.7

资料来源：Scobell A., Ratner E., Beckley M., *China's Strategy Toward South and Central Asia An Empty Fortress*, Santa Monica：The Rand Corporation，2014，p.43。

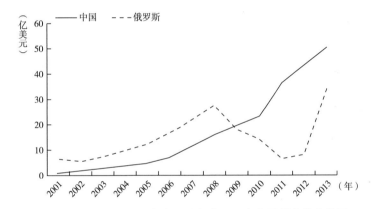

图 6-2　2001 年至 2013 年中、俄与中亚国家贸易额变化曲线图

资料来源：Cooley A.，*Great Games*，*Local Rules*，Oxford：Oxford University Press，2012，p.86。

（二）美国"新丝绸之路计划"与欧亚经济联盟关系

2011 年 7 月，时任美国国务卿希拉里·克林顿（Hillary Clinton）在印度参加第二次美印战略对话时首次提出"新丝绸之路计划"（New Silk Road Initiative）。① 表面上看，"新丝绸之路计划"的目标是把阿富汗这个饱受战

---

① 迄今为止，诸多国家提出了以"丝绸之路"为关键词的国际合作倡议。除了美国的"新丝绸之路计划"，还有日本的"丝绸之路外交"（1997 年提出）；俄罗斯针对美国的"新丝绸之路计划"提出"新丝绸之路"；伊朗提出"铁路丝绸之路"，旨在建立连接伊朗、阿富汗、吉尔吉斯斯坦和塔吉克斯坦的跨国铁路；哈萨克斯坦在 2012 年就加快基础设施建设提出"新丝绸之路"；2013 年中国提出"丝绸之路经济带"。此外，联合国也提出了跨地区合作计划——"丝绸之路复兴"计划。

火之苦的国家发展成贸易通道，① 并以阿富汗为纽带，推动中亚与南亚跨地区经济一体化。② 美军撤出阿富汗是大势所趋，那么在 "后撤军时代"，如何使阿富汗经济能自力更生，防止国际恐怖主义重新抬头是美国的关切所在。美国推出 "新丝绸之路计划" 其中一个考量就是在阿富汗建立 "一种不依赖国际援助的可持续性经济"。③ 在 "新丝绸之路计划" 框架下，美国计划投放 30~40 个基础设施建设项目。

从本质上看，"新丝绸之路计划" 是美国欧亚中心地区战略的载体。进入 21 世纪以来，美国对欧亚中心地区的战略逻辑是：（1）推广西方价值观，培养所谓 "民主国家"。美国多次要求阿富汗及其周边国家建立民主政体，推动政治变革，改善 "软基础设施"。（2）借阿富汗经济重建之机，在中亚与南亚地区构建排除中俄的地区秩序，加强在欧亚中心地带的影响力。近来，借助欧亚经济联盟，俄罗斯在中亚地区的传统影响力得到一定恢复。中国推出 "一带一路" 倡议，与中亚和南亚地区的联系日益紧密。这些新趋势引起了美国的注意和警惕，"因此试图通过领导阿富汗经济重建，并通过阿富汗将中亚资源引向南亚，远离俄罗斯和中国势力，巩固美国在欧亚大陆中心地带的影响力"。④ （3）遏制俄罗斯 "重新崛起"。美方依旧认为俄罗斯是地缘政治对手，⑤ 尽管不能把欧亚经济联盟看作是苏联的复辟，但也要保持警惕，⑥ 防止俄罗斯 "重新崛起"，并把欧亚经济联盟打造成反美政治集团。为此，美国试图加强与中亚、南高加索及东欧地区国家的双边

---

① Kucera J. , "The New Silk Road? The United State hopes that a combination of trade and infrastructure can help steer Afghanistan away from unrest-and Russia", http：//thediplomat. com/2011/11/the-new-silk-road/.

② 关于对美国 "新丝绸之路计划" 的定性及影响，参见：赵华胜：《美国新丝绸之路战略探析》，《新疆师范大学学报》2012 年第 6 期。

③ "Secretary Clinton at New Silk Road Ministerial Meeting", http：//iipdigital. usembassy. gov/st/english/texttrans/2011/09/20110923160643su0. 3639272. html#axzz41M9KZ68i.

④ 陈宇、贾春阳：《美国 "新丝绸之路计划" 现在怎样了》，《世界知识》2015 年第 6 期。

⑤ 2015 年 7 月 9 日，在北京大学斯坦福中心与美国前驻俄罗斯大使迈克尔·麦克福尔（Michael McFaul）的座谈会。迈克尔·麦克福尔大使是美国对俄 "重启" 政策的制定者之一。

⑥ Mankoff J. , "What a Eurasian Union Means for Washington：Putin's attempts to bolster regional ties have many in the West concerned", http：//nationalinterest. org/commentary/what-eurasian-union-means-washington-6821.

关系，充分利用国际多边机制，推动欧亚地区政治经济自由化。① （4）主导"南向"地区一体化进程，企图割裂中亚国家与俄罗斯的传统经济联系。②

俄罗斯对"新丝绸之路计划"的看法比较矛盾。一方面，俄罗斯一定程度上支持美国在阿富汗经济重建上发挥建设性作用，这有利于遏制国际恐怖主义北上，威胁其他中亚国家及俄罗斯本土；另一方面，俄罗斯更多的是反对美国组建"排俄"，甚至"反俄"的地区机制，破坏俄罗斯与中亚国家的传统政治、经济联系，瓜分其"特殊利益地区"。这种矛盾心理也映射在"新丝绸之路计划"与欧亚经济联盟关系上，两者形成了挤压与反挤压的关系。比如，在天然气领域，俄罗斯在欧亚经济联盟内极力拉拢成员国，建设向北经过俄罗斯的天然气管线网，而"新丝绸之路计划"则推动"塔—彼"（TAPI）天然气管线，使土库曼斯坦天然气，经过阿富汗，直接向印度和巴基斯坦供气，进一步实现土库曼斯坦天然气出口多元化；在交通运输领域，俄罗斯在欧亚经济联盟内推动俄、白、哈"联合交通物流公司"，促使区域内和跨区域运输能经过俄罗斯，提升俄罗斯的商品过境地位，而"新丝绸之路计划"投资建设"乌兹别克斯坦—阿富汗铁路线"，为乌兹别克斯坦商品向南输送，通过印巴出口海外提供了可能。

三　中国"丝绸之路经济带"与欧亚经济联盟

（一）中国对欧亚经济联盟的认知

战略目标是战略的核心。一种没有目标的战略不是真正的战略，充其量不过是一种牵制行动而已。③ 战略目标又必须具有全局性、综合性。在我

---

① 参见：Cohen A., *Russia's Eurasian Union Could Endanger the Neighborhood and U. S. Interests*, Washington D. C.：The Heritage Foundation-Backgrounder, No. 2804, 2013；Братерский М. В.，"Политика США в отношении постсоветской интеграции"，*США и Канада：экономика，политика，культура*，No. 6, 2013；Mankoff J.，"What a Eurasian Union Means for Washington：Putin's attempts to bolster regional ties have many in the West concerned"，http：//nationalinterest. org/commentary/what-eurasian-union-means-washington-6821。

② Kucera J.，"The New Silk Road? The United State hopes that a combination of trade and infrastructure can help steer Afghanistan away from unrest-and Russia"，http：//thediplomat. com/2011/11/the-new-silk-road/。

③ 〔美〕戴维·阿布夏尔：《国家安全：今后十年的政治、军事和经济战略》，世界知识出版社，1965，第1页。

国学者周丕启看来，在大战略领域，把问题分开处理，只能是一种战术思想而不是战略思想。① 正如毛泽东所言，"懂得了全局性的东西，就更会使用局部性的东西，因为局部性的东西是隶属于全局性的东西的"。② 中国学者普遍认为，俄罗斯主导欧亚经济联盟的目标是综合性、整体性和全局性的大战略目标。从宏观战略上看，21世纪第二个10年，俄美两国围绕欧亚大陆开始了新一轮的谋篇布局：俄罗斯借助欧亚经济联盟谋"欧亚中心局"，美国通过战略再平衡谋"欧亚周边局"。但有一点不同的是，"跨太平洋伙伴关系协定（TPP）是伴随和配合美国军事上'重返'亚太而来的，是直接为美国亚太'再平衡'战略服务的，欧亚经济联盟则不具备这些特点"。③ 从中观布局角度来看，欧亚经济联盟是俄罗斯欧亚战略的载体。欧亚经济联盟"是恢复俄罗斯传统文化影响力的人文联盟，保障欧亚地区传统和非传统安全的联盟，是俄提升国际地位的战略依托及应对大国和国家集团挑战的重要工具"。④ 欧亚经济联盟有助于俄罗斯"重新整合原苏联地区，拓展并恢复传统势力范围；加大对亚太事务的介入；重振大国地位，为俄罗斯成为多极世界中强大的一极做准备"。⑤

欧亚经济联盟对中俄关系、上合组织、"丝绸之路经济带"的影响是我国学界关注的重点。我国学界一般从利弊两方面探讨欧亚经济联盟可能产生的影响。

欧亚经济联盟带来的利好主要有：（1）欧亚经济联盟将加速世界多极化格局的形成，这与中国一贯倡导的多极化外交思想不谋而合。同时，"欧亚经济联盟还是抗衡美国霸权的一支重要力量，客观上可以减轻美国'重返亚太'给中国造成的战略压力"。⑥ （2）欧亚经济联盟不仅不会对中俄关系的基本面造成负面冲击，⑦ 反而能成为中俄关系的新增长点。中俄全面战略协作伙伴关系是"丝绸之路经济带"与欧亚经济联盟对接合作的重要基础。

① 周丕启：《大战略分析》，上海人民出版社，2009，第19页。
② 《毛泽东选集（第一卷）》，人民出版社，1991，第175页。
③ 李兴：《普京欧亚联盟评析》，《俄罗斯研究》2012年第6期。
④ 王郦久：《俄"欧亚联盟"战略及其对中俄关系的影响》，《现代国际关系》2012年第4期。
⑤ 李凤林：《欧亚发展研究（2013）》，中国发展出版社，2013，第62~64页。
⑥ 李凤林：《欧亚发展研究（2013）》，中国发展出版社，2013，第62~64页；欧阳向英：《欧亚联盟——后苏联空间俄罗斯发展前景》，《俄罗斯东欧中亚研究》2012年第4期。
⑦ 王郦久：《俄"欧亚联盟"战略及其对中俄关系的影响》，《现代国际关系》2012年第4期。

中俄两国是全面战略协作伙伴，而不是对手；是友邻，而不是敌手。中俄双边关系的性质决定了两国在原苏联地区没有相互竞争的主观动机。如果出现分歧或问题，完全可在两国对话机制中进行沟通并得到解决。需要指出的是，当前中俄关系发展不平衡的现象依然存在。欧亚经济联盟与"丝绸之路经济带"对接为中俄关系赋予了跨地区及跨境合作的新内容，成为双边关系的新增长点。（3）欧亚经济联盟推动的地区一体化和上合组织、"丝绸之路经济带"所倡导的经贸合作便利化有利益交集。共同开发合作潜力，推动本地区稳定与繁荣是双方的共同夙愿。①（4）欧亚经济联盟为中国企业提供了统一的市场。欧亚经济联盟改善了成员国市场与投资环境，为中国企业扩大欧亚市场提供了更多的合作机会。

欧亚经济联盟所带来的消极影响主要集中在经贸合作领域，并不波及政治、安全合作领域。首先，欧亚经济联盟的成立势必会影响中国与其成员国的经贸关系。具体而言，主要有以下方面：欧亚经济联盟内部共同市场为成员国间相互投资提供了便利，但这提高了中国对其成员国投资的难度和门槛；欧亚经济联盟以俄罗斯现行《海关法典》为蓝本，92%的贸易商品采用了俄罗斯现行商品的进口税率，其余成员国提高了关税，降低了中国商品的价格优势；欧亚经济联盟内部依然存在隐性投资壁垒和地方保护主义。② 其次，欧亚经济联盟与上合组织在地理范围和成员国方面都有重合部分，俄罗斯、哈萨克斯坦、吉尔吉斯斯坦共为上合组织和欧亚经济联盟的成员国，这将弱化上合组织的经济功能。③ 从某种程度上说，俄罗斯不是不积极推动欧亚地区经济一体化，而是不希望在上合组织框架内或主要在上合组织框架内推动经济一体化进程，因为在欧亚地区的经济竞争中俄罗斯并不占优。④

总体来看，与欧盟、美国学界对欧亚经济联盟的消极、负面，甚至是敌对认知相比，中国学者对欧亚经济联盟的评价相对客观和乐观，重点研究如何对接，而不是如何制衡或抵制。中国官方高度肯定欧亚经济联盟的

---

① 王郦久：《俄"欧亚联盟"战略及其对中俄关系的影响》，《现代国际关系》2012年第4期。
② 许云霞、李钦：《中国对俄白哈关税同盟直接投资的影响因素分析》，《对外经贸实务》2013年第8期，第84~86页。
③ 李凤林：《欧亚发展研究（2013）》，中国发展出版社，2013，第62~64页；孙力、吴宏伟：《中亚国家发展报告（2013）》，社会科学文献出版社，2013，第148~158页。
④ 李兴：《普京欧亚联盟评析》，《俄罗斯研究》2012年6期。

地位和作用，认为"欧亚一体化合作进程对保障地区经济发展、加强地区安全稳定、促进地区建立共同无分界线的经济和人文空间发挥着重要作用"。① "丝绸之路经济带和欧亚经济联盟框架内寻找地区经济一体化进程的契合点，在加强平等合作与互信基础上确保欧亚地区经济的可持续增长"。② 中国与欧亚经济联盟的战略利益并不矛盾，中国视欧亚经济联盟是地区性国际组织，是一个可以互联互通、协商对话、战略对接、深化合作的伙伴。

（二）中国"丝绸之路经济带"与欧亚经济联盟的关系

2013年9月7日，习近平主席在哈萨克斯坦访问期间提出"丝绸之路经济带"倡议。2015年5月8日，中俄两国元首在莫斯科发表《关于丝绸之路经济带建设和欧亚经济联盟建设对接合作的联合声明》（简称"一带一盟"对接）。同日，中国商务部部长高虎城与欧亚经济委员会分管贸易事务的委员斯列普涅夫（А. А. Слепнёв）宣布启动中国与欧亚经济联盟贸易合作谈判，最终双方将签订经贸合作协议。2015年10月16日，在最高欧亚经济委员会例会上成员国总统就"一带一盟"对接事宜展开了深入讨论，把"一带一盟"对接列为未来工作的重要方向。2015年12月4日，欧亚经济联盟成员国交通部长举行会晤，专门讨论"一带一盟"对接事宜。那么，欧亚经济联盟与"丝绸之路经济带"有何区别，两者是何种关系。

第一，两者总体规划不同。2015年3月，国家发改委、外交部和商务部联合发布的《推动共建丝绸之路经济带和21世纪海上丝绸之路的愿景与行动》中指出，"丝绸之路经济带重点畅通中国经中亚、俄罗斯至欧洲（波罗的海）；中国经中亚、西亚至波斯湾、地中海；中国至东南亚、南亚、印度洋"，"陆上依托国际大通道，以沿线中心城市为支撑，以重点经贸产业园区为合作平台，共同打造新亚欧大陆桥、中蒙俄、中国—中亚—西亚、中国—中南半岛等国际经济合作走廊"。③ 从地缘经济角度看，商务部研究院

---

① 《中华人民共和国与俄罗斯联邦关于全面战略协作伙伴关系新阶段的联合声明》，人民网，http://politics.people.com.cn/n/2014/0521/c1024-25042806.html。

② 《中华人民共和国和俄罗斯联邦关于深化全面战略协作伙伴关系、倡导合作共赢的联合声明》，新华网，http://news.xinhuanet.com/world/2015-05/09/c_127780870.htm。

③ 国家发改委、外交部、商务部：《推动共建丝绸之路经济带和21世纪海上丝绸之路的愿景与行动》，人民网，http://politics.people.com.cn/n/2015/0329/c1001-26765454-4.html。

学者刘华芹把"丝绸之路经济带"分为核心区——上合组织、紧密区——南亚、延伸区——西亚、拓展区——中东欧国家。[①] 清华大学学者胡鞍钢提出，"丝绸之路经济带"由以下若干个经济带共同组成，即核心区——中亚经济带、重要区——环中亚经济带、拓展区——亚欧经济带。其中，中亚经济带主要包括中亚五国，环中亚经济带指的是中亚、南亚、西亚与俄罗斯，亚欧经济带除了以上两条经济带还囊括了欧洲与北非。[②] 他进一步指出，全力打造陆上战略大通道，就需要将"丝绸之路经济带"倡议融入"中国经济升级版"和"安全战略升级版"中，谋划全局性国家重大经济战略和全新性国家安全战略体系。[③] 从功能配置角度看，吉林大学学者朱显平提出，中国与中亚地区建立"丝绸之路经济带"应该是交通带、城市带、产业带的综合体。[④] 由此可见，"丝绸之路经济带"的目标相对宏观和抽象。

相比之下，欧亚经济联盟的发展目标十分具体。《欧亚经济联盟条约》明确指出，欧亚经济联盟是推动地区经济一体化的国际组织，具有国际法主体地位，其核心任务是保证成员国经济持续稳定增长，实现全面现代化，以及提高在全球经济结构中的竞争力。具体而言，主要有三点：一是把欧亚经济联盟发展成高质量的政府间组织；二是欧亚经济联盟要成为原苏联地区经济发展的驱动力，为成员国经济转型及现代化发展提供多边机制保障；三是成为未来多极化的世界政治经济格局中的一极。

第二，两者功能结构不同。"国家间经济合作主要涉及两个层面，即以能源、军工、高新技术等为核心的战略经济层面，以商品贸易、商业投资为主的市场经济层面。丝绸之路经济带的功能结构表现为战略经济层面合作推动市场经济层面合作，战略经济领域合作的质量是建设丝绸之路经济带的关键，其中互联互通领域、能源领域、农业领域等是重点。欧亚经济联盟则是以市场经济层面合作为基础，进而实现成员国在战略经济领域的

---

① 刘华芹：《丝绸之路经济带：欧亚大陆新棋局》，中国商务出版社，2015，第66~158页。
② 胡鞍钢、马伟、鄢一龙：《"丝绸之路经济带"：战略内涵、定位和实现路径》，《新疆师范大学学报》2014年第4期。
③ 胡鞍钢、马伟、鄢一龙：《"丝绸之路经济带"：战略内涵、定位和实现路径》，《新疆师范大学学报》2014年第4期。
④ 朱显平、邹向阳：《中国——中亚新丝绸之路经济发展带构想》，《东北亚论坛》2006年第5期。

一体化。"①

第三，两者机制基础不同。"丝绸之路经济带"不具备国际组织机制的"硬机制"，而是具有一定灵活性的"软机制"。目前，"丝绸之路经济带"建设主要依托以下三个基础。首先是基础设施基础。目前在"丝绸之路经济带"沿线地区已经形成了铁路、公路、管道、航空为主的立体型交通运输网络。在铁路方面，有中俄国际铁路、中蒙国际铁路、阿拉山口—多斯特克跨境铁路、霍尔果斯—阿腾科里跨境铁路等，已经在运行的铁路货列有呼和浩特—法兰克福"如意号"集装箱列车、北京—汉堡集装箱列车、"渝新欧"集装箱班列、"苏满欧"集装箱班列、"汉新欧"货运专列、"蓉欧"集装箱列车、"郑新欧"货运专列等。在公路方面，主要在新疆、黑龙江、吉林、内蒙古等四地完善国际跨境公路及口岸。在管道方面，有中哈原油管道、中国—中亚天然气管道、中俄原油管道、中俄天然气管道等。在航空方面，近来，我国开通了连接中亚、俄罗斯各地、南高加索等地的空中走廊，逐渐把乌鲁木齐打造成地区航空物流中转枢纽。其次，"丝绸之路经济带"的提出具有一定的政策基础。进入 21 世纪以来，中国政府先后实行"西部大开发""中部崛起"等国家战略，西部地区发展的政策环境大为改善。2011 年，李克强在首届中国—亚欧经济发展合作论坛上提出"在全面提升沿海开放、向东开放水平的同时，扩大内陆开放，加快沿边开放，鼓励向西开放"。② 最后是公共外交平台基础。近年来，中国依托基础设施和政策基础，以西部地区为前沿，搭建起了一系列有影响的区域合作平台。这些多边合作平台主要分为两种。一种是经济政策协商机制。如 2004 年时任中国国家主席胡锦涛访问阿拉伯国家联盟时提出建立"中国——阿拉伯国家合作论坛"，每两年举办一次部长级会议；2005 年以上合组织成员国和观察员国为主体成立"欧亚经济论坛"，该论坛旨在促进发展中国西部与中亚国家、俄罗斯等国双边及多边的经贸合作。另一种是商品交流平台。如

---

① 对于该观点的论述详见：Ли Син，Братерский М. В.，Савкин Д. А.，Ван Чэньсин，*Россия и Китай в Евразийской интеграции：сотрудничество или соперничество?*，Москва，Санкт-Петербург：Нестор-История，2015，ст. 298—309；李兴：《"丝绸之路经济带"与欧亚经济联盟：比较分析与关系前景》，《中国高校社会科学》2015 年第 6 期。

② 李克强：《深化内陆开放开发 促进亚欧合作发展——在首届中国—亚欧经济发展合作论坛上的致辞》，中国政府网，http：//www.gov.cn/ldhd/2011-09/03/content_ 1939536. htm。

2011 年起在乌鲁木齐举办"中国——亚欧博览会"，2013 年起在宁夏举办"中国——阿拉伯国家博览会"。

与"丝绸之路经济带"相比，欧亚经济联盟运行的最大特点是建立了严格的机制基础，是正式的国际组织，是"硬机制"。欧亚经济联盟下设欧亚经济最高委员会、欧亚政府间委员会、欧亚经济委员会、欧亚经济联盟法院，并且还与欧亚开发银行兼容。①

除了上述差异性外，"丝绸之路经济带"和欧亚经济联盟之间还存在相似性。从国家对外战略来看，两者均是国家领导人亲自提出，亲自推动的欧亚大战略，是未来 10 年外交的主攻方向，但是，两者的战略影响不具有全球性，而是地区性的。从国家间关系来看，两者都包含大国与小国关系的内容。如"丝绸之路经济带"中中国与中亚、南高加索、中东欧国家关系，欧亚经济联盟内俄罗斯与哈萨克斯坦、白俄罗斯、吉尔吉斯斯坦、亚美尼亚的关系。从外部环境看，两者都面临来自外部因素的干扰与竞争。如欧盟的"东部伙伴关系计划"、美国的"新丝绸之路计划"、日本的"丝绸之路外交"、韩国的"欧亚计划"等。

2014 年 5 月 8 日，中国与欧亚经济联盟成员国决定启动"一带一盟"对接合作后，"一带一盟"如何对接，在哪些领域可以实现对接等问题成为双方讨论的热点。就目前而言，欧亚经济联盟内部还未就与"丝绸之路经济带"对接模式达成一致，争论主要围绕以下三种方案展开：（1）"1+1"模式，即欧亚经济联盟 5 个成员国为整体与中国进行"一带一盟"对接。俄罗斯是该模式的主推者。俄罗斯主张在欧亚经济联盟框架内成立专门负责"一带一盟"对接的超国家机构，协调成员国在对接合作中的立场，在与中国的谈判中实现"统一发声、统一步调"。俄罗斯提出这一对接模式的背后逻辑是清晰的，那就是要在对接中谋求主导地位，防止中国经济影响力在原苏联地区进一步扩大。然而，这一模式并不被其余成员国所认同。（2）"5+1"模式，即 5 个成员国各自与中国进行双边对接。这一模式备受其余成员国的青睐，却遭到了俄罗斯的抵触。其余成员国对"一带一盟"对接表现出了较高积极性，主动向中国靠拢，引进中国资本和技术，加强

---

① 在本书第三章我们已经就欧亚经济联盟的运行模式展开了深入讨论，在此不再赘述。

基础设施建设。该模式一定程度上可以帮助其余成员国在中俄之间寻求平衡，左右摇摆，两边获利。（3）"5+1+1"模式。欧亚经济委员会综合以上两种模式，提出了这个折中方案，即5个成员国与欧亚经济联盟共同和中国"丝绸之路经济带"开展对接合作。欧亚经济委员会提出的这个模式主要出于以下考虑：其一，不反对其余成员国在双边基础上与"丝绸之路经济带"进行对接合作；其二，顾及主导国俄罗斯的利益诉求；其三，对成员国起到贸易保护作用，确保它们不成为中国经济的"附庸"。在这里，欧亚经济联盟起到一个"活塞"作用，做到俄罗斯与其余成员国间的利益平衡，做到"丝绸之路经济带"与自身发展需求相结合。照此逻辑，欧亚经济联盟把中国定位为"非特惠贸易伙伴国"，也就是说，中国与欧亚经济联盟之间不可能实现真正意义上的区域一体化，也难以达到中国与东盟之间的自贸区水平。因此，"一带一盟"对接是经贸合作便利化，而非一体化。

我们认为，中国与欧亚经济联盟之间的经济互补性是"一带一盟"对接的现实基础。[1] 尽管俄罗斯有学者对"丝绸之路经济带"仍持怀疑态度，认为中国是俄罗斯主导的欧亚经济联盟的潜在竞争者，[2] 但是，"丝绸之路经济带"与欧亚经济联盟在基础设施建设、打造融资平台、加强能源合作、开展人文交流等领域的互补关系已经客观存在，在建设互联互通道路上两者相向而行是大势所趋。

---

[1] 这一观点也是我国学界的基本共识。参见：李永全：《和而不同：丝绸之路经济带与欧亚经济联盟》，《俄罗斯东欧中亚研究》2015年第4期。

[2] 关于俄罗斯学界对"丝绸之路经济带"的疑虑可参见：〔俄〕А.В.奥斯托洛夫斯基：《"丝绸之路经济带"构想的背景、潜在挑战和未来走势》，《欧亚经济》2014年第4期；"Тодоров В. Китай поможет", http://www.gazeta.ru/business/2015/03/30/6618801.shtml; Малиновская М., "Китай: сдержанное одобрение процесса создания Евразийского экономического союза", http://eurasiancenter.ru/politicsexperts/20140512/1003427525.html; Михайлов А., "Россию и Китай свяжет новый шелковый путь", http://www.pravda.ru/economics/rules/globalcooperation/02-05-2014/1206269-china-0/。

第七章　欧亚经济联盟的前景

作为原苏联地区新型区域一体化机制，欧亚经济联盟的前景备受国内外政界、学界的关注。尽管乌克兰危机、国际油价暴跌、成员国货币贬值等不利因素持续存在，但总体来看，欧亚经济联盟运行稳定、发展正常，也没有出现土崩瓦解、半途夭折的悲剧。由于受到内外因素的限制，欧亚经济联盟在中短期发展缓慢，从长期来看，它的影响多为地区性的，而非世界性、全球性的。本章从内外因素两方面着手，预判欧亚经济联盟的发展趋势。

第一节　影响欧亚经济联盟发展的内外因素

一　欧亚经济联盟内部因素

影响欧亚经济联盟发展的内部因素主要有以下方面。

第一，沙俄帝国、苏联遗留下来的落后、低效的行政传统将影响欧亚经济联盟的运行效率。欧亚经济联盟成员国都曾是沙俄帝国、苏联的组成部分，长期受莫斯科中央政府统治。长期以来，莫斯科中央政府的统治具有高度中央集权导致治理效率低下；各级官员独断专行，对个人私利趋之若鹜；在决策中领导人个人因素起决定性作用，缺乏制度规范等特点。[1] 欧亚经济联盟也存在类似决策权高度集中、部门及人员冗杂等问题。[2] 尽管第

---

[1] Ryavec K. W. , *Russian Bureaucracy：Power and Pathology*, New York：Rowan & Littlefild Publishers. Inc, 2005, pp. 63-65

[2] 2012 年，欧亚经济委员会的官员队伍就已经很庞大，总人数在 1000 人左右，俄罗斯籍官员占总人数的 57%，其余由白、哈两国平均分配。欧亚经济委员会下设 23 个部，分管不同领域的具体事务，其中工作人员最多的是礼宾与组织保障部，为 56 人。亚美尼亚、吉尔吉斯斯坦加入后，为了体现公平，超国家机构的工作人员及部门数量只会进一步增加。参见："Новая бюрократия"，http：//www. vedomosti. ru/newspaper/articles/2012/02/06/novaya_ byurokratiya.

二届欧亚经济委员会工作会议的委员数量有所减少，但是各类下设部门、分委员会、工作组、咨询委员会则层出不穷，机构逐渐庞大。如何建立精简、高效的运作机制将影响欧亚经济联盟未来的前途。

第二，到目前为止，欧亚经济联盟内部尚未组建起代表集体利益的国际公务员队伍。欧亚经济联盟的相关法律规定，联盟各个部门的工作人员为国际公务员，需竞争上岗，代表联盟集体利益。但迄今为止欧亚经济委员会工作会议并没有建立真正意义上的国际公务员制度（类似于联合国、欧盟、世界银行等），工作人员都是成员国政府选派的公务员，只享有国际公务员的权利和豁免，在实际工作中首先是代表母国利益，其次才代表欧亚经济联盟集体利益，结果是许多决议或是争论不休，无果而终，或是递交至上级机构进行仲裁，影响欧亚经济联盟的运行效率。

第三，欧亚经济联盟机制中"强个人，弱机制"的现象严重。欧亚经济联盟的决策机制是以最高欧亚经济委员会、欧亚政府间委员会及欧亚经济委员会构成，"三委"纵向排列，最高欧亚经济委员会是决策机制的顶端，是核心。所以说，欧亚经济联盟的任何决策都是成员国国家总统直接倡议和制定的，甚至成员国国家总统可以直接修改欧亚经济联盟的决议，任何决议不需要通过公议或议会讨论。换言之，欧亚经济联盟是成员国总统的"一言堂"，其余机构只负责执行，并不像欧盟那样，内部决策机制由多个单元组成，单元与单元之间还存在相互制衡关系。芬兰学者罗伯茨（Sean Roberts）、马琳（Anais Marin）等把欧亚经济联盟的组织机制称为"弱机制"。[1] 一方面，这样的决策机制有利于提高决策效率；另一方面，这样的决策机制虽然短期内能起到正面作用，但是随着一体化程度逐步加深，必定会产生问题，因为"弱机制"会导致超国家机制松动，给成员国各行其是提供可能。[2]

第四，平衡"绝对平等"和"俄罗斯主导力"之间的关系至关重要。通过上文分析可知，欧亚经济联盟的决策机制及机构设置充分实现了国家

[1] Roberts S., Marin A., Moshes A., Pynnoniemi K., *The Eurasian Economic Union：Breaking the pattern of post-Soviet integration?*, Helsinki：FIIA Analysis, No. 9, 2014.

[2] Roberts S., Marin A., Moshes A., Pynnoniemi K., *The Eurasian Economic Union：Breaking the pattern of post-Soviet integration?*, Helsinki：FIIA Analysis, No. 9, 2014.

间地位的绝对平等。通过这样的组织机制模式，一方面可以打消其他成员国对俄罗斯在实力上的一家独大，以及对其与生俱来的"帝国意识"的畏惧心理。俄罗斯在诸多方面被迫"去盟主化"，顾及其他成员国利益，提升其他成员国，尤其是哈萨克斯坦在欧亚经济联盟中的话语权。① 比如，俄罗斯支持哈萨克斯坦的阿拉木图成为地区金融中心等。尽管如此，其余成员国依然对俄罗斯保持高度警惕，对国家主权问题十分敏感。但从另一方面来看，这样的运行模式在某种程度上也限制了俄罗斯在欧亚一体化进程中主导力的发挥。过分限制俄罗斯的主导力，欧亚经济联盟就难以为继。因此，在"绝对平等"地位与"俄罗斯主导力"的现实之间寻求黄金分割线也是关系到欧亚经济联盟成败的关键之一。

第五，欧亚经济联盟境内依然存在传统和非传统安全威胁。在传统安全方面，首当其冲的要数纳卡问题。由于纳卡问题一直悬而不决，亚美尼亚和阿塞拜疆至今仍处于战争状态、"冷和平"状态，两国军事冲突一触即发。其次，吉尔吉斯斯坦和塔吉克斯坦之间仍然存在边界纠纷。② 非传统安全威胁主要集中在中亚地区和纳卡地区。在中亚地区，哈萨克斯坦、吉尔吉斯斯坦面临水资源冲突、毒品走私、"三股势力"等威胁。纳卡地区除了传统安全隐患，还有非传统安全威胁。纳卡地区与伊朗接壤部分，只有伊朗在进行单方面的边界管理，亚美尼亚方面并未对边界实施有效管理，结果是纳卡地区已经变成商品走私、毒品交易的"绿色走廊"。③ 更何况，欧亚经济联盟内部就纳卡问题并未达成一致，亚美尼亚意图将纳卡地区纳入统一关境，而哈萨克斯坦则表示反对，俄罗斯介于两者之间，左右为难。

第六，俄罗斯精英阶层对欧亚经济联盟的前途认知不统一。俄罗斯精英主要围绕以下两个问题展开激烈争论。一是如何处理欧亚经济联盟与当今西方主导的世界经济体系间的关系。关于这个问题大致可以分为两派：

① 芬兰学者阿尔伯·杜雍宁曾指出："如果俄罗斯为实现促进经济社会发展、提升外交与军事实力的目标是以牺牲他国为代价，那就会再次走上帝国主义的道路。"参见：〔芬〕阿尔伯·杜雍宁：《俄罗斯帝国的复苏》，倪晓京译，国防大学出版社，2012，第32页。

② 最近的一次吉塔边界冲突发生在2015年8月3日～4日。参见："Источник: пограничный конфликт Таджикистана и Киргизии завершен", РИА-Новости, http://ria.ru/world/20150808/1171783876.html。

③ Федоровская И. М., "Вступление Армении в ЕАЭС", Россия и новые государства Евразии, No.2, 2015.

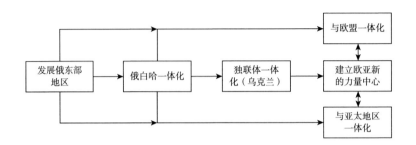

图7-1 俄东部地区与欧亚一体化及欧盟、亚太地区一体化关系示意图

资料来源：Подберёзкин А. И.，Боришполец К. П.，Подберёзкина О. А.，*Евразия и Россия*，Москва：МГИМО，2013，ст. 69。

一派以俄罗斯工业与贸易部部长曼图罗夫（Д. В. Мантуров）为代表，主张融入西方主导的世界经济体系，承认美元的世界货币地位，以市场经济手段推动一体化进程；另一派以俄总统一体化事务顾问格拉济耶夫为代表，反对融入西方主导的世界经济体系，主张建立以俄罗斯为核心的地区经济体系，反对美元的世界货币地位，支持以政治手段推动一体化进程。二是欧亚经济联盟应该向东发展，还是向西发展。关于这个问题也大致分为两派：一派以伊诺泽姆采夫为代表，主张欧亚联盟方案应该注重向西发展，最好把格鲁吉亚、乌克兰、摩尔多瓦等原苏联地区较为民主的国家吸纳进来。他认为，现在的欧亚一体化是俄罗斯偏向亚洲的一体化。偏向原苏联地区国家，俄罗斯只会变得更加亚洲化，而非欧洲化，这不利于俄罗斯的长远发展。[1] 另一派以博得别廖斯金为代表，提出欧亚一体化的重心应该在乌拉尔山脉以东地区。他进一步指出，欧亚一体化的主要目的在于强化俄罗斯对东部地区的主权控制，整合乌克兰、白俄罗斯和中亚国家，进而以新姿态发展对欧盟和亚太国家关系（见图7-1）。[2] 在他眼中，哈萨克斯坦在俄罗斯欧亚战略及欧亚一体化中的地位十分重要，"如果哈萨克斯坦发生动乱，将波及俄罗斯东部地区，国家将分裂成东部和西部，俄罗斯将丧失

<hr />

① Иноземцев В. Л.，"Национальные интересы России на постсоветском пространстве：в чем они состоят и какими должны быть?"，*Россия и современный мир*，No. 3，2012.

② Подберёзкин А. И.，Боришполец К. П.，Подберёзкина О. А.，*Евразия и Россия*，Москва：МГИМО，2013，ст. 66-67.

对东部地区的主权控制和自然资源的支配权"。① 虽然俄罗斯官方有意或无意回避这个问题，主张欧亚经济联盟同时与欧盟、亚太地区（中国"丝绸之路经济带"倡议）对接，提出建立"从里斯本到上海"的大欧亚，② 但是在打造欧亚经济联盟为地缘政治经济格局中新力量中心的过程中，其对外关系的侧重点选择是不可回避的现实问题。

第七，俄罗斯的主导力受到经济实力、综合国力的制约。从沙俄帝国，到苏联，再到今天的俄罗斯，我们可以发现这样一个历史规律，那就是"一方面俄罗斯希望以俄价值观为中心形成全面的全球化，另一方面它又不具备这样的经济实力和综合国力"。③ 也就是说，俄罗斯的"救世主义""强国主义"心理总不能与物质实力相适应。在现阶段，俄罗斯主导欧亚经济联盟建设过程中同样面临这个困境。由于自身经济模式缺陷、西方制裁、国际油价低迷等多种因素的共同作用，俄罗斯经济发展疲软，对周边国家缺乏经济牵引力。2015 年上半年，俄罗斯国内总产值下降了 2%，居民收入下降 9%，④ 俄罗斯经济从停滞陷入衰退。特别是自乌克兰危机爆发以来，俄罗斯资金大量外流，⑤ 造成经济严重"失血"。建立各类共同市场，推动大项目投资等都需要大量资金做支撑，而俄罗斯自身财政却捉襟见肘，对外投资能力十分有限。

第八，欧亚经济联盟成员国产业结构趋同。在欧亚经济联盟中，俄罗斯和哈萨克斯坦产业结构相似，都以资源和能源部门为主。如果说白俄罗斯是文明文化上的"小俄罗斯"，那么哈萨克斯坦就是经济发展模式上的"小俄罗斯"。从欧亚经济联盟的贸易结构来看，资源和能源产品是重要一项。除了俄罗斯和白俄罗斯能为其他成员国提供部分工业产品外，其余商品大多依赖外部进口。欧亚经济联盟难以形成互补性较强的内部市场。

---

① Подберёзкин А. И.，Боришполец К. П.，Подберёзкина О. А.，*Евразия и Россия*，Москва：МГИМО，2013，ст. 17.

② "Нарышкин：сотрудничество ЕАЭС и Китая создает предпосылки для 《Большой Евразии》"，http：//tass. ru/politika/2320481.

③ 郭小丽：《俄罗斯的弥赛亚意识》，人民出版社，2009，第 408 页。

④ "Медведев заявил о снижении ВВП на два процента"，http：//lenta. ru/news/2015/04/21/decline/.

⑤ 欧洲央行估算，乌克兰危机以来，俄罗斯资金外流规模高达 2200 亿美元。参见：冯玉军：《乌克兰危机：多维视野下的深层透视》，《国际问题研究》2014 年第 3 期。

第九，欧亚经济联盟成员国的利益诉求存在一定的差异性。从俄罗斯的角度看，欧亚经济联盟是俄罗斯追求欧亚强国梦、多极化世界中一极地位的支撑力量；是重新控制原苏联地区的地缘政治经济抓手；是推动国内经济结构转型，提升综合国力的手段。需要指出的是，俄罗斯主导的欧亚一体化不局限在经济领域，还主张推动政治、军事一体化，目的是建立以俄罗斯为核心的欧亚国家集团。哈萨克斯坦更多地把目光投向经济领域，把欧亚经济联盟视作实现对外经济合作多元化，推动国内现代化改革，提升综合国力的借重力量。哈萨克斯坦坚决反对任何形式的政治一体化。白俄罗斯、亚美尼亚、吉尔吉斯斯坦更多的希望在欧亚经济联盟框架内，依托俄罗斯的支持力量，解决国内的社会经济发展问题。除俄罗斯外，其余成员国面临的首要问题是，如何在参与俄罗斯主导的一体化进程中保证政治上的独立。成员国在利益诉求方面的差异性直接或间接地制约着欧亚经济联盟今后发展的动力，以及政策取向。自成立以来，欧亚经济联盟始终缺乏统一的对外贸易政策和宏观经济政策协调。迄今为止，成员国在制定对外贸易政策和宏观经济政策时各行其是，缺乏统一协调。俄罗斯在 2011 年重新修订了《俄罗斯联邦 2020 年前社会经济发展构想》，哈萨克斯坦先后颁布了《哈萨克斯坦—2050 年》（2012 年）、《工业与创新发展国家计划》（2014 年）、《"光明大道"新经济政策》（2014 年）、《哈萨克斯坦 2015 年至 2019 年基础设施发展国家计划》（2015 年）等政策规划，白俄罗斯公布了《2016 年白俄罗斯经济社会发展一揽子措施》，等等。通过分析以上经济政策文本可以发现，成员国不仅把目光投向欧亚一体化，还意图同时与区域外经济体深化经贸合作。比如，哈萨克斯坦的《"光明大道"新经济政策》意在与中国"丝绸之路经济带"倡议进行双边对接。

二　域外因素

影响欧亚经济联盟发展的外部因素主要有以下方面。

第一，欧亚经济联盟在国际经济格局中的边缘地位在短期内难以改变。根据欧亚经济委员会数据统计，2015 年 1 月至 11 月，欧亚经济联盟对外贸易总额为 5297 亿美元。就出口而言，欧亚经济联盟主要向国际市场提供燃料资源，占出口总额的 66.2%，其次是金属矿产及产品，占出口总额的

9.7%。而具有高附加值的机械产品、化工产品分别只占出口总额的 3.1% 和 6.5%。从进口方面看，欧亚经济联盟主要从国际市场进口机械产品和化工产品，分别占进口总额的 42.8% 和 18.4%。① 从这个意义上讲，欧亚经济联盟在世界市场中只是燃料资源及金属矿产来源地，为其他经济体发展提供原料资源，难以为世界市场提供高新技术产品。

第二，欧美将阻碍欧亚经济联盟的发展，防止在原苏联地区出现俄罗斯主导下的国家集团。欧亚经济联盟自成立以来一直受到来自欧美的诟病。在欧美眼中，欧亚经济联盟是俄罗斯主导的，以恢复俄罗斯在原苏联地区势力范围的地缘政治项目。尽管欧盟和美国在处理对欧亚经济联盟关系上有所区别，前者留有一定的合作空间，后者更多的是战略挤压，但有一点是肯定的，那就是欧美都把欧亚经济联盟视为对自己欧亚战略的挑战，并且不希望它发展成一个高度一体化的国家集团。

第三，欧亚经济联盟已经受到世贸组织规则的冲击。2015 年 12 月，哈萨克斯坦正式加入世贸组织。根据世贸组织与哈萨克斯坦的协议，哈萨克斯坦单方面需要降低统一关税范围内 3000 余种商品的税率，平均税率从 10.4% 降至 6.5%。在这 3000 余种商品中，1347 种商品的税率降幅不大，大致在 1% 至 2% 左右。但是，如金属管道、交通工具等商品的税率降幅就很明显，有些商品甚至需要下降一半左右。应该说，哈萨克斯坦加入世贸组织后的税率调整是对欧亚经济联盟商品共同市场的一次考验。维诺库洛夫认为，正因为如此，欧亚经济联盟的关税制度已经从欧盟水平降到了南方共同市场水平，这是对欧亚经济联盟的严重打击。②

第四，欧亚经济联盟面临周边区域一体化机制的挑战将成为常态。欧亚大陆从周边区域到中心地带集中着世界主要经济体主导或参与的地区一体化机制。换言之，欧亚大陆也是地区一体化机制相互竞争的"大棋局"。欧亚经济联盟只是诸多地区一体化机制中的一个。欧盟"东部伙伴关系计划"虽会调整，但是在可预见的未来，它的东进力量依旧不可小觑；美国

---

① "Об итогах взаимной торговли товарами Евразийского экономического союза（Январь-ноябрь 2015 года）"，http：//www. eurasiancommission. org/ru/act/integr_ i_ makroec/dep_ stat/tradestat/analytics/Documents/Analytics_ I_ 201511. pdf.

② 2015 年 10 月 13 日，笔者对欧亚开发银行一体化研究中心主任维诺库洛夫（Е. Ю. Винокуров）的访谈。

"新丝绸之路计划"伴随着"塔—彼"天然气管道的开工，及其他大项目的逐步落地，在中亚——南亚跨地区一体化进程中发挥着纽带作用；中国倡议的"丝绸之路经济带"也在顺利推进，2016 年初乌克兰经南高加索、里海、哈萨克斯坦到中国的铁路-海运运输走廊贯通；美国主导下的 TPP 和 TTIP 绕过欧亚大陆，把亚太地区和北大西洋地区连在了一起。随着其他欧亚周边及中心地区一体化进程的顺利推进，欧亚经济联盟所面临的竞争压力定会有增无减。

第五，国际油价低迷。国际油价从 2014 年 6 月中旬的每桶 114.3 美元降至 2016 年 2 月初的每桶 30.85 美元。国际油价暴跌对俄罗斯、哈萨克斯坦等能源型国家的经济产生严重冲击。自 2014 年 7 月以来，俄罗斯卢布贬值超过 57%。2015 年哈萨克斯坦坚戈贬值了 85.2%。俄哈两国财政收入急剧缩水，国内生产总值明显萎缩，居民收入水平大幅下降。俄哈两国，尤其是俄罗斯的经济下行又波及了欧亚经济联盟其他成员。在短期内，美元继续走强、[1]"页岩革命"、新能源技术不断突破、世界主要石油输出国不断增产等趋势不可逆转。在此背景下，国际油价在短期内无法实现大幅上涨，难以到达能使俄罗斯经济实现良性增长的每桶 70 美元。也就是说，在国际油价低迷条件下，由于自身经济受到冲击，俄罗斯、哈萨克斯坦将降低对欧亚经济联盟大型投资项目的投入。欧亚经济联盟将依旧面临资金缺乏的窘境。

三 原苏联地区因素

还有一类因素也值得注意，那就是原苏联地区因素。这些因素可被称为"外部因素中的内部因素，内部因素中的外部因素"。

第一，原苏联地区部分传统安全问题出现固化。"苏联解体是二十世纪的地缘政治灾难。"[2] 这场灾难不仅导致世界超级大国一夜倾覆，更引发了原超级大国内部地区各类矛盾和冲突的集中迸发，造成地区局势持续动荡。除了上文提到的亚美尼亚与阿塞拜疆之间的纳卡问题，还有摩尔多瓦的德

---

[1] 关于美元与国际油价之间的关系可参见：庞昌伟：《美元贬值是油价飙升主因》，《国际融资》2008 年第 6 期。

[2] 俄罗斯总统普京与白俄罗斯总统卢卡申科都在不同场合表达过这个想法。

涅斯特左岸问题、格鲁吉亚的阿布哈兹与南奥塞梯问题，以及仍在发酵的乌克兰东部顿涅茨克与卢甘斯克问题等。20 多年来，这些地区冲突不但没能得到合理解决，反而造成各方僵持，时而出现零星动荡，威胁地区安全与稳定。俄罗斯学界把这一现象称为"被冻结的冲突"（замороженные конфликты）。① 这些"被冻结的冲突"具有以下特点：（1）在冲突所在地区形成"不被承认的国家"（непризнанное государство），② 具体有"纳戈尔诺—卡拉巴赫共和国""德涅斯特沿岸摩尔达维亚共和国""阿布哈兹共和国""南奥塞梯共和国"，以及正在形成的"卢甘斯克人民共和国"和"顿涅茨克人民共和国"；（2）冲突爆发的重要导火索往往是民族问题；③（3）历史上这些冲突地区或有过短暂独立时期，或为俄罗斯版图的一部分；（4）冲突地区是俄罗斯与西方在原苏联地区地缘政治博弈的拉锯地带。对俄罗斯而言，原苏联地区"被冻结的冲突"具有两面性：一方面，俄罗斯以这些冲突为屏障，"强化俄罗斯的地区影响力"，④ 阻击西方向原苏联地区渗透，维护自己传统势力范围，防止周边小国加入北约或欧盟；另一方面，这些问题"限制俄罗斯外交在其他领域的周旋空间，阻碍俄罗斯在国际事务中实现国家利益"。⑤ 这些"被冻结的冲突"将影响欧亚经济联盟外部环境的质量。

　　第二，原苏联地区其余国家的区域一体化政策趋向多元化。除已经加入欧盟、北约的波罗的海三国和欧亚经济联盟成员国外，原苏联地区其余

---

① Федулова Н.，"《 Замороженные 》 конфликты в СНГ и позиция России"，*Мировая политика и международные отношения*，No. 1，2008.

② "不被承认的国家"又称"不被承认的领土"（непризнанные территории），"自我领导国家"（самопровозглашенное государство），"自我领导共和国"（самопровозглашенная республика）。严格地说，在原苏联地区有两类"不被承认的国家"：一类是部分被承认国家，有阿布哈兹和南奥塞梯两个共和国；另一类是完全不被承认国家，有德涅斯特沿岸摩尔达维亚共和国和纳戈尔诺-卡拉巴赫共和国。

③ 纳戈尔诺-卡拉巴赫地区在苏联时期虽在阿塞拜疆境内，却拥有 80% 左右的亚美尼亚族人，苏联解体后亚族人主张独立或并入亚美尼亚；德涅斯特左岸地区多为俄罗斯族、乌克兰族、罗马尼亚族，其中俄族人占主导；阿布哈兹与南奥塞梯虽在格鲁吉亚境内，但主体民族是阿布哈兹人与奥塞梯人，并非格鲁吉亚人；乌克兰东部的卢甘斯克和顿涅茨克近半数人是俄罗斯族人，通用俄语。

④ Большаков А. Г.，"Непризнанные государства постсоветского пространства в системе российских национальных интересов"，Политическая экспертиза：ПОЛИТЭКС，No. 1，2008.

⑤ Федулова Н.，"《 Замороженные 》 конфликты в СНГ и позиция России"，*Мировая политика и международные отношения*，No. 1，2008.

国家奉行不同的区域一体化政策，大致可以分为以下三类：（1）以加入欧盟、北约为目标的乌克兰、摩尔多瓦和格鲁吉亚。这类国家坚决抵制欧亚经济联盟，视其为"俄罗斯帝国的复辟"，是对自身独立与安全的威胁。（2）在俄罗斯、欧亚经济联盟与欧盟、美国之间采取平衡的阿塞拜疆、乌兹别克斯坦。这两个国家寻求与欧亚经济联盟开展经济合作关系，但在短期内不谋求加入。（3）奉行中立政策的土库曼斯坦。应该说，原苏联地区其余国家"疏俄"，甚至"反俄"的区域一体化政策取向不利于欧亚经济联盟的进一步扩员。

第三，乌克兰危机的冲击。2014 年爆发的乌克兰危机不仅导致俄乌决裂，还引发了冷战结束以来俄罗斯与西方关系的全面倒退，制裁与反制裁、制衡与反制衡相继上演。乌克兰新政权在"脱俄入欧"的道路上越走越远。毋庸置疑，乌克兰危机将对欧亚经济联盟产生深远影响。没有乌克兰的欧亚经济联盟是不完整的。从地缘政治上看，在乌克兰缺席的情况下，俄罗斯实现 3 个东斯拉夫国家——俄罗斯、乌克兰、白俄罗斯重新一体化的梦想破灭了。① 从地缘经济上看，俄罗斯失去了与乌克兰实现经济整合、恢复传统产业联系的可能。另外，乌克兰危机还成了欧亚经济联盟与欧盟建立合作关系的阻碍因素。

第二节　对欧亚经济联盟前景的预测

综上所述，本书认为，第一，欧亚经济联盟不会成为"苏联 2.0"，更不会半路夭折，重蹈原苏联地区其他一体化机制的覆辙。首先，苏联解体 20 多年来，国家独立、主权完整已经在新独立国家深入人心，复辟苏联就等于是开"历史的倒车"。其次，欧亚经济联盟不具备复辟苏联的任何条件和基础。在经济上，成员国大多走上了市场经济道路；在政治上，成员国大多实行多党制、议会制；在社会上，成员国大多在积极发展公民社会，扩大公民参与，等等。最后，与历史上原苏联地区其他一体化机制相比，通过改良运行机制，挖掘一体化潜力，寻找利益交集等一系列做法，欧亚

---

① 庞大鹏：《俄罗斯的欧亚战略——兼论对中俄关系的影响》，《教学与研究》2014 年第 6 期。

经济联盟将发展得更为稳健和成熟，出现夭折的可能性不大。

第二，在中短期内，欧亚经济联盟发展缓慢，但总体趋势向前。2010年至2013年关税同盟启动不久，俄、白、哈间贸易出现"井喷式"增长，之后，三国间贸易增长速度逐年下降。欧亚经济联盟成立，亚美尼亚和吉尔吉斯斯坦相继入盟都没能扭转联盟内贸易下行的趋势。一时间，成员国各界有人开始怀疑欧亚一体化，出现"疑欧亚主义"（евразоскептицизм），[1] 认为欧亚一体化的潜力已经耗尽。本书认为，关税同盟启动初期，阻碍成员国间贸易的大部分壁垒在短时间内被取消了，激发了成员国间贸易增长，然而当无壁垒的贸易成为常态时，成员国间的贸易增长率自然会回落，而贸易规模将缓慢扩大。除此之外，欧亚经济联盟成员国的贸易流向也难以在短时间内从外向型转为以本地区贸易为主的内向型。根据《欧亚经济联盟条约》相关规定，联盟范围内全面共同市场将在2025年最终建成。也就是说，从2015年至2025年的10年里，欧亚经济联盟一方面要进一步完善已经建立起来的商品、服务共同市场，如在敏感商品税率、税务政策、国家采购方面需进一步协调，另一方面需逐步推进能源、资本等领域的共同市场建设。这些领域涉及国民经济的根本，甚至还会影响国家主权，建立难度远比商品共同市场大，因此在这些领域建立共同市场所需的时间成本自然较高。此外，目前，体制机制需进一步完善，成员国本身经济发展还有问题，区域内仍然存在地缘政治冲突危险，以及周边地区一体化机制的竞争等诸因素都会放慢欧亚经济联盟的发展速度。

第三，从长期来看，由于欧亚经济联盟的发展将受到内部、外部，以及"外部因素中的内部因素，内部因素中的外部因素"等多方面因素掣肘，因此，它的影响很难达到全球性的，它也不会成为欧亚中心地带的"欧盟2.0"，而更多的是地区性的，只会对原苏联地区本身及周边产生一定的影响。但有一点可以肯定，欧亚经济联盟所覆盖的范围虽为独联体的一部分，但其国际影响力必将超过独联体。

---

① Винокуров Е. Ю., "Евразоскептицизм", *Россия в глобальной политике*, No.1, 2014.

结　论

（一）关于欧亚一体化理论

不管是纳扎尔巴耶夫的"欧亚联盟"构想、维诺库洛夫的"实用欧亚主义"，还是杜金的新欧亚主义，政客和学者都不自觉地选择"欧亚主义"作为欧亚一体化的"官方"理论。我国学界也存在随波逐流现象，简单地把欧亚主义视为欧亚经济联盟的理论基础。从表面上看，"欧亚主义"包罗万象，并被各方接受，有成为地区普世理论的基础和条件，但是，经过反复推敲，细细琢磨后发现，俄、白、哈对欧亚主义的理解不同，就在俄罗斯内部对欧亚主义也充满争议。因此，草率地把欧亚主义看作是欧亚一体化、欧亚经济联盟的理论基础是不科学的，是片面的。那么，如果我们要在欧亚主义的理论框架下构建欧亚一体化理论体系，那么首要工作就是需要对欧亚主义本身进行再界定。

第一，取其精华，去其糟粕，欧亚主义需去政治化，实现技术化；去意识形态化，实现功能化。追本溯源，欧亚主义是 20 世纪初俄罗斯侨民思想家提出的意识形态理论，目的是通过对俄罗斯前途的思考，提出与布尔什维克主义相抗衡的意识形态。也就是说，欧亚主义本身除了具有学术价值外，还有政治内涵。20 世纪 80 年代末 90 年代初，东欧剧变，苏联解体，苏联社会主义意识形态大厦也瞬间坍塌，俄罗斯社会上下陷入意识形态真空，思想界开始思索如何泅渡困境，未来的出路在哪里等问题。在这样的背景下，欧亚主义出现回归，参与到俄罗斯新意识形态争论的浪潮中，其中以杜金为代表的新欧亚主义最为著名。与 20 世纪初的欧亚主义类似，新欧亚主义也是学术思想和政治理想的结合体。杜金等人一边用新欧亚主义探讨俄罗斯地缘政治经济战略问题，一边成立"欧亚党"，希望能通过选举，进入杜马，影响国家意识形态构建。但是，"欧亚党"并未与俄罗斯精英阶层形成共鸣，最终没能进入杜马，政治影响力依旧式微。除了新欧亚主义，当前俄罗斯国内还存在斯拉夫欧亚主义、伊斯兰欧亚主义、温和欧亚主义等，但这些欧亚主义思想缺乏实践，大多是纸上谈兵、沙盘推演。由此可见，过于政治化的欧亚主义在俄罗斯国内都缺乏落地生根的土壤，更何况要扩大到整个欧亚经济联盟。这显然是不现实的。此外，欧亚主义内的民族主义内容也是阻碍其成为区域一体化理论基础的羁绊。区域一体化是国家间、民族间平等参与的过程和行为。而俄罗斯的欧亚主义通常带有民族主义色彩，把白俄罗斯人、哈萨克人、乌克兰人、亚美尼亚人都看作是大俄罗斯民族治下的少数民族。比如，建构欧亚主义代表学者索尔仁尼琴（А. И. Солженицын）就认为，哈萨克斯坦、白俄罗斯、乌克兰都是在别人领土上人为建立起来的国家，这些地区历史上就是俄罗斯的一部分。这种带有大俄罗斯民族主义基因的欧亚主义自然不被周边国家所接受，甚至会招致强力反弹。除了以上"糟粕"，本书认为，俄罗斯欧亚主义中强调连接欧亚的地理区位，走有别于西方的"欧亚道路"，主张国家对国民经济的有效协调等技术性、功能性的"精华"应该得以保留。

第二，对欧亚主义需形成统一认识。目前，俄、白、哈对欧亚主义的认识不尽相同。俄罗斯的欧亚主义更多地强调自身横跨欧亚的地理区位特殊性，并在此基础上提出既要发展与欧洲关系，又要兼顾亚洲的"双头鹰"地缘政治经济战略，目的是实现俄罗斯的"欧亚强国梦"。哈萨克斯坦也强调自己地理位置的欧亚性，但与俄罗斯不同的是，哈萨克斯坦的欧亚主义更多的是强调在中俄之间寻求平衡，以经济现代化为目标。白俄罗斯是典型的欧洲国家，身处在俄欧之间。对白俄罗斯而言，俄罗斯是"亚洲"方向，是"东方"。在俄欧之间寻求平衡，连接俄欧是白俄罗斯欧亚主义的核心。从这个意义上讲，俄罗斯是欧亚主义的核心环节。也就是说，欧亚主义要成为欧亚一体化、欧亚经济联盟的基础理论的前提就是，欧亚主义能否成为俄罗斯实现"欧亚强国梦"，哈萨克斯坦走向现代化，白俄罗斯借道俄罗斯向"东方"拓展的共同支撑，成为俄、白、哈三国利益的最大公约数。

第三，欧亚主义要在区域一体化领域有所作为，成为富有生命力的理论体系，那就还需要赋予其新的内涵，即提高对原苏联地区体系再构建的理论解释力。当今国际关系由全球、地区及民族国家三个层面构成，其中地区是衔接全球层面与民族国家的中间层面，全球层面的影响通过地区，传递至民族国家；民族国家通过影响地区，进而对全球层面产生作用。也难怪卡赞斯坦（Peter J. Katzenstein）称，世界是"地区构成的世界"。[①] 地区层面涉及地区次体系（региональная подсистема）、地区综合体（региональный комплекс）及地区秩序（региональный порядок）三个基本概念。[②] 那么，三者之间是何种关系呢？地区次体系是一个平面概念，并把整个地区看作国际关系的主体之一。地区综合体是一个立体概念，指的是一地区次体系内在功能和地理关系上拥有高度相互依存度和稳定性的国家集团，该国家集团或是一地区次体系的内核，或与所在地区次体系的边界相重合。地区秩序就是组织地区综合体和地区次体系内部结构的方式。[③] 从这个意义上讲，区域一体化就是在地区次体系内的国家间以传统联系为基础，加强互动，构建新地区机制的现象。[④] 具体而言，区域一体化是地区综合体通过地区秩序再构建进而影响整个地区次体系自我扬弃的一系列行为。也就是说，欧亚一体化是对原苏联地区体系的重构。

原苏联地区是当代国际关系史上较为年轻的地区之一，地区体系及国家间关系仍在不断构建和调整之中。作为地区，原苏联地区有着其他地区都具备的共性，也有与生俱来的个性。所谓"共性"，无外乎以下几点：国家间关系是地区体系的主干，地区内不存在绝对支配力量，地区内国家拥有发展自主权，地区发展受外部地缘政治经济力量所影响，地区内及跨地区非传统安全问题日益突出。所谓"个性"，主要有：该地区从统一的国家

---

① 〔美〕彼得·卡赞斯坦：《地区构成的世界：美国帝权中的亚洲和欧洲》，北京大学出版社，2007。

② Воскресенский А. Д., *Мировое комплексное регионоведение*, Москва：МАГИСТР，2014，ст. 176 - 200；Рашковский Е., Хорос В., *Восток-Запад-Россия*, Москва：Прогресс-Традиция，2002。

③ Воскресенский А. Д., *Мировое комплексное регионоведение*, Москва：МАГИСТР，2014，ст. 196.

④ Воскресенский А. Д., *Мировое комплексное регионоведение*, Москва：МАГИСТР，2014，ст. 175.

解体而来，地区内国家有着共同的历史、相似的心理状态、紧密的经济与社会联系；国家间关系中夹杂着难以调和的历史包袱，最典型的是复杂的族际关系和领土边界纠纷；新独立国家在对待原苏联主体——俄罗斯的态度中，除了有正常的国家间关系、大小国关系的基本特点外，还存在"中央与地方""中心与边缘""主体民族与少数民族"等历史心理痕迹，在客观和机械的国家间关系中带有主观和感情色彩；俄罗斯在该地区的传统影响力仍在，且依旧很强。这是欧亚一体化理论研究原苏联地区体系构建与演变所离不开的大背景，也是其理论发展的增长点。

（二）关于欧亚经济联盟形成的内因

第一，欧亚经济联盟的运行模式因地制宜，这是体制机制动因。通过与欧亚经济共同体的比较可以看出，欧亚经济联盟与欧亚经济共同体的目标相似，都是先建立关税同盟，实现商品自由流通，最终形成商品、服务、资本与劳动力共同市场，推动本国经济转型与发展。两者都是成员国推动经济发展的工具。也就是说，欧亚经济联盟是其他由俄罗斯主导的区域经济一体化机制的制度升级版，而非目标升级版。在一体化路径选择上，欧亚经济联盟走"渐进式"道路，从商品共同市场逐步向资本、能源、金融等全面共同市场过渡，这无疑是一种成熟的表现。欧亚经济联盟在组织机制、决策机制设置上反映了成员国国内政治生态。欧亚经济联盟形成了最高欧亚经济委员会、欧亚政府间委员会、欧亚经济委员会等"三委"纵向组织机制，同时取消了"欧亚议会"倡议，兼容了欧亚开发银行。成员国总统组成的最高欧亚经济委员会在决策、监督中拥有最高权威，政府总理组成的欧亚政府间委员会负责上传下达，欧亚经济委员会负责执行。欧亚经济联盟的决策机制不以国家大小、人口数量、经济发展水平等其他因素为衡量标准，而以国家为单位，以主权平等为基线，拉平了所有成员国在决策中的地位。这种决策模式在一定程度上有利于其余成员国消除在与俄罗斯推进地区一体化进程中对主权丧失的担心，把与俄罗斯的一体化进程紧紧限定在经济领域，不涉及政治主权让渡，进而提高其余成员国对地区一体化进程的参与度。然而，这种决策机制也限制了俄罗斯主导力的发挥，束缚了俄罗斯推进地区政治与经济全面一体化的战略抱负。应该说，欧亚经济联盟的组织机制和决策机制直接反映了成员国国内超级总统制或威权政治体制的政治体制，也反映了成员国与俄罗斯之间的利益平衡。创立扩员机制是欧亚经济联盟的一大亮点。与欧亚经济共同体成员国可进退自如相比，欧亚经济联盟制定了比较严格的入盟和退盟程序。在法律机制方面，两者"决议"的法律效力相似，"三委"的决议不能对成员国国内法律构成直接强制力，而是发挥着完善国际条约的辅助作用，联盟内各项事务仍旧依靠具有国际法性质的国际条约来规范。此外，欧亚经济联盟法律体系吸纳了世贸组织相关法规，体现了联盟的开放性。

第二，欧亚经济联盟是内部刚性需求推动的结果。内部刚性需求是欧亚经济联盟发展的主要内因。所谓"刚性需求"，主要指的是以下三方面。

（1）苏联遗产仍旧发挥着重要作用。欧亚经济联盟成员国历史上同属一个国家，传统经济、社会、交通、文化联系紧密。这些联系不会因国家的解体而瞬间断裂，比如移民、交通领域。也就是说，在这些领域就算没有欧亚经济联盟，成员国间也会加强合作。就移民领域而言，欧亚经济联盟内人员流动频繁，俄罗斯是中亚和南高加索地区国家劳动移民的主要目的地。劳动移民问题是俄罗斯与原苏联地区国家关系中的核心内容之一。签证制度是最能体现俄罗斯与其余成员国在移民领域合作的晴雨表。在欧亚经济联盟成立之前，俄罗斯就针对其余成员国制定了比较优越的签证政策：与白俄罗斯实行互为免签制度，两国人员已经实现自由流动；哈萨克斯坦公民持国内护照可以免签证在俄停留90天；吉尔吉斯斯坦和亚美尼亚公民持出国护照可以免签证在俄停留90天。在交通领域，苏联解体后，俄罗斯与其他成员国间的铁路交通、油气管道网依然运行正常。在欧亚经济联盟成立前，俄罗斯资本已经垄断了亚美尼亚的天然气运输和铁路网络，及吉尔吉斯斯坦和白俄罗斯的天然气运输管道。可以说，在这些领域成员国间合作已经达到一定深度，欧亚经济联盟的作用在于规范、协调和管理，在现有合作基础上建立共同市场。

（2）只能借助欧亚经济联盟才能实现互利合作的领域。这里最典型的是商品贸易领域。苏联解体后，为了巩固经济主权，新独立国家间人为筑起了较高的贸易壁垒，严重阻碍地区内商品贸易发展。从独联体经济联盟，到欧亚经济共同体，再到俄白哈乌（克兰）四国统一经济空间，原苏联地区内一直没能建立起高质量的商品共同市场。在经济全球化背景下，俄罗斯、哈萨克斯坦对外贸易结构，及白俄罗斯对外贸易流向日益单一化，严重制约国民经济发展，威胁国家经济安全。因此，俄、哈欲借助欧亚经济联盟扩大对地区内贸易，转变以油气为主的贸易结构，实现贸易结构多元化。白俄罗斯的贸易大多与俄罗斯完成，在欧亚经济联盟内，白俄罗斯商品可以扩大对哈、吉、亚贸易，实现贸易流向多元化，扩大在原苏联地区的商品市场。反过来看，俄罗斯对其他成员国而言是门槛较低、规模较大的邻近市场，是其他国家商品出口的主要市场，如亚美尼亚的酒类、吉尔吉斯斯坦的农产品等。

（3）欧亚经济联盟是原苏联地区安全体系的重要组成部分。欧亚经济联盟成员国普遍对传统和非传统安全需求较高。在缺乏共同经济基础的情况下，单凭集安组织难以支撑起原苏联地区的安全体系。在集安组织为核心的"硬安全"机制外，需建立欧亚经济联盟为主干的经济"软安全"，以实现两者相辅相成，互为补充。欧亚经济联盟填补了集安组织的经济缺失，集安组织又能为欧亚经济联盟提供安全保障，构建原苏联地区综合安全体系。

（4）欧亚经济联盟是所有成员国外交战略的主攻方向。欧亚经济联盟由大小国构成。作为大国，俄罗斯把欧亚一体化看作是扩大自身影响力与国家利益的途径。作为小国，其余成员国尽可能利用欧亚一体化所带来的机遇，以"搭便车"形式参与地区再构建。用托克维尔的话说，大国追求光荣和强大，小国追求自由和幸福。欧亚经济联盟是大小国利益的结合体。

第三，欧亚经济联盟离不开俄罗斯的主导力。欧亚一体化进程中，俄罗斯在领土面积、自然禀赋、经济实力等各个方面都一家独大。此外，在长期的沙俄帝国、苏联统治下，原苏联地区其余小国在政治和经济上对俄罗斯有一种天然的依赖。在欧亚经济联盟中，呈现出"一大多小""一强多弱"格局。离开俄罗斯的主导力，欧亚经济联盟将寸步难行。对主导国俄罗斯而言，一体化的目的是"通过一切可以用的手段，扩大国家集团的战略空间"，[①] 是重振大国地位，成为多极世界中一极的有力支撑。俄罗斯的主导力具体体现在以下方面。

---

① Барыгин И. Н., *Регионоведение*, Москва：Аспект，2007，ст. 327.

（1）地缘经济主导力。从本质上讲，欧亚经济联盟由俄罗斯主导的三个次地区一体化构成，即在东欧地区的俄白一体化、在南高加索地区的俄亚一体化，以及在中亚地区的俄哈吉一体化。三个次地区一体化进程在地理上并不直接相连，而是通过俄罗斯实现间接相连，俄罗斯是欧亚一体化进程中的枢纽和纽带。由于所面临的地缘经济环境不尽相同，因此三个次地区一体化的地缘经济结构，及具体国家的利益诉求也各不相同。在俄白一体化中，俄罗斯的利益偏好主要有：促使白俄罗斯降低国有经济成分，降低俄罗斯资本进入白俄罗斯市场，尤其是战略经济部门的门槛；加强对白俄罗斯油气过境管道的控制，确保向欧洲出口油气资源的过境安全；恢复传统工业链，重振工业实力等。白俄罗斯的利益取向主要有：取消贸易壁垒，获得更大市场，推动对外商品贸易流向多元化；与俄恢复工业链，提高工业产品竞争力；确保低价获得俄罗斯的油气资源，保障工业生产等。在俄亚一体化中，俄罗斯处于居高临下位置，俄资本已经垄断了亚美尼亚的铁路、天然气、电力、金融等战略经济部门。亚美尼亚对俄罗斯更多的是依赖，需从俄罗斯获得商品市场、廉价油气资源、基础设施建设支持、就业机会，等等。在俄哈吉一体化中，俄哈之间除了对贸易结构多元化感兴趣外，还存在一定的竞合关系，主要集中在能源和交通运输领域。吉尔吉斯斯坦对俄罗斯的依赖度也是显而易见的，如大量吉劳动移民在俄就业，俄资本控制着吉天然气运输，吉农产品离不开俄罗斯市场等。从这个意义上讲，欧亚经济联盟的作用就在于在不同利益诉求之间构建共同利益区间。这是欧亚经济联盟工作的重点，也是难点。在本书看来，俄罗斯主导的欧亚经济联盟在经济一体化各领域的突破点主要有以下：1）在贸易领域，俄罗斯要与哈萨克斯坦实现对外贸易结构多元化，帮助白俄罗斯对外贸易实现流向多元化；2）在能源领域，俄罗斯要与哈萨克斯坦处理好油气领域的竞合关系，以及恢复俄罗斯南西伯利亚地区和哈萨克斯坦北部地区的石油、矿产开采与加工业；3）在投资领域，俄罗斯要提高自身竞争力，参与哈萨克斯坦投资市场竞争，同时要要求白俄罗斯降低国有资本成分，使俄、哈资本能进入白俄罗斯市场；4）在交通领域，俄罗斯同样要处理好与哈萨克斯坦的竞合关系；5）在工业合作领域，取决于俄罗斯与白俄罗斯能否恢复重工业，尤其是机械制造、化学工业等领域的上下游产业链。

（2）地缘政治主导力。在地缘政治方面，俄罗斯的主导力体现在以下两方面：1）俄罗斯是其余成员国最重要的外交战略伙伴。俄罗斯先后与其余成员国在双边及多边层面建立起了政治及军事盟友关系。2）俄罗斯是其余成员国现政权的支持力量。确切地说，欧亚经济联盟是俄罗斯为地区及其余成员国提供的安全公共产品。

（3）俄罗斯将如何发挥主导力。这是摆在俄罗斯面前的现实问题。如果主导力疲软，那么俄罗斯极可能成为其余成员国经济发展的"奶牛"，这是俄罗斯所不愿意看到的。如果主导力发力过猛，那么欧亚经济联盟将侵害其他成员国国家主权与政治独立，而成为俄罗斯领导下的封闭的政治经济集团，这会受到其他成员国和欧美的联合抵制，甚至联盟会被迫解散。如果主导力发挥失误，那么欧亚经济联盟不但不能带领成员国走向繁荣，反而会误入歧途，导致政策失败，造成经济、社会发展混乱。一个落后、混乱的欧亚中心地带是各方都不能接受的。在本书看来，俄罗斯主导力的关键在于拿捏好各方利益的分寸，应该发挥"智慧主导力"（英文："Smart Leadership"，俄文："Умное лидерство"），整合各方资源，融合各方利益，以柔克刚，有的放矢，做大合作交集圈。

（4）俄哈关系是欧亚经济联盟的关键环节。哈萨克斯坦是欧亚经济联盟向中亚延伸的跳板。与其他成员国高度依赖俄罗斯不同，哈萨克斯坦在能源、交通等方面与俄存在竞合关系。同时哈萨克斯坦外交在大国之间、各区域经济一体化机制之间游刃有余，迂回空间较大。应该说，在乌克兰缺位的情况下，拉住哈萨克斯坦是俄罗斯主导的欧亚经济联盟成败之关键。

（三）关于欧亚经济联盟形成的外因

欧亚经济联盟是成员国应对不利外部条件的重要举措。欧亚经济联盟成员国面临的不利外部条件主要体现在国际和地区两个层面。在国际层面上，成员国面临贸易增长乏力、货币体系脆弱、科技贡献匮乏、投资资金缺乏等问题，在国际经济格局中地位日渐边缘化。原苏联地区是跨国投资、先进技术等经济发展资源的"需求方"，而不是"提供方"。迄今为止，原苏联地区国家转型出现了三个结果：一是摆脱原苏联地区一体化，进入欧洲一体化进程，如波罗的海三国；二是处于不断转型之中，在东西方、俄欧之间徘徊，如乌克兰；三是重新构建地区发展中心，如欧亚经济联盟。对欧亚经济联盟成员国，尤其对俄罗斯来说，成为地区发展中心是唯一选择，不然要么会重蹈乌克兰覆辙，要么会被周边地区一体化机制所吸收，成为"能源附庸"。在地区层面，与沙俄帝国、苏联当时所面临的"强欧洲、弱亚洲"的地缘政治经济环境相比，当前原苏联地区同时面临来自东西两强的压力，西部是高度发达的欧盟，东部是相对发达的日、韩，以及正在快速崛起的中国。而原苏联地区南部是落后、混乱的中亚及南高加索地区，北部是未开垦的北极地区。几百年来，俄罗斯第一次发现"自己不再处在现代化的欧洲和落后的亚洲之间，而是处于两个欧洲之间的奇怪的中间地带"。[①] 今天的欧亚经济联盟面临周边地区一体化机制或倡议的竞争。欧盟的"东部伙伴关系计划"、美国的"新丝绸之路计划"、中国的"丝绸之路经济带"等一体化项目给原苏联地区小国提供了更多的发展选择，但摆在俄罗斯面前的却是地区领导力被弱化，原苏联地区进一步"碎片化"的困境。从这个角度看，当前以欧亚经济联盟为核心的欧亚一体化是基于共同历史、传统经济社会联系为基础，俄罗斯主导的原苏联地区"再一体化"。因此，欧亚一体化是俄罗斯主导的"防守型一体化"[②] "维系式一体化"。[③]

（四）关于欧亚经济联盟的现状

总体来看，目前欧亚经济联盟运行稳定，发展正常。然而，它的现状离目标还存在明显差距，主要原因有以下方面。

（1）俄罗斯本身经济实力不济，难以满足其余成员国对资金、技术等经济发展的需求。由于经济增长乏力、经济模式单一、技术研发落后，俄罗斯难以满足其余成员国的经济利益诉求，难以发挥地区经济发展驱动力作用。更何况，欧亚经济联盟是主权平等的民族国家组成，各个成员国都有权利选择自己的发展道路和对外合作伙伴。因此，从某种意义上讲，欧

---

① 〔美〕兹比格纽·布热津斯基：《大棋局：美国的首要地位及其地缘战略》，中国国际问题研究所译，上海人民出版社，1998，第126页。

② Allison R. , "Virtual Regionalism, Regional Structure and Regime Security in Central Asia", *Central Asia Survey*, No. 2, 2008.

③ Libman A. , Vinokurov E. , *Holding-Together Regionalism: Twenty Years of Post-Soviet Integration*, Basingstoke: Palgrave Macmillan, 2012.

亚经济联盟更像是俄罗斯与成员国挖掘苏联遗产，发挥传统经济联系余热的"延续型一体化"，而非"驱动型一体化"。在欧亚经济联盟内部，俄罗斯对其他成员国提供的安全公共产品要多于经济公共产品。

（2）欧亚经济联盟内小国作用不容忽视。在欧亚经济联盟内，除俄罗斯外，其余均为小国。小国具有脆弱性和灵活性的特点。小国的脆弱性在于"小"。由于人口规模、领土面积、经济体量都相对有局限，小国实力也相对有限，国际影响力低微。"在国家与体系的关系中，小国往往是体系的'服从者'而不是'建构者'，安全的'消费者'而不是'供应者'，经济的'依赖者'而不是'自主者'。"[1] 与生俱来的脆弱性迫使小国采取依赖性的国家政策。[2] 但是，需要指出的是，小国也并非身无长处，受人摆布。灵活性是小国的一大优势。相对于决策过程复杂的大国而言，小国的决策过程相对简单，政策调整成本较低，俗话说"船小好调头"。因此，在同时面对多个政策选项时，小国更容易采取灵活策略，在大国之间寻求利益空间，游刃有余，同时"脚踏几条船"。在欧盟、美国、中国等外部力量纷纷向原苏联地区小国抛出区域合作的"橄榄枝"时，摆在新独立小国面前的区域一体化选项不是"单选题"，而是"多选题"。所以说，欧亚一体化更像是"俄罗斯争夺周边小国的地区一体化"。[3] 除此之外，还值得引起注意的是，欧亚经济联盟一方面是俄罗斯整合周边小国，巩固大国地位，实现"欧亚强国梦"的重要依托，但从另一方面看，也是其余小国限制俄罗斯影响力和利益扩张的工具。通过欧亚经济联盟体制机制安排，其余成员国坚持政治主权决不让渡，把一体化进程牢牢限定在经济领域，迫使俄罗斯做出"去盟主化"让步，进而达到维护本国利益的目的。

（3）外部区域经济一体化机制的干扰与竞争。正如上文所提，近年来，欧亚经济联盟周边区域经济一体化机制或倡议层出不穷，而且都有从欧亚周边地区向中心地区深入的趋势。此外，与俄罗斯相比，周边区域经济一

---

① 韦民：《小国与国际关系》，北京大学出版社，2014，第66页。

② 俄国学者对小国、微小国的特点及其政策取向亦有深入研究。参见：Ильин М. В.，"Возможна ли универсальная типология государств?"，*Политическая наука*，No.4，2008；Окунев И. Ю.，*Геополитика микрогосударств*，Москва：МГИМО，2014。

③ 顾炜：《地区战略与大国崛起时对周边小国的争夺——俄罗斯的经验教训及其对中国的启迪》，《世界经济与政治》2015年第1期。

体化机制或倡议的主导力量拥有资金充足、技术先进、市场庞大、管理经验丰富等优势。这些正是俄罗斯及其周边小国所需要的。在与周边区域经济一体化项目竞争时，除了"历史牌""安全牌""能源牌"外，俄罗斯实在打不出富有竞争力的"技术创新牌""投资项目牌""发展模式牌"。

（五）关于欧亚经济联盟的前景

欧亚经济联盟前景受到多方面因素限制，其影响将是地区性的，而非全球性的。内部因素主要有：沙俄帝国、苏联遗留下来的低效、落后的行政传统；欧亚经济联盟本身体制机制缺陷；俄罗斯主导力与其余成员国利益诉求间的关系难以把握；俄罗斯精英阶层对欧亚经济联盟的前途缺乏统一认识；作为主导国，俄罗斯现有综合国力对欧亚经济联盟独木难支；成员国经济结构趋同，经济互补空间有限等。外部因素主要有：欧亚经济联盟在国际经济格局中的边缘地位在短期内难以改变，欧美阻碍欧亚经济联盟做大做强，欧亚经济联盟还受到来自世贸组织规则的冲击，周边地区一体化机制或倡议对欧亚经济联盟的挑战将成为新常态，国际低油价阻碍成员国经济增长等。除了内外因素，本书还关注到了外部因素中的内部因素，内部因素中的外部因素，即来自原苏联地区的影响因素。原苏联地区内传统安全问题出现固化趋势，成为欧亚经济联盟身边的"定时炸弹"；原苏联地区国家一体化战略取向不同，不利于欧亚经济联盟更进一步扩员；乌克兰危机久拖不决，这不但使欧亚经济联盟失去乌克兰，而且还阻碍了欧亚经济联盟与欧盟进行对接合作。在以上因素综合作用下，欧亚经济联盟在中短期内发展缓慢。就长期而言，它的影响力也是有限的，是地区性的，而非全球性的。但是有一点是肯定的，那就是在刚性需求推动下，欧亚经济联盟半路夭折的可能性不大，并且它虽不涵盖独联体全部，但其影响要高过独联体。

（六）欧亚经济联盟与欧盟的比较

成为类似于欧盟的高水平区域一体化机制是欧亚经济联盟的奋斗目标。在欧亚经济联盟建设过程中，成员国也把欧盟作为重要参考对象。然而，本书认为，两者并不是一回事，欧亚经济联盟也难以成为欧亚中心地带的

"欧盟"。（1）两者经济基础不同。欧盟是由经济发展水平相同或相近的发达国家组成。然而，欧亚经济联盟内部经济发展水平差距较大，在各经济指标中，俄罗斯都一家独大，与其他成员国不在一个当量上。（2）两者形成的历史背景不同。欧盟从欧洲煤钢共同体，经欧洲经济共同体、欧洲共同体发展而来，历时 40 余年，是冷战时期就兴起的区域经济一体化机制。美苏争霸是欧洲一体化兴起的历史大背景。而欧亚经济联盟成立于后冷战时期，其形成的主要背景是多极化、全球化、地区化。（3）两者外部环境不同。欧洲一体化自诞生以来就受到美国的支持。冷战年代，支持西欧地区一体化是美国在欧洲地区制衡苏联的战略举措之一。而欧亚经济联盟由苏联继承者俄罗斯主导，自成立以来就受到来自美国的诟病。（4）两者主导力结构不同。欧盟是以德法为核心、英意为两翼的多中心主导，其决策是各主导力量相互妥协，实现利益均衡的结果。而欧亚经济联盟只由俄罗斯主导，是单中心主导，其决策是大小国间利益博弈的结果。（5）两者体制机制不同。自 20 世纪中叶以来，欧盟的体制机制趋于完善和稳定，而欧亚经济联盟还处在初创阶段，其体制机制仍有缺陷，还需进一步改进。（6）两者目标不同。欧盟已经建成了局部货币联盟（欧元区），正在向更高水平的政治、军事、安全一体化进发，而欧亚经济联盟的目标是形成共同市场，离货币联盟还有很大距离，政治一体化还只是远景规划，尚未提上日程。从这个意义上讲，欧亚经济联盟相当于欧盟的前身，即欧洲共同体阶段。

参考文献

一 政府文件、国际条约

[1] 中华人民共和国与俄罗斯联邦关于全面战略协作伙伴关系新阶段的联合声明（2014年5月）。

[2] 中华人民共和国和俄罗斯联邦关于深化全面战略协作伙伴关系、倡导合作共赢的联合声明（2015年5月）。

[3] 国家发改委、外交部、商务部.推动共建丝绸之路经济带和21世纪海上丝绸之路的愿景与行动（2015年3月）。

[4] 跨太平洋伙伴关系协定（TPP），商务部国际贸易经济合作研究院译。

[5] Военная доктрина Российской Федерации（2000）.

[6] Военная доктрина Российской Федерации（2010）.

[7] Декларация о евразийской экономической интеграции, 18 ноября 2011 года.

[8] Декларация о формировании Единого экономического пространства Республики Беларусь, Республики Казахстан и Российской Федерации, 9 декабря 2010 года.

[9] Договор о Евразийской экономической комиссии.

[10] Договор о Евразийском экономическом союзе.

[11] Договор о Комиссии Таможенного союза（в ред. Протокола от 9 декабря 2010 года）.

[12] Договор о присоединении Кыргызской Республики к Договору о Евразийском экономическом союзе от 29 мая 2014 года.

[13] Договор о присоединении Республики Армения к Договору о

Евразийском экономическом союзе от 29 мая 2014 года.

［14］ Договор о создании Экономического союза, 24 сентября 1993 г.

［15］ Договор о Таможенном союзе и Едином ЭКономическом ПРостранстве, 26 февраля 1999 года.

［16］ Договор об обращении в Суд ЕврАзЭС хозяйствующих объектов по спорам в рамках Таможенного союза и особенностях судопроизводства по ним от 9 декабря 2010 года.

［17］ Договор об учреждении Евразийского экономического сообщества.

［18］ Итоги деятельности СНГ за 10 лет и задачи на перспективу, 30 ноября 2001 года.

［19］ Кишиневская Декларация глав государств ГУУАМ 《Во имя демократии, стабильности и развития》, 22 апреля 2005 года.

［20］ Конституция Кыргызской Республики.

［21］ Конституция Республики Казахстана от 30 августа 1995 года.

［22］ Концепция внешней политики РК на 2014−2020 гг. от 21 января 2014 года.

［23］ Концепция внешней политики Российской Федерации （2000）.

［24］ Концепция внешней политики Российской Федерации （2013）.

［25］ Концепция государственной миграционной политики Российской Федерации на период до 2025 года （2012）.

［26］ Концепция коллективной безопасности государств-участников Договора о коллективной безопасности （1992）.

［27］ Концепция национальной безопасности Республики Беларусь （2010）.

［28］ Концепция формирования Единого Экономического Пространства от 19 сентября 2003 года.

［29］ Меморандум о сотрудничестве между Евразийской экономической комиссией и Евразийским банком развития, 12 ноября 2013 года.

［30］ Национальная стратегия устойчивого социально-экономического развития Республики Беларусь на период до 2020 г. ［R］. Минск: Юнипак, 2004.

[31] Национальная стратегия устойчивого социально-экономического развития Республики Беларусь на период до 2030 г. [J]. Экономический Бюллетень, 2015, (4): 6-98.

[32] Основные направления внутренней и внешней политики Республики Беларусь (2005).

[33] Основные направления промышленного сотрудничества в рамках ЕАЭС.

[34] Основные положения концепции внешней политики Российской Федерации от 23 апреля 1993 года.

[35] Основные положения программы социально-экономического развития Республики Беларусь на 2011-2015 годы (2010).

[36] Послание Федеральному Собранию Российской Федерации, 26 апреля 2007 года.

[37] Постановление Правительства Российской Федерации об определении потребности в привлечении в Российскую Федерацию иностранных работников и утверждении соответствующих квот на 2014 год, 31 октября 2013 года.

[38] Правила процедуры Комиссии таможенного союза от 27 ноября 2009 года.

[39] Приоритетные направления внешней политики Республики Беларусь (2010).

[40] Приоритетные направления развития ЕврАзЭС на 2003 - 2006 и последующие годы, 9 февраля 2004 года.

[41] Программа действий Российской Федерации и Республики Беларусь по реализации положений Договора о создании Союзного государства, 9 декабря 1999 года.

[42] Протокол о внесении изменений в Договор об учреждении Евразийского экономического сообщества от 10 октября 2010 года, Договор об учреждении Евразийского экономического сообщества (с изменениями и дополнениями от 25 января 2006 года и от 6 октября 2007 года).

［43］ Протокол о внесении изменений в Соглашение между Правительством Российской Федерации и Правительством Республики Казахстан о торгово-экономическом сотрудничестве в области поставок нефти и нефтепродуктов в Республику Казахстан от 9 декабря 2010 года, 19 сентября 2012 года.

［44］ Протокол о внесении изменений в Соглашение между Правительством Российской Федерации и Правительством Республики Казахстан о торгово-экономическом сотрудничестве в области поставок нефти и нефтепродуктов в Республику Казахстан от 9 декабря 2010 года, 24 декабря 2013 года.

［45］ Протокол о внесении изменений в Соглашение между Правительством Российской Федерации и Правительством Республики Казахстан о торгово-экономическом сотрудничестве в области поставок нефти и нефтепродуктов в Республику Казахстан от 9 декабря 2010 года, 29 мая 2014 года.

［46］ Решение №20 Межгоссовета ЕврАзЭС（Высшего органа Таможенного союза）на уровне глав правительств от 27 ноября 2009 года《О вопросах деятельности Секретариата Комиссии таможенного союза》.

［47］ Решение №3 Евразийского экономического совета《О проекте решения Высшего Евразийского экономического совета〈О плане мероприятий по реализации Основных направлений развития механизма "единого окна" в системе регулирования внешнеэкономической деятельности〉》, 04 февраля 2015 года.

［48］ Решение №35 Комиссии Таможенного союза Евразийского экономического сообщества《О проектах документов, вносимых на заседание Межгоссовета ЕврАзЭС（высшего органа таможенного союза）на уровне глав государств 9 июня 2009 года》, г. Москва, 22 апреля 2009 года.

［49］ Решение №47 Высшего Евразийского экономического совета《Об основных направлениях развития интеграции и ходе работы над проектом Договора о Евразийском экономическом союзе》, 24 октября 2013 года.

［50］ Решение №49 Высшего Евразийского экономического совета《О присоединении Республики Армения к Таможенному союзу и Единому экономическому пространству Республики Беларусь, Республики Казахстан и Российской Федерации》, 24 октября 2013 г., г. Минск.

［51］ Решение №75 Межгоссовета ЕврАзЭС（Высшего органа Таможенного союза）на уровне глав правительств от 15 марта 2011 года《О формировании и организации деятельности Суда ЕврАзЭС》.

［52］ Решение №82 Совета Евразийской экономической комиссии《Об участии Кыргызской Республики в Таможенном союзе Республики Беларусь, Республики Казахстан и Российской Федерации》, 12 октября 2012 года.

［53］ Решение Высшего Евразийского экономического совета №23《О численном составе Коллегии Евразийской экономической комиссии》, 16 октября 2015 года.

［54］ Решение Высшего Евразийского экономического совета №28《Об основных направлениях экономического развития Евразийского экономического союза》, 16 октября 2015 года.

［55］ Совместное заявление президентов Республики Беларусь, Республики Казахстан и Российской Федерации, г. Алма-Ата, 19 декабря 2009 года.

［56］ Соглашение между Евразийским экономическим сообществом и Содружеством Независимых Государств о выполнении Экономическим Судом Содружества Независимых Государств функций Суда Евразийского экономического сообщества от 3 марта 2004 года.

［57］ Соглашение между Правительством Российской Федерации и Правительством Республики Казахстан о торгово-экономическом сотрудничестве в области поставок нефти и нефтепродуктов в Республику Казахстан, 9 декабря 2010 года.

［58］ Соглашение о порядке формирования и функционирования сил и средств системы коллективной безопасности Организации Договора о коллективной безопасности.

［59］ Соглашение о принципах таможенной политики от 13 марта 1992 года.

［60］ Соглашение о Секретариате Комиссии Таможенного союза от 12 декабря 2008 года.

［61］ Соглашение о формировании Единого экономического пространства, 19 сентября 2003 года.

［62］ Статут Суда Евразийского экономического сообщества от 5 июля 2010 года.

［63］ Стратегический курс России с государствами-участниками Содружества Независимых Государств от 14 сентября 1995 года.

［64］ Стратегия Евразийского банка развития на период 2013-2017 годов, 2 июля 2014 года.

［65］ Стратегия национальной безопасности Российской Федерации от 31 декабря 2015 года.

［66］ Стратегия экономического развития Содружества Независимых Государств на период до 2020 года, 14 ноября 2008 года.

［67］ International Convention on The Simplification and Harmonization of Customs Procedures (《Kyoto Convention》).

二 中文文献

［1］〔俄〕А. П. 齐甘科夫、П. А. 齐甘科夫：《当代俄罗斯国际关系学》，冯玉军、徐向梅译，北京大学出版社，2008。

［2］〔俄〕德米特里·特列宁：《帝国之后：21 世纪俄罗斯的国家发展与转型》，新华出版社，2015。

［3］〔俄〕格·萨塔罗夫：《叶利钦时代》，高增训等译，东方出版社，2002。

［4］〔俄〕列昂尼德·阿巴尔金：《阿巴尔金经济学文集》，李刚军等译，清华大学出版社，2004。

[5]〔俄〕叶夫根尼·普里马科夫：《临危受命》，高增训等译，东方出版社，2002。

[6]〔芬〕阿尔伯·杜雍宁：《俄罗斯帝国的复苏》，倪晓京译；国防大学出版社，2012。

[7]〔美〕彼得·卡赞斯坦：《地区构成的世界：美国帝权中的亚洲和欧洲》，北京大学出版社，2007。

[8]〔美〕戴维·阿布夏尔：《国家安全：今后十年的政治、军事和经济战略》，世界知识出版社，1965。

[9]〔美〕卡尔·多伊奇：《国际关系分析》，世界知识出版社，1992。

[10]〔美〕罗伯特·帕斯特：《世纪之旅：七大国百年风云》，胡利平等译，上海人民出版社，2001。

[11]〔美〕迈克尔·巴尼特、玛莎·芬尼莫尔：《为世界定规则：全球政治中的国际组织》，薄燕译，上海人民出版社，2009。

[12]〔美〕索尔·科恩：《地缘政治学：国际关系的地理学》，严春松译，上海社会科学院出版社，2011。

[13]〔美〕托马斯·迈耶等《货币、银行与经济》，中国金融出版社，1990。

[14]〔美〕詹姆斯·多尔蒂、小罗伯特·普法尔茨格拉夫：《争论中的国际关系理论（第五版）》，阎学通、陈寒溪译，世界知识出版社，2013。

[15]〔美〕兹比格纽·布热津斯基：《大棋局：美国的首要地位及其地缘战略》，中国国际问题研究所译，上海人民出版社，1998。

[16]〔英〕安特耶·维纳、〔德〕托马斯·迪兹：《欧洲一体化理论》，朱立群等译，世界知识出版社，2008。

[17]〔英〕大卫·科兹、弗雷德·威尔：《从戈尔巴乔夫到普京的俄罗斯道路：苏联体制的终结和新俄罗斯》，曹荣湘等译，中国人民大学出版社，2015。

[18]〔英〕赫得利·布尔：《无政府社会：世界政治中的秩序研究》，上海世纪出版集团，2015。

[19]〔英〕苏珊·斯特兰奇：《国家与市场》，上海人民出版社，2006。

[20]白春礼：《世界主要国立科研机构概况》，科学出版社，2013。

[21]陈玉刚：《国家与超国家——欧洲一体化理论比较研究》，上海人民出

版社，2001。

［22］崔立如：《世界大变局》，时事出版社，2010。

［23］郭小丽：《俄罗斯的弥赛亚意识》，人民出版社，2009。

［24］何俊志、任军峰：《新制度主义政治学译文精选》，朱德米译，天津人民出版社，2007。

［25］黄硕风：《大国较量：世界主要国家综合国力国际比较》，世界知识出版社，2006。

［26］黄硕风：《综合国力论》，中国社会科学出版社，1992。

［27］黄硕风：《综合国力新论：兼论新中国综合国力》，中国社会科学出版社，1999。

［28］季志业、冯玉军：《俄罗斯发展前景与中俄关系走向》，时事出版社，2016。

［29］金挥、陆南泉、张康琴：《苏联经济概论》，中国财政经济出版社，1985。

［30］李凤林：《欧亚发展研究（2013）》，中国发展出版社，2013。

［31］李建民：《独联体国家投资环境研究》，社会科学文献出版社，2013。

［32］李新：《俄罗斯经济再转型：创新驱动现代化》，复旦大学出版社，2014。

［33］李兴、刘军：《俄美博弈的国内政治分析》，时事出版社，2011。

［34］李兴：《冷战时期苏联与东欧关系研究——从全面结盟到分道扬镳》，武汉大学出版社，2000。

［35］李兴：《亚欧中心地带：俄美欧博弈与中国战略研究》，北京师范大学出版社，2013。

［36］李兴：《转型时代俄罗斯与美欧关系研究》，北京师范大学出版社，2007。

［37］李兴：《"一带一路"与欧亚联盟对接合作研究》，红旗出版社，2018。

［38］李中海：《俄罗斯经济外交：理论与实践》，社会科学文献出版社，2011。

［39］联合国教科文组织：《联合国教科文组织科学报告2010——全球科学

发展现状》，中国科学技术出版社，2012。

[40] 林军：《俄罗斯外交史稿》，世界知识出版社，2002。

[41] 刘华芹：《丝绸之路经济带：欧亚大陆新棋局》，中国商务出版社，2015。

[42] 柳丰华：《俄罗斯与中亚：独联体次地区一体化研究》，经济管理出版社，2010。

[43] 陆南泉、姜长斌、徐葵：《苏联兴亡史论》，人民出版社，2002。

[44] 陆南泉、张础、陈义初：《苏联国民经济发展七十年》，机械工业出版社，1988。

[45] 陆南泉：《苏联经济简明教程》，中国财政经济出版社，1991。

[46] 陆南泉：《苏联经济体制改革史论（从列宁到普京）》，人民出版社，2007。

[47] 《毛泽东选集（第一卷）》，人民出版社，1991。

[48] 倪世雄：《当代西方国际关系理论》，复旦大学出版社，2001。

[49] 欧共体官方出版局：《欧洲联盟法典》，苏明忠译，国际文化出版公司，2005。

[50] 《欧洲联盟法典（第二卷）》，国际文化出版公司，2005。

[51] 《欧洲联盟法典（第一卷）》，国际文化出版公司，2005。

[52] 潘广云：《独联体框架内次区域经济一体化问题研究》，北京师范大学出版社，2011。

[53] 潘教峰：《国际科技竞争力研究——聚焦金砖四国》，科学出版社，2012。

[54] 庞大鹏：《观念与制度：苏联解体后的俄罗斯国家治理》，中国社会科学出版社，2010。

[55] 《普京文集（2012–2014）》，世界知识出版社、华东师范大学出版社，2012。

[56] 《普京文集》，中国社会科学出版社，2002。

[57] 秦亚青：《大国关系与中国外交》，世界知识出版社，2011。

[58] 秦亚青：《关系与过程：中国国际关系理论的文化建构》，上海人民出版社，2012。

[59] 孙力、吴宏伟:《中亚国家发展报告（2013）》，社会科学文献出版社，2013。

[60] 童蒙正:《关税论》，商务印书馆，1934。

[61] 王丽萍:《联邦制与世界秩序》，北京大学出版社，2000。

[62] 王诵芬:《世界主要国家综合国力比较研究》，海南出版社，1996。

[63] 王正毅:《国际政治经济学通论》，北京大学出版社，2010。

[64] 韦民:《小国与国际关系》，北京大学出版社，2014。

[65] 肖欢容:《地区主义：理论的历史演进》，北京广播学院出版社，2003。

[66] 阎学通、孙学峰:《国际关系研究实用方法（第二版）》，人民出版社，2007。

[67] 张建华:《俄国知识分子思想史导论》，商务印书馆，2008。

[68] 张洁:《中国周边安全形势评估："一带一路"与周边战略（2015）》，社会科学文献出版社，2015。

[69] 张宇燕、李增刚:《国际经济政治学》，上海人民出版社，2008。

[70] 赵德水:《马克思主义知识辞典》，江苏教育出版社，1991。

[71] 郑羽:《21世纪的中俄美三角关系：单级还是多级世界的博弈》，经济管理出版社，2012。

[72] 郑羽、柳丰华:《普京八年：俄罗斯复兴之路（2000－2008）外交卷》，经济管理出版社，2008。

[73] 郑羽:《独联体十年：现状、问题、前景（上卷）》，世界知识出版社，2002。

[74] 中国现代国际关系研究院:《国际战略与安全形势评估（2013/2014）》，时事出版社，2014。

[75] 周丕启:《大战略分析》，上海人民出版社，2009。

[76] 〔俄〕杰日娜·И.:《俄罗斯的科研人才结构变化与国家政策》，《国外社会科学》2007年第3期。

[77] 〔日〕久保庭真彰:《俄罗斯经济的转折点与"俄罗斯病"》，《俄罗斯研究》2012年第1期。

[78] 陈宇、贾春阳:《美国"新丝绸之路计划"现在怎样了》，《世界知识》2015年第6期。

[79] 程伟:《冷静聚焦普京新政下的俄罗斯经济预势》,《国际经济评论》2014 年第 6 期。

[80] 程云洁:《俄、白、哈关税同盟对新疆外贸的影响分析》,《俄罗斯东欧中亚市场》2012 年第 1 期。

[81] 崔宏伟:《美欧 TTIP 谈判与中欧关系》,《外交评论》2015 年第 2 期。

[82] 房乐宪:《历史制度主义及其对欧洲一体化的解释》,《教学与研究》2010 年第 6 期。

[83] 冯玉军:《乌克兰危机：多维视野下的深层透视》,《国际问题研究》2014 年第 3 期。

[84] 富景筠:《俄、白、哈关税同盟的历史演进、动因及前景——基于区域内贸易特点的视角》,《俄罗斯东欧中亚研究》2014 年第 2 期。

[85] 葛梦芳:《欧亚经济联盟启动后俄罗斯服务贸易前景预测》,《欧亚经济》2015 年第 5 期。

[86] 顾炜:《地区战略与大国崛起时对周边小国的争夺——俄罗斯的经验教训及其对中国的启迪》,《世界经济与政治》2015 年第 1 期。

[87] 顾炜:《欧亚经济联盟的新动向及前景》,《国际问题研究》2015 年第 6 期。

[88] 郭连成、潘广云:《俄罗斯对独联体的对外直接投资——基于经济与政治层面的分析》,《俄罗斯中亚东欧研究》2007 年第 3 期。

[89] 郭晓琼:《竞争与合作：对欧亚联盟与上海合作组织关系的思考》,《俄罗斯东欧中亚研究》2013 年第 3 期。

[90] 何俊志:《结构、历史与行为——历史制度主义的分析范式》,《国外社会科学》2002 年第 5 期。

[91] 胡鞍钢、马伟、鄢一龙:《"丝绸之路经济带"：战略内涵、定位和实现路径》,《新疆师范大学学报》2014 年第 4 期。

[92] 李建民:《丝绸之路经济带、欧亚经济联盟与中俄合作》,《俄罗斯学刊》2014 年第 5 期。

[93] 李建民等《欧亚经济联盟：理想与现实》,《欧亚经济》2015 年第 3 期。

[94] 李明明:《后功能主义理论与欧洲一体化》,《欧洲研究》2009 年第

4 期。

[95] 李新：《普京欧亚联盟设想：背景、目标及其可能性》，《现代国际关系》2011 年第 11 期。

[96] 李兴：《"丝绸之路经济带"与欧亚经济联盟：比较分析与关系前景》，《中国高校社会科学》2015 年第 6 期。

[97] 李兴：《北约欧盟双东扩：俄罗斯不同对策及其原因分析》，《俄罗斯东欧中亚研究》2005 年第 2 期。

[98] 李兴：《普京欧亚联盟评析》，《俄罗斯研究》2012 年第 6 期。

[99] 李兴耕：《俄罗斯的新欧亚主义思潮与欧亚党》，《俄罗斯研究》2003 年第 2 期。

[100] 李永全：《和而不同：丝绸之路经济带与欧亚经济联盟》，《俄罗斯东欧中亚研究》2015 年第 4 期。

[101] 刘中伟、沈家文：《跨太平洋伙伴关系协定（TPP）：研究前沿与构架》，《当代亚太》2012 年第 1 期。

[102] 陆南泉：《丝绸之路经济带与欧亚经济联盟关系问题》，《西伯利亚研究》2015 年第 5 期。

[103] 米军等《国际石油价格波动与俄罗斯经济增长》，《欧亚经济》2015 年第 5 期。

[104] 牛义臣：《欧亚一体化进程中的俄罗斯与中国：合作还是竞争？——评李兴教授俄文同名新著》，《俄罗斯学刊》2015 年第 6 期。

[105] 欧阳向英：《欧亚联盟——后苏联空间俄罗斯发展前景》，《俄罗斯东欧中亚研究》2012 年第 4 期。

[106] 庞昌伟：《美元贬值是油价飙升主因》，《国际融资》2008 年第 6 期。

[107] 庞大鹏：《俄罗斯的欧亚战略——兼论对中俄关系的影响》，《教学与研究》2014 年第 6 期。

[108] 秦放鸣、冀晓刚：《丝绸之路经济带建设与欧亚经济联盟对接合作研究》，《俄罗斯东欧中亚研究》2015 年第 4 期。

[109] 任华：《俄、白、哈关税同盟对我国对外经贸带来的机遇和挑战》，《经济问题探索》2012 年第 8 期。

[110] 盛斌：《美国视角下的亚太区域一体化新战略与中国的对策选择——

透视"泛太平洋战略经济伙伴关系协议"》，《南开学报（哲学社会科学版）》2010年第4期。

[111] 宋黎磊：《欧盟"东部伙伴关系"计划：意图、推进与问题》，《国际问题研究》2015年第2期。

[112] 宋新宁：《欧洲一体化理论：在实践中丰富与发展》，《中国人民大学学报》2014年第6期。

[113] 唐朱昌：《中国与未来欧亚联盟国家的经济合作定位》，《社会科学》2014年第5期。

[114] 田野：《国际制度研究：从旧制度主义到新制度主义》，《教学与研究》2005年第3期。

[115] 王晨星、李兴：《欧亚经济共同体与欧亚经济联盟比较分析》，《俄罗斯东欧中亚研究》2016年第4期。

[116] 王晨星：《矛盾与彷徨：欧盟对欧亚经济联盟的认知与对策分析》。《俄罗斯学刊》2017年第2期。

[117] 王晨星：《美国对欧亚经济联盟的认知与对策分析——兼对俄美关系的若干思考》，《北京教育学院学报》2018年第1期。

[118] 王海滨：《欧亚经济联盟及其世界影响》，《现代国际关系》2015年第8期。

[119] 王海运等《"丝绸之路经济带"构想的背景、潜在挑战和未来走势》，《欧亚经济》2014年第4期。

[120] 王郦久：《俄"欧亚联盟"战略及其对中俄关系的影响》，《现代国际关系》2012年第4期。

[121] 王树春、万青松：《试论欧亚联盟的未来前景》，《俄罗斯研究》2012年第2期。

[122] 王维然、王京梁：《试析欧亚经济联盟的发展前景》，《现代国际关系》2015年第8期。

[123] 文丰：《"欧亚联盟"计划在中亚的前景》，《新疆社会科学》2015年第6期。

[124] 吴大辉、祝辉：《丝路经济带与欧亚经济联盟的对接：以能源共同体的构建为基石》，《世界知识》2015年第6期。

［125］ 吴宏伟、张昊：《部落传统与哈萨克斯坦当代社会》，《俄罗斯东欧中亚研究》2014 年第 6 期。

［126］ 徐建：《关税同盟与德国的民族统一》，《世界历史》1998 年第 2 期。

［127］ 许云霞、李钦：《中国对俄白哈关税同盟直接投资的影响因素分析》，《对外经贸实务》2013 年第 8 期。

［128］ 杨恕、王术森：《俄白哈关税同盟的发展及其影响》，《国际问题研究》2014 年第 4 期。

［129］ 张建华、唐艳：《近 10 年来我国学术界关于欧亚主义问题研究综述》，《俄罗斯东欧中亚研究》2005 年第 6 期。

［130］ 张宁、张琳：《丝绸之路经济带与欧亚经济联盟对接分析》，《新疆师范大学学报》2016 年第 2 期。

［131］ 张学昆：《论欧盟邻国政策的形成》，《国际政治研究》2009 年第 3 期。

［132］ 赵华胜：《美国新丝绸之路战略探析》，《新疆师范大学学报》2012 年第 6 期。

［133］ 赵金龙：《美国 TPP 战略的动机及其对东北亚经济一体化的影响研究》，《东北亚论坛》2012 年第 6 期。

［134］ 赵青松：《吉尔吉斯斯坦加入俄白哈关税同盟的利弊及其影响》，《国际经济合作》2014 年第 10 期。

［135］ 中国现代国际关系研究所课题组：《世界主要国家综合国力评估》，《国际资料信息》2000 年第 7 期。

［136］ 朱立群：《欧洲一体化理论：研究问题、路径与特点》，《国际政治研究》2008 年第 4 期。

［137］ 朱显平、邹向阳：《中国——中亚新丝绸之路经济发展带构想》，《东北亚论坛》2006 年第 5 期。

［138］ 左凤荣：《欧亚联盟：普京地缘政治谋划的核心》，《当代世界》2015 年第 4 期。

三　俄文文献

［1］ Акаева Б. А. , Коротаев А. В. , Исаев Л. М. , Шишкина А. Р. ,

Системный мониторинг глобальных и региональных рисков: *Центральная Азия*: *новые вызовы*, Москва: ЛЕНАНД, 2013.

［2］ Александров Ю. Г. , *Казахстан перед барьером модернизации*, Москва: ИВ РАН, 2013.

［3］ Алексеев М. , Ведер Ш. , *Экономика России*: *Оксфордский сборник* (2 тома), Москва: Институт Гайдара, 2015.

［4］ Алимжанова К. , *Обзор социально-экономических индикаторов Республики Казахстан* 2014 г. , Алматы: Институт мировой экономики и политики при Фонде Первого Президента Республики Казахстан-Лидера Нации, 2014.

［5］ Бабурин В. Л. , Ратановая М. П. , *Экономическая и социальная география России*: *География отраслей народного хозяйства России*, Москва: Книжный дом «ЛИБРОКОМ», 2013.

［6］ Байков А. А. , *Сравнительная интеграция*, Москва: Аспект Пресс, 2012.

［7］ Барыгин И. Н. , *Регионоведение*, Москва: Аспект, 2007.

［8］ Бердяев Н. А. , *Истоки и смысл русского коммунизма*, Москва: Наука, 1990.

［9］ Бобков В. А. , *Беларусь в интеграционных проектах*, Минск: Беларуская навука, 2011.

［10］ Богатуров А. Д. , *Международные отношения в Центральной Азии*: *События и документы*, Москва: Аспект Пресс, 2011.

［11］ Богатырев В. , *Место и роль политических партий в киргизском обществе*: *Политическая партия в Киргизстане*, Бишкек: Институт общественной политики, 2006.

［12］ Быков А. Н. , *Постсоветское пространство*: *стратегии интеграции и новые вызовы глобализации*, Москва: Алетейя, 2009.

［13］ Васильев Л. С. , *История Востока*, Москва: Высшая школа, 1998.

［14］ Винокуров Е. Ю. , Либман А. М. , *Евразийская континентальная интеграция*, Санкт-Петербург: Евразийский банк развития, 2012.

［15］ Воскресенский А. Д. , *Мировое комплексное регионоведение*, Москва: МАГИСТР, 2014.

［16］ Глазьев С. Ю. , Чушкин В. И. , Ткачук С. П. , *Европейский союз и Евразийское экономическое сообщество: сходство и различие процессов интеграционного строительства*, Москва: Викор Медиа, 2013.

［17］ Глинкина С. П. , *Евразийский интеграционный проект: эффекты и проблемы реализации*, Москва: Институт экономики РАН, 2013.

［18］ Годин Ю. Ф. , *Белоруссия-Это «Брестская крепость» современной России*, Москва: ИТРК, 2008.

［19］ Дайнеко А. Е. , *Геоэкономические приоритеты Республики Беларусь*, Минск: Беларуская навука, 2011

［20］ Дугин А. Г. , *Геополитика*, Москва: Академический проект, 2015.

［21］ *Единое экономическое пространство Беларуси, Казахстана, России и Украины: значение, возможности, перспективы*, Москва: Первый интеграционный форум, 2005.

［22］ *Ежегодник ИМИ МГИМО (У) МИД России (2012)*, Москва: МГИМО, 2012.

［23］ Захаров В. М. , *Военное строительство в государствах постсоветского пространства*, Москва: РИСИ, 2011.

［24］ Иванов И. С. , *Внешняя политика России (том 2)*, Москва: Аспект Пресс, 2012.

［25］ Институт стран СНГ, *Будущее Союзного государства и потенциальные модели его развития*, Москва: Институт стран СНГ, 2013.

［26］ Киринициянов Ю. И. , *Евразийское партнёрство: идеи, мнения, предложения*, Алматы: КИСИ при Президенте РК, 2014

［27］ Князев С. Н. , Решетников С. В. , *Основы идеологии белорусского государства*, Минск: Академия управления при Президенте Республики Беларусь, 2004.

［28］ Кулик С. А. , Спартак А. Н. , Юргенс И. Ю. , *Экономические интересы и задачи России в СНГ*, Москва: Библиотека Института современного развития, 2010.

[29] Куренный В. , *Мыслящая Россия : картография современных интеллектуальных направлений* , Москва : Некоммерческий фонд 《Наследие Евразии》, 2006.

[30] Ли Син, Братерский М. В. , Савкин Д. А. , Ван Чэньсин, *Россия и Китай в евразийской интеграции : сотрудничество или соперничество?* Москва, Санкт-Петербург : Нестор-История, 2015.

[31] Либман А. М. , Хейфец Б. А. , *Модели регионнальной интеграции* , Москва : Экономика, 2011.

[32] Лукьянова В. Ю. , *Правовые проблемы формирования межгосударственных объединений (на примере Зоны свободной торговли и Таможенного союза ЕврАзЭС)* , Москва : Институт эконодательства и сравнительного правоведения при Правительстве Российской Федерации ; Анкил, 2012.

[33] Медеуова Д. Т. , *Стратегическое внешнеполитическое партнёрство Казахстана и России* , Москва : ИНИОН РАН, 2011.

[34] Назарбаев Н. А. , *Избранные речи. Том II. (1991 – 1995 гг.)* , Астана : Сарыарка, 2009.

[35] Некрасов Н. Н. , *Особенности и проблемы размещения производительных сил СССР в период развитого социализма* , Москва : Наука, 1980.

[36] Новикова Л. , Сиземская И. , *Россия между Европой и Азией : Евразийский соблазн* , Москва : Наука, 1993.

[37] Новикова Л. И. , Сиземская И. Н. , *Мир России-Евразии* , Москва : Высшая Школа, 1995.

[38] Носов М. Г. , *ЕврАзЭС и интеграционный опыт ЕС* , Москва : Институт Европы РАН, 2009.

[39] Окунев И. Ю. , *Геополитика микрогосударств* , Москва : МГИМО, 2014.

[40] Панюшкин В. , Зыгарь М. , Резник И. , *Газпром : Новое русское оружие* , Москва : Захаров, 2008.

[41] Подберёзкин А. И. , Боришполец К. П. , Подберёзкина О. А. ,

Евразия и Россия, Москва: МГИМО, 2013.

[42] Пролесковский О. В., Криштапович Л. Е., *Белорусский путь*, Минск: Академия управления при Президенте Республики Беларусь, 2009.

[43] Рашковский Е., Хорос В., *Восток-Запад-Россия*, Москва: Прогресс-Традиция, 2002.

[44] Рязанцев С. В., *Миграционные мосты в Евразии*, Москва: Экон-информ, 2012.

[45] Рязанцев С. В., *Трудовая миграция в странах СНГ и Балтии: тенденции, последствия, регулирование*, Москва: Формула права, 2007.

[46] Стрежнева М. В., *ЕС и СНГ: сравнительный анализ институтов*, Москва: МОНФ, 1999.

[47] Султанов Б. К., *Интеграционные процессы в евразийском пространстве и современный мир*, Алматы: КИСИ, 2013.

[48] Султанов Б. К., *Современное экономическое развитие Казахстана: отраслевые, региональные, внешнеэкономические приоритеты*, Алматы: КИСИ при Президенте РК, 2011

[49] Сыроежкин К. Л., *Центральная Азия сегодня: вызовы и угрозы*, Алматы: КИСИ при Президенте РК, 2011.

[50] Тренин Д., *Post-Imperium: Евразийская история*, Москва: РОССПЭН, 2012.

[51] Успенский Б. А., *Борис и Глеб: Восприятие истории в Древней Руси*, Москва: Языки русской культуры, 2000.

[52] Фокин Ю. Е., *Дипломатический вестник – 2001*, Москва: Научная книга, 2002.

[53] Фокин Ю. Е., *Дипломатический вестник – 2002*, Москва: Научная книга, 2003.

[54] Фокин Ю. Е., *Дипломатический ежегодник – 2000*, Москва: Научная книга, 2001.

［55］ Хейфец Б. А., Либман А. М., *Корпоративная интеграция. Альтернатива для постсоветского пространства*, Москва: ЛКИ, 2008.

［56］ Цыганков А. П., *Международные отношения: традиции русской политической мысли*, Москва: АЛЬФА-М, 2013.

［57］ Чуфрин Г., *Очерки евразийской интеграции*, Москва: Весь Мир, 2013.

［58］ Шишков В. Ю., *Интеграционные процессы на пороге XXI века: Почему не интегрируются страны СНГ*, Москва: III тысячелетие, 2001.

［59］ Шмелев Н. П., *В поисках здравого смысла: двадцать лет российских экономических реформ*, Москва: Весь Мир, 2006.

［60］ Якунин В. И., Зеленев Е. И., Зеленева И. В., *Российская школа геополитики*, Санкт-Петербург: СПбГУ, 2008.

［61］ Алиев Т. М., "Структурные сдвиги в экономике Казахстана（1991－2011 гг.）", *Мировая экономика и международные отношения*, No. 8, 2013.

［62］ *Армения и Таможенный союз: оценка экономического эффекта интеграции*, Санкт-Петербург: Евразийский банк развития, No. 20, 2013.

［63］ Башмаков А., "Казахстан и Россия-пассионарное ядро евразийской интеграции", *Россия и новые государства Евразии*, No. 4, 2013.

［64］ "Белоруссия может стать ядерным форпостом России", *Независимая газета*, 25 сентября 2015 года.

［65］ Большаков А. Г., "Непризнанные государства постсоветского пространства в системе российских национальных интересов", *Политическая экспертиза: ПОЛИТЭКС*, No. 1, 2008.

［66］ Бордачёв Т., Островская Е. Скриба А., "Выбор и вызов евразийской интеграции", *Россия в глобальной политике*, No. 5, 2013.

［67］Бордюжа Н. Н. , "ОДКБ-эффективный инструмент противодействия современным вызовам и угрозам", *Международная жизнь*, No. 1 - 2, 2007.

［68］Боришполец К. , Чернявский С. , "Российско-белорусские отношения: угрозы реальные и мнимые", *Мировая экономика и международные отношения*, No. 11, 2012.

［69］Братерский М. В. , "Политика США в отношении постсоветской интеграции", *США и Канада: экономика, политика, культура*, No. 6, 2013.

［70］Буянов В. , "Проблемы создания Союзного государства: геополитический аспект", *Безопасность Евразии*, No. 4, 2008.

［71］Быков А. Н. , "Евразийская интеграция, её перспектива и возможности", *Российский экономический журнал*, No. 1, 2014.

［72］Быков А. Н. , "Россия и евразийская интеграция в условиях глобализации", *Проблемы прогнозирования*, No. 4, 2004.

［73］"В Белоруссии появилась авиабаза РФ", *Независимая газета*, 30 декабря 2013 года.

［74］Винокуров Е. Ю. , "Евразоскептицизм", *Россия в глобальной политике*, No. 1, 2014.

［75］Винокуров Е. Ю. "Прагматическое евразийство", *Евразийская экономическая интеграция*, No. 4, 2013.

［76］Винокуров Е. Ю. , Либман А. М. , "Две евразийские интеграции", *Вопросы экономики*, No. 2, 2013.

［77］Власова Н. И. , "Развитие интеграционных процессов в сфере миграции на пространстве СНГ", *Российский внешнеэкономический вестник*, No. 10, 2011.

［78］Глазьев С. Ю. , "Стратегия - 2020: антимодернизационный документ", *Российский экономический журнал*, No. 2, 2012.

［79］Глазьев С. Ю. , Ткачук С. П. , "Перспективы развития евразийской экономической интеграции: от ТС-ЕЭП к ЕЭС（концептуальный аспект）", *Российский экономический журнал*, No. 1, 2013.

[80] Государственный комитет СССР по статистике, *Национальный состав населения СССР*, Москва: Финансы и статистика, 1991.

[81] "Государство увеличивает долю", *Взгляд*, 2 июля 2009 года.

[82] Громан В. О., "О некторых закономерностях, эмпирических обнаруживаемых в нашем народном хозяйстве", *Плановое хозяйство*, No. 2, 1925.

[83] Гурвич Е. Т., "Нефтегазовая рента в Российской экономике", *Вопросы экономики*, No. 11, 2010.

[84] *Демографический ежегодник Казахстана – 2012（Статистический сборник）*, Алматы: Агентство Республики Казахстан по статистике, 2012.

[85] *Единая торговая политика и решение модернизационных задач ЕЭП*, Санкт-Петербург: Евразийский банк развития, No. 8, 2012.

[86] Ивахнюк И. В., "Формирование миграционной системы в постсоветской Евразии", *Уровень жизни населения регионов России*, No. 10, 2007.

[87] Ильин М. В., "Возможна ли универсальная типология государств?", *Политическая наука*, No. 4, 2008.

[88] Иноземцев В. Л., "Национальные интересы России на постсоветском пространстве: в чем они состоят и какими должны быть?", *Россия и современный мир*, No. 3, 2012.

[89] Ионова Е. П., "Политическая ситуация в Киргизии", *Россия и новые государства Евразии*, No. 2, 2014.

[90] Ионова Е. П., "Транзитный потенциал Казахстана", *Россия и новые государства Евразии*, No. 1, 2014.

[91] Искандаров А., "Безопасность и интеграция в Центральной Азии: роль ОДКБ и ШОС", *Центральная Азия и Кавказ*, No. 2, 2013.

[92] "История сделала белорусов мирными и терпеливыми", *Союзное государство*, No. 3, 2011.

［93］ Казанцев А. А. , Меркушев В. Н. , "Россия и постсоветское пространство: перспективы и использования 'мягкой силы' ", *ПОЛИС*, No. 2, 2008.

［94］ "Козловский В. Поназарабатывали тут! Таджикские мигранты перевели в свою страну денег почти на половину ВВП", *Российская газета*, 23 ноября 2012 года.

［95］ Крылов А. , Накопия Б. , "Россия-Армения: сохранить взаимное доверие", *Россия и новые государства Евразии*, No. 1, 2015.

［96］ Крылов А. , Скаков А. , "Перспективы открытия железнодорожного сообщения через Абхазию", *Россия и новые государства Евразии*, No. 3, 2015.

［97］ Кудрин А. Л. , "Влияние доходов от экспорта нефтегазовых ресурсов на денежно-кредитную политику России", *Вопросы экономики*, No. 3, 2013.

［98］ Лаумулин М. , Толипов Ф. , "Узбекистан и Казахстан: борьба за лидерство?", *Индекс безопасности*, No. 1, 2010.

［99］ Ли Син, Ван Чэньсин, "Китайская политология о смысле и перспективах Евразийского союза", *Международные процессы*, No. 3, 2014.

［100］ Лукашенко А. Г. , "О судьбах нашей интеграции", *Известия*, 17 октября 2011 года.

［101］ Мансуров Т. , "ЕврАзЭС: от интеграционного сотрудничества к Евразийскому экономическому союзу", *Международная жизнь*, No. 10, 2014.

［102］ "Мир для Карабаха", *Российская газета*, 11 августа 2014 года.

［103］ Митрофанова А. , "Российско-белорусская интеграция: современное состояние, проблемы и перспективы", *Научно-аналитический журнал Обозреватель-Observer*, No. 5, 2008.

［104］ Михайлов Г. , "Киргизия становится зоной действий 'Исламского государства': Радикалы активно вербуют население и наказывают противников", *Независимая газета*, 02 декабря 2015 года.

［105］ Михайлов Г. , " Киргизская оппозиция готовится к митингам: выборы в парламент республики могут состояться досрочно ", *Независимая газета*, 19 февраля 2015 года.

［106］ *Мобильность пенсий в рамках Евразийского экономического союза и СНГ*, Санкт-Петербург: Евразийский банк развития, No. 24, 2014.

［107］ *Мониторинг взаимных инвестиций в странах СНГ*, Санкт-Петербург: Евразийский банк развития, No. 32, 2015.

［108］ Назарбаев Н. А. , "Евразийский союз: от идеи к истории будущего", *Известия*, 25 октября 2011 года.

［109］ Нарышкин С. , "Евразийская интеграция: парламентский вектор", *Известия*, 4 октября 2012 года.

［110］ Нарышкин С. , "Парламентский вектор евразийской интеграции", *Евразийская интеграция: экономика, право, политика*, No. 11, 2012.

［111］ " Национальная безопасность России глазами экспертов (Аналитический доклад Института социологии РАН) ", *ПОЛИС*, No. 3, 2011.

［112］ "Небо на двоих: Россия создаст в Белоруссии авиабазу", *Российская газета*, 21 сентября 2015 года.

［113］ Никитин А. И. , "Реформирование и развитие ОДКБ", *Вестник МГИМО-Университета*, No. 6, 2011.

［114］ Нил Макфарлейн, " Понять Россию: самосознание и внешняя политика", *Время новостей*, 19 июня 2008 года.

［115］ *Оценка экономических эффектов отмены нетарифных барьеров в ЕАЭС*, Санкт-Петербург: Евразийский банк развития, No. 29, 2015.

［116］ Панфилова В. , "Киргизию тянут в Таможенный союз", *Независимая газета*, 14 июня 2012 года.

［117］ Петров А., "Фонд в помощь", *Российская газета*, 06 мая 2015 года.

［118］ Позняк З. С., "О русском империализме и его опасности", *Народная газета*, 15–17 января 1994 года.

［119］ *Последствия вступления Кыргызстана в Таможенный союз и ЕЭП для рынка труда и человеческого капитала страны*, Санкт-Петербург: Евразийский банк развития, No. 13, 2013.

［120］ *Приграничное сотрудничество регионов России, Беларуси и Украины*, Санкт-Петербург: Евразийский банк развития, No. 17, 2013.

［121］ "Прирост ВВП стран ЕАЭС к 2030 году может составить 13%", *Казахстанская правда*, 30 октября 2015 года.

［122］ "Проблемы безопасности Евразии и перспективы развития ОДКБ", *Россия и новые государства Евразии*, No. 3, 2012.

［123］ "Промышленная кооперация: в поисках взаимовыгодных решений", *Вестник Совета Федерации*, No. 8, 2015.

［124］ Путин В. В., "Новый интеграционный проект для Евразии-будущее, которое рождается сегодня", *Известия*, 4 октября 2011 года.

［125］ Путин В. В., "О наших экономических задачах", *Ведомости*, 30 января 2012 года.

［126］ Самуйлов С. М., "Этапы политики США в отношении СНГ", *США и Канада: экономика, политика, культура*, No. 3, 2005.

［127］ *Система индикаторов евразийской интеграции I*, Санкт-Петербург: Евразийский банк развития, No. 12, 2009.

［128］ *Система индикаторов евразийской интеграции II*, Санкт-Петербург: Евразийский банк развития, No. 22, 2014.

［129］ Слюсарь Н. Б., "Институциональные основы Таможенного союза в рамках ЕврАзЭС", *Таможенное дело*, No. 1, 2011.

［130］ Совет Федерации Федерального собрания Российской Федерации, "Формирование Евразийского экономического союза: риски и шансы", *Ежегодный доклад интеграционного клуба при председателе Совета Федерации Федерального собрания Российской Федерации*, 2014 г.

[131] "Статистика и контрабанда: Анализ таможенных данных позволяет различного рода нарушения", *Российская Бизнес-газета*, 7 сентября 2010 года.

[132] Тавадян А., "Интеграционные приоритеты Армении: взгляд из Еревана", *Россия и новые государства Евразии*, No. 2, 2014.

[133] *Таможенный союз и соседние страны: модели и инструменты взаимовыгодного партнёрства*, Санкт-Петербург: Евразийский банк развития, No. 11, 2013.

[134] *Трудовая миграция ЕЭП: анализ экономического эффекта и институуационально-правовых последствий ратификации соглашений в области трудовой миграции*, Санкт-Петербург: Евразийский банк развития, No. 3, 2012.

[135] *Трудовая миграция и трудоемкие отрасли в Кыргызстане и Таджикистане: возможности для человеческого развития в Центральной Азии*, Санкт-Петербург: Евразийский банк развития, No. 31, 2015.

[136] Федоровская И., "Армения и Таможенный союз", *Россия и государства Евразии*, No. 1, 2014.

[137] Федоровская И., "Вступление Армении в ЕАЭС", *Россия и новые государства Евразии*, No. 2, 2015.

[138] Федулова Н., "'Замороженные' конфликты в СНГ и позиция России", *Мировая политика и международные отношения*, No. 1, 2008.

[139] Федулова Н., "Россия-СНГ: время собирать камни", *Мировая экономика и международные отношения*, No. 1, 2006.

[140] Чобанян А., "Возвратная миграция и вопросы реинтеграции: Армения", *CARIM-East RR*, No. 4, 2013.

［141］Шестаков Е. ，“ГУУАМ потеряло букву”，*Российская газета*，6 мая 2005 года.

［142］Шишков Ю. ，“Союзное государство в коме: поиск причин”，*Мировая экономика и международные отношения*，No. 7，2009.

［143］Эдер Л. В. ，Филимонова И. В. ，“Экономика нефтегазового сектора России”，*Вопросы экономики*，No. 10，2012.

［144］*Экономическая и технологическая кооперация в разрезе секторов ЕЭП и Украины*，Санкт-Петербург: Евразийский банк развития，No. 18，2013.

四　英文文献

［1］Bhagwati J. ，Krishna P. ，Panagariya A. ，*Trading Blocs*，Massachusetts: The MIT Press，1999.

［2］Cameron D. M. ，*Regionalism and Supranationalism: Challenges and Alternatives to Nation-State in Canada and Europe*，Montreal: The Institute for Research on Public Policy Studies，1981.

［3］Checkel J. ，Katzenstein P. ，*European Identity*，Cambridge: Cambridge University Press，2009.

［4］Christiansen T. ，Jorgensen K. E. ，Weiner A. ，*The Social Construction of Europe*，London: SAGE Publications Ltd. ，2001.

［5］Cooley A. ，*Great Games，Local Rule: The New Great Power Contest in Central Asia*，Oxford: Oxford University Press，2012.

［6］Cowles M. G. ，Caporaso J. A. ，Risse-Kappen T. ，*Transforming Europe: Europeanization and Domestic Change*，Ithaca: Cornell University Press，2001.

［7］Delcour L. ，*Shaping the Post-Soviet Space? EU Policies and Approaches to Region-Building*，Surrey: Ashgate. 2011.

［8］Delcour L. ，*Tulmets E. Pioneer Europe? Testing European Foreign Policy in the Neighbourhood*，Baden-Baden: Nomos，2008.

［9］Dragneva R. ，Wolczuk K. ，*Eurasian Economic Integration: Law，Policy* and Politics, Cheltemham: Edward, 2013.

[10] Dutkiewicz P., Sakwa R., Eurasian integration-the view from Whtin, London: Routledge, 2014.

[11] Emerson M., The Wider Europe Matrix, Brussels: Centre for European Policy Studies, 2004.

[12] Gvosdev N., Christopher Marsh, Russian Foreign Policy: Interests, Vectors and Sections, Washington D. C. : CQ Press, 2014.

[13] Haas E. B., The Uniting of Europe, Stanford: Stanford University Press, 1958.

[14] Haas E. B., The Uniting of Europe: Political, Social and Economic Forces (1950-1957), Stanford: Stanford University Press, 1968.

[15] Hug A., Trouble in The Neighborhood? The Future of The EU's Eastern Partnership, London: The Foreign Policy Centre, 2012.

[16] International Monetary Fund. Balance of Payments Manua, Washington D. C. : IMF, 1993.

[17] Joseph N., International Regionalism: Readings, Boston: Little, Brown & Co., 1968.

[18] Kaiser M., Eurasia in the Making-Revival of the Silk Road, Bielefeld: Transcript Verlag, 2012.

[19] Kang D., China Rising: Peace, Power and Order in East Asia, New York: Columbia University Press, 2007.

[20] Komlos J., The Habsburg Monarch as a Customs Union: Economic Development in Austria-Hungary in the Nineteenth Century, Princeton: Princeton University Press, 1983.

[21] Kunaka C., Carruthers R. Trade and Transport Corridor Management Toolkit, Washington D. C. : The World Bank, 2014.

[22] Laruelle M., Russian Eurasianism: An Ideology of Empire, Washington D. C. : The John Hopkings University Press, 2012.

[23] Lichbach M. I., Zuckerman A. S., Comparative Politics: Rationality, Culture and Structure, Cambridge: Cambridge University Press, 1997.

［24］ Lindberg L. N. , *The Political Dynamics of European Economic Integration*, Stanford: Stanford University Press, 1963.

［25］ Lo B. , *Axis of Convenience: Moscow, Beijing, and The New Geopolitics*, Washington D. C. : Brookings Institute Press, 2008.

［26］ March J. G. , Olsen J. P. , *Rediscovering Institutions: The Organizational Basis of Politics*, New York: The Free Press, 1989.

［27］ Meade J. , *The Theory of Customs Unions*, Amsterdam: North-Holland Publishing Company, 1955.

［28］ Michelmann H. J. , Soldatos P. , *European Integration: Theories and Approaches*, Washington D. C. : University Press of American, 1993.

［29］ Mitrany D. , *The Functional Theory of Politics*, London: London School of Economic and Political Sciences, 1975.

［30］ Moravcsik A. , *The Choice for Europe: Social Purpose and State Power from Messina to Maastricht*, Ithaca: Cornell University Press, 1998.

［31］ Richardson J. , *European Union: Power and Policy-Making*, London: Routledge, 2006.

［32］ Rosamond B. , *Theories of European Integration*, London: Macmillan Press Ltd. , 2000.

［33］ Ryavec K. W. , *Russian Bureaucracy: Power and Pathology*, New York: Rowan & Littlefild Publishers. Inc, 2005.

［34］ Sakwa R. , *Putin and The Oligarch: The Khodorkovcky-Yokos Affair*, London, New York: I. B. Tauris, 2014.

［35］ Scobell A. , Ratner E. , Beckley M. , *China's Strategy Toward South and Central Asia An Empty Fortress*, Santa Monica: The Rand Corporation, 2014.

［36］ Soderbaum F. , Langenhove L. , *The EU as a Global Player: The Politics of Interregionalism*, London, New York: Routledge, 2006.

［37］ Starr S. F. , Cornell S. E. , *Putin's Grand Strategy: The Eurasian Union and Its Discontents*, Washington D. C. : SAIS, 2014.

［38］ Stent A. , *The Limits of Partnership: U. S. -Russian Relations in the*

Twenty-First Century, Princeton: Princeton University Press, 2014.

[39] Viner J. , *The Customs Union Issue*, Oxford: Oxford University Press, 2014.

[40] Vinokurov E. , Libman A. , *Eurasian integration: Challenges of Transcontinental Regionalism*, London: Palgrave Macmillan, 2012.

[41] Zickel R. E. , *Soviet Union: a country study*, Washington D. C. : Library of Congress, 1991.

[42] Bendor J. , "Recycling the Garbage Can: An Assessment of the Research Program", *American Political Science Review*, No. 1, 2001.

[43] *Central Asia and the Eurasian Economic Union: The Global Picture and Country Perspectives*, Washington D. C. : GWU-Central Asia Policy Brief, No. 21, 2015.

[44] Christiansen T. , Jorgensen K. E. , Weiner A. , "The Social Construction of Europe", *Journal of European Public Policy*, No. 6, 1999.

[45] Cohen A. , *Russia's Eurasian Union Could Endanger the Neighborhood and U. S. Interests*, Washington D. C. : The Heritage Foundation-Backgounder, No. 2804, 2013.

[46] Copsey N. , Pomorska K. , "Poland's Power and Influence in the European Union: The Case of its Eastern Policy", *Comparative European Politics*. No. 3, 2010.

[47] Delcour L. , Kostanyan H. , *Towards a Fragmented Neighbourhood: Policies of the EU and Russia and their consequences for the area that lies in between*, Brussels: CEPS Essay, No. 17, 2014.

[48] Dobbs J. , *The Eurasian Economic Union: A Bridge to Nowhere?* London: European Leadership Network-Policy Brief, No. 3, 2015.

[49] Dragneva R. Wolczuk K. , *Russia, the Eurasian Customs Union and the EU: Cooperation, Stagnation or Rivalry?* London: Chatham House Briefing Paper-REP, No. 1, 2012.

[50] Dragneva R. , Wolczuk K. , *Trade and Geopolitics: Should the EU engage with the Eurasian Economic Union*, Brussels: European Policy Centre Pol-

icy Brief, No. 4, 2015.

[51] Hall P. A., Taylor C. R., "Political Science and the Three New Institu-
tionalisms", *Political Studies*, No. 5, 1996.

[52] Hill F., Jewett P., *Back In the USSR: Of the Former Soviet Republics and
the Implications for United States Policy Toward Russia*, Washington
D. C.: Brookings Institute, January 1994.

[53] Hoffmann S., "Obstinate or Obsolete? The Fate of the Nation-State and
the Case of Western Europe", *Daedalus*, No. 3, 1966.

[54] Hoffmann S., "The European Process at Atlantic Crosspurposes", *Jcms
Journal of Common Market Studies*, No. 3, 1964.

[55] Hooghe L., Marks G., "A Postfunctionalist Theory of European Integra-
tion: From Permissive Consensus to Constraining Dissensus", *British
Journal of Political Science*, No. 1, 2009.

[56] Kempe I., *The South Caucasus Between the EU and the Eurasian Union*,
Zurich: Center for Security Studies, No. 51-52, 2013.

[57] Krastev I., Leonard M., *The New European Disorder*, Brussels: European
Council of Foreign Relations Essay, No. 117, 2014.

[58] Linn J. F., Tiomkin D., "The New Impetus towards Economic Integration
Between Europe and Asia", *Asia Europe Journal*, No. 1, 2006.

[59] Mankoff J., *Eurasian Integration: The Next Stage*, Washington D. C.:
GWU-Elliot School of International Affairs, Central Asia Policy Brief,
Central Asia Policy Brief, No. 13, 2013.

[60] March J. G., Olsen J. P., "The New Institutionalism: Organizational
Factors in Political Life", *American Political Science Review*,
No. 9, 1984.

[61] Mckinnon R., "Currency Substitution and Instability in the World Dollar
Standard", *American Economic Review*, No. 3, 1982.

[62] Mitrany D., "The Functional Approach to World Organization", *Interna-
tional Affairs*, No. 3, 1948.

[63] Nixey J., *The Long Goodbye: Waning Russian Influence in the South Cau-*

casus and Central Asia, London：Chantham House Briefing Paper, No. 6, 2012.

[64] Popescu N., *Eurasian Union：the real, the imaginary and the likely*, Paris：EU Institute for Security Studies, No. 132, 2014.

[65] Roberts J., Cohen A., Blaisdel J., *The Eurasian Union：Undermining Economic Freedom and Prosperity in the South Caucasus*, Washington D. C.：The Heritage Foundation-Special Report, No. 148, 2013.

[66] Roberts S., Marin A., Moshes A., Pynnoniemi K., *The Eurasian Economic Union：Breaking the pattern of post-Soviet integration*? Helsinki：FIIA Analysis, No. 9, 2014.

[67] Wisniewska I., *Eurasian Integration：Russia's Attempt at the Economic Unification of the Post-Soviet Area*, Warsaw：Centre of Eastern Studies, No. 44, 2013.

[68] *World Economic Outlook：Adjusting To Lower Commodity Prices*, Washington D. C.：IMF, No. 10, 2015.

[69] WTO, *World Trade Report* 2015, 2015.

[70] Zahorka H., Sargcyan O., "The Eurasian Customs Union：an alternative to the EU's Association Agreements?", *European View*, No. 13, 2014.

五　网络资源

[1] 欧亚经济联盟：http：//www. eaeunion. org/

[2] 欧亚经济委员会：http：//www. eurasiancommission. org/

[3] 欧亚开发银行：http：//www. eabr. org/

[4] 欧亚经济联盟法院：http：//courteurasian. org/

[5] 欧亚经济共同体：http：//evrazes. com/

[6] 集体安全条约组织：http：//www. odkb-csto. org/

[7] 民主与经济发展组织——古阿姆：http：//guam-organization. org/

[8] 欧盟：http：//europa. eu/

[9] 欧洲理事会：http：//ec. europa. eu/index_ en. htm

[10] 联合国：http：//www. un. org/en/index. html

［11］国际货币基金组织：http：//www. imf. org/external/index. htm

［12］世界贸易组织：https：//www. wto. org/

［13］世界银行：http：//www. worldbank. org/

［14］国际海关组织：http：//www. wcoomd. org/

［15］独立国家联合体：http：//www. e-cis. info/

［16］俄罗斯总统网：http：//www. kremlin. ru/

［17］哈萨克斯坦总统网：http：//www. akorda. kz/kz

［18］白俄罗斯总统网：http：//president. gov. by/

［19］亚美尼亚总统网：http：//www. president. am/hy/

［20］吉尔吉斯斯坦总统网：http：//www. president. kg/ru

［21］俄罗斯外交部：http：//www. mid. ru/home

［22］俄罗斯经济发展部：http：//economy. gov. ru/minec/main/

［23］亚美尼亚国家统计局：http：//www. armstat. am/ru/

［24］哈萨克斯坦国家统计局：http：//stat. gov. kz/faces/homePage

［25］哈萨克斯坦政府网：http：//ru. government. kz/ru/

［26］哈萨克斯坦议会网：http：//www. parlam. kz/

［27］美国国务院：http：//www. state. gov/

［28］全球政治中的俄罗斯：http：//globalaffairs. ru/

［29］俄罗斯科学院世界经济与国际关系研究所：http：//www. imemo. ru/

［30］俄罗斯国际事务委员会：http：//russiancouncil. ru/en/

［31］莫斯科国际关系学院：http：//mgimo. ru/

［32］俄罗斯政策研究中心：http：//www. pircenter. org/

［33］美国传统基金会：http：//www. heritage. org/

［34］瑞典安全与发展政策研究所：http：//www. isdp. eu/

［35］英国皇家国际事务研究所：http：//www. chathamhouse. org/

［36］美国全球利益研究中心：http：//globalinterests. org/

［37］美国战略与国际研究中心：http：//csis. org/

［38］欧洲政策研究中心：https：//www. ceps. eu/

［39］美国国家利益网站：http：//nationalinterest. org/

［40］卡耐基国际和平基金会：http：//carnegieendowment. org/

［41］美国詹姆斯敦基金会：http：//www. jamestown. org/

［42］欧洲对外政策委员会：http：//www. ecfr. eu/

［43］英国国际战略研究所：http：//www. iiss. org/

［44］波兰东方研究中心：http：//www. osw. waw. pl/en

［45］芬兰国际问题研究所：http：//www. fiia. fi/en/home/#tab1

［46］中华人民共和国商务部：http：//www. mofcom. gov. cn/

［47］中华人民共和国商务部国际贸易经济合作研究院：http：//www. caitec. org. cn/

［48］BBC 俄文网：http：//www. bbc. com/russian

［49］俄新社：http：//ria. ru/

［50］塔斯社：http：//tass. ru/

［51］今日俄罗斯：https：//russian. rt. com/

［52］哈萨克斯坦新闻网：http：//www. newskaz. ru/

［53］白俄罗斯新闻网：http：//www. belta. by/

后 记

经过多年写作和打磨，我的博士论文终于得以付梓出版。值此，谨向所有帮助与关心我的老师、同学和朋友表示衷心的感谢！

首先要感谢母校北京师范大学和我的导师李兴教授。北师大浓厚的学术氛围和严谨的学术作风始终是激励我前行的动力。在我攻读博士学位期间，老师手把手地把我引入学术之门。老师为人谦和、豁达开朗、淡泊处世，使我常怀有敬仰之心。老师学识渊博、治学严谨、言传身教，与老师交谈常有醍醐灌顶之启发。从选题定题，写作初稿再到完稿，一路走来，离不开老师的谆谆教导。毕业后，老师对我的关怀一如既往，只盼今后倍加努力，以报老师于万一。北师大的其他老师对我也是关心备至。在此我要特别感谢张胜军教授、张建华教授。从入学面试，到最后论文完稿，胜军老师的支持无处不在。建华老师的史学造诣让我崇拜，老师"论从史出，史论结合"的观点让我受益终身。

一路走来，我还要感谢我的国外导师们。第一位就是俄罗斯莫斯科国际关系学院的沃斯克列先斯基（华克胜）教授。在俄联合培养期间，华老师时常把我带在身边，与俄罗斯专家进行交流，使我开阔眼界。感谢我在美国哥伦比亚大学进修期间的合作导师弗莱教授、库利教授，两位老师为我创造条件，帮助我打开了美国俄罗斯研究界的大门。

我还要感谢中国社会科学院俄罗斯东欧中亚研究所郑羽研究员、薛福岐研究员，外交学院杨闯教授，商务部国际贸易经济合作研究院刘华芹研究员，中国国际问题研究院陈玉荣研究员，复旦大学冯玉军教授，中国政法大学韩献栋教授。老师们在百忙之中抽出时间对我精心指导，耐心回答我在论文写作及出版过程中的难题。

随着对欧亚经济联盟问题逐步深入的探究，我发现世界经济方面的知识不可或缺，甚至在未来研究过程中将会是核心的知识模块。为此，我十分有幸能拜南开大学经济学院盛斌教授门下，进行国际政治经济学方面的学习。

毕业工作近 3 年，要特别感谢中国社会科学院俄罗斯东欧中亚研究所。感谢研究所各位领导和老师对我初入职场的包容和鼓励，我更深刻体会到俄欧亚所的大所气派和老所底蕴。正是在她的滋养下，我对学术继续保持兴趣和激情。

欧亚经济联盟是一个新型的多边机制，资料匮乏成为研究过程中一大阻力。为了获得更多一手资料，面对面访谈成为我在国外学习过程中的重要组成部分。在这里，我要感谢欧亚开发银行的维诺库洛夫教授，俄罗斯科学院经济研究所的格林金娜教授，俄罗斯圣彼得堡大学的瓦西里耶娃教授、拉古金娜博士，俄罗斯莫斯科国际关系学院的索罗维依教授、沙克列依娜教授、卡维什尼科夫教授、扎维娅洛娃教授、巴依科夫博士，俄罗斯高等经济大学的博达尔切夫教授、博拉特尔斯基教授，俄罗斯伊尔库茨克理工大学的萨夫金博士，美国耶鲁大学的格雷厄姆教授，美国纽约大学的科措尼斯教授等。专家们的观点对我论文的许多观点提供了有力的支撑。在论文编辑出版过程中，得到了社科文献出版社编辑葛军老师的大力帮助。

最后，我要感谢我的父母和亲人。您们是我坚强的后盾，安心的港湾。

时间是最好的见证者。搁笔之际，如释重负，百感交集。《欧亚经济联盟：成因、现状及前景》的出版是我学生生涯的小结，也是我学术生涯继续前进的新起点。

王晨星

2019 年 4 月于北京

图书在版编目（CIP）数据

欧亚经济联盟：成因、现状及前景 / 王晨星著. --

北京：社会科学文献出版社，2019.5

　ISBN 978-7-5201-4714-9

　Ⅰ.①欧… 　Ⅱ.①王… 　Ⅲ.①国际合作-经济联盟-

研究-欧洲、亚洲 　Ⅳ.①F114.46

中国版本图书馆 CIP 数据核字（2019）第 067875 号

欧亚经济联盟：成因、现状及前景

著　　者 / 王晨星

出 版 人 / 谢寿光
责任编辑 / 葛　军

出　　版 / 社会科学文献出版社·当代世界出版分社（010）59367004
　　　　　地址：北京市北三环中路甲 29 号院华龙大厦　邮编：100029
　　　　　网址：www.ssap.com.cn
发　　行 / 市场营销中心（010）59367081　59367083
印　　装 / 三河市龙林印务有限公司

规　　格 / 开　本：787mm×1092mm　1/16
　　　　　印　张：18　字　数：282 千字
版　　次 / 2019 年 5 月第 1 版　2019 年 5 月第 1 次印刷
书　　号 / ISBN 978-7-5201-4714-9
定　　价 / 89.00 元

本书如有印装质量问题，请与读者服务中心（010-59367028）联系